natureza morta. história viva.

renato ignácio da silva

Capa: Rigsil. Ilustração de M. C. Escher.

Uma edição:
RENIG - Rua Capitão José Leite, 160 - B.
Centro - Itaquaquecetuba - Cep. 08580 - São Paulo - Brasil.

Obras de Renato Ignácio da Silva:

"No espaço não estamos sós..."
(Estudo sobre o espaço cósmico
e seus mistérios).

"Amazônia, paraíso e inferno!"
(O que é a Amazônia. Como sobreviver
na selva e no mar).

"Pantanal Silencioso".
(Novela mostrando a destruição do Pantanal
matogrossense).

"Capitão Piranha"
(Romance. Nada que o homem fazia contra a natureza,
ficava sem resposta).

"Natureza morta. História viva".
(Que ligações possuiam as personalidades
mais importantes do mundo com a
"Floresta Encantada"?).

"Xarana. Viagem ao desconhecido".
(Aventura, suspense, num mundo
interessante e diferente).

"Selva Assombrada"
(Contos. O cheiro da terra, o perfume da mata.
A vivência com índios, sertanejos
e seus costumes).

ÍNDICE

Para minha esposa Julinha.

Projeto Renig-Emic.
Apoio: Emic- Equipamentos e Sistemas de Ensaio.

PREFÁCIO

Com a edição de "Natureza morta. História viva", Renato Ignácio da Silva, apresenta um belíssimo trabalho onde a ficção, a história, o conhecimento da construção do mundo, e a defesa da vida se intercalam de forma sincrônica que permitem a tomada de conhecimento dos fatos e feitos, nas diversas fases da humanidade.

Facilitando a percepção destas ocorrências de maneira simples e interessante, a tomada de consciência do processo dialético da evolução, até os dias de hoje pelo conhecimento de vidas, cada uma em sua época, e em seu setor de atividades e algumas em vários.

Das artes à filosofia, da mecânica à geologia, das lutas armadas de defesa e conquista às grandes descobertas dos navegantes de antanho, do conhecimento e o isolamento de um vírus maligno à descoberta de novos planetas e seus satélites etc.

Portando capacidade de síntese impressionante "Natureza morta. História viva" faz passar por nós toda uma narração de fatos notáveis, do conhecimento, da construção, e do desenvolvimento da humanidade até nossos dias.

É impossível prever-se o que contém este livro ao iniciá-lo; mesmo os leitores de outras obras de Renato Ignácio da Silva não poderão admitir as surpresas de "Natureza morta. História viva". Esta, representa mais de uma centena de obras sintéticas capazes de nos fornecer informações que muitas vezes procuramos nas melhores "Enciclopédias de Consulta". Um ótimo trabalho literário reunindo épocas, nacionalidades, profissões e artes, nos retrata de forma sucinta a História Universal chamando principalmente a atenção do leitor para o valor dos grandes vultos, daqueles que na realidade construiram o mundo.

Outro aspecto de "Natureza morta. História viva" é que Renato Ignácio da Silva como em todos livros de sua autoria tem por objetivo a defesa ecológica. Diferente de seu "Amazônia, paraíso e inferno!" no que diz respeito a estrutura literária, "Natureza morta. História viva", não faz uma análise e constatação das condições de vida da maior reserva florestal do globo terrestre, nesta obra o autor narra a vida da floresta com sutileza, riqueza de detalhes e capacidade de nos integrar ao meio ambiente de tal forma que somos capazes de durante sua leitura, sentir a picada de um mosquito ou ter a visão do verde infindável da "Floresta Encantada".

Mas o que fica em nossa mente lendo "Natureza morta. Histó-

tória viva", é que o autor está profundamente preocupado com a continuidade da vida em nosso planeta.

A humanidade só se manterá perenemente se souber aliar os conhecimentos do passado com a defesa do futuro, isto é, se assimilar os conhecimentos daqueles que fizeram a História até nossos dias, e criar as condições de manutenção da vida cuidando das condições ecológicas permitindo a sobrevivência do ser humano e é justamente neste aspecto que, "Natureza morta. História viva" mostra a argúcia de Renato Ignácio da Silva, juntando numa perfeita simbiose, passado e futuro como nossa fonte de vida.

O sinergismo da transformação da Amazônia em residência espiritual dos grandes mestres da humanidade colocado de forma simples e aparentemente com displicência nos faz entender a importância da função de passado-presente-futuro, para a vida.

Finalmente Renato Ignácio da Silva, mostra nesta obra a sua preocupação e participação em resolver problemas contemporâneos, a gravidade e a complexidade de sua solução. Por isso nos alerta, a todos, que não se destrói impunemente a natureza. O homem pode e deve conhecer as leis do desenvolvimento da humanidade em todos os aspectos, pela inteligência, conhecimento e trabalho; podemos aproveitar este processo de desenvolvimento a favor dos povos, no entanto toda a transgressão das leis naturais será vingada pela própria natureza, implacavelmente.

Antonio Rodrigues Gallego.

A "FLORESTA ENCANTADA".

Os cães levados pelos homens latiam, acuando os botos que fungavam, sem parar. As máquinas pararam seus motores. Tratores, caminhões e serras silenciaram; até os homens deixaram de conversar ante a beleza e a imponência da mata sagrada que tinham pela frente. De onde tantas coisas falavam e tantas as lendas que corriam de boca em boca entre indígenas e sertanejos, sem contar Rudá, Boitatá, Caapora, Curupira...

No chão as marcas de pneus e sinais das pisadas de botas no barro, formavam poças de água onde refletiam as árvores restantes do massacre feito até ali. Umas poucas jacuarangas, caapomongas, pagimirobas, guariubas. Além de reduzido número de pau-santo, pojó, jequitibá, tarumazeiro, mogno, marupã...

Tudo ficou paralisado para reformularem por onde começariam a derrubada da "Floresta Encantada" dando prosseguimento à extração total da madeira.

A mata apresentava-se como impenetrável muralha verde; formada no primeiro plano por árvores de diferentes tamanhos, com ramos entrelaçados por cipós num entrosamento reforçado de malhas de rede, disfarçadas sob a folha, parecendo a primeira vista, impossível de se varar.

Tamanqueiras, massarandubas, andirobas, canelas, quaruba-vermelhas, maparajubas, imbaúba-brancas; árvores atarracadas, bojudas, de grossos troncos vinham logo após. Seguiam-nas espécies mais altas, aparentemente frágeis, integradas num todo de troncos e copas cercadas de alto a baixo por numerosos cipós como cabos de mastros maravilhosamente lançados num sistema de segurança total.

Pendentes de frutos abiu, murici, guajará, buriti, piquá, mangaba, umari, a massa compacta de folhagens, de assombrosos matizes numa só cor, parecia vergar, com alguns galhos chegando ao chão, já que ninguém apanhava fruto nenhum por ali.

No palco verde, sempre verde, desde leves tons quase brancos até o cinza atingindo o negro, com árvores centenárias, fortes, sendo vistas atingindo quase setenta metros de altura, a maneira que avançava. Como organizada para evitar a penetração do grande bicho depredador, animal que possuindo raciocínio caolho quebrava a ordem natural das coisas.

Tudo trançado na medida para evitar a sua passagem. Até a folhagem lustrosa, macia de aspecto escondia espinhos gigantescos e dilacerantes. A mata sagrada tinha sido preparada durante séculos visando unicamente impedir a entrada do estranho; como orientada por um gênio maior que comandava os gênios que ali habitavam...

Os frios lenhadores faziam idéia de encontrar uma floresta de paisagem semelhante às pinturas de Capranesi, De Angelis e Santofani, artistas que haviam decorado no passado o Teatro Amazonas. Mas a imponência das matas os assustou. Os homens prontos para a destruição não sabiam explicar o porque, mas havia algo estranho no ar, sentiam isso naquela selva diferente das outras que estavam acostumados a por abaixo sem a menor piedade.

Durante a expectativa em que todos a admiravam, mais se destacava a melodia que vinha da "Floresta Encantada", onde juntavam ervas curadoras, malva, caapomonga, pagimirioba, cassia, tapiá. O pequeno pássaro marrom avermelhado ao qual se ligavam inúmeras lendas, imitava as notas de uma flauta causando espécie, por ser completamente diferente do canto de qualquer outra ave daquela imensa catedral verde. O uirapuru parecia despedir-se da sua morada e ao mesmo tempo alertar os importantes habitantes que se encontravam naquele paraíso terrestre.

Capivaras, pacas e cutias também pressentiram a indesejável presença humana e o perigo que os animais corriam. Nos ninhais o reboliço foi geral com a desgraça que se aproximava. Socós e garças procuravam o melhor espaço enquanto rolinhas caminhavam apressadas sobre as folhas secas sem saber para onde ir.

Cessando os cantos das aves, o silêncio sepulcral tomaria conta da região. Nos rios e banhados que refrescavam as matas o jacaré observava o movimento próximo, apenas com os olhos da água enquanto na barranca o camaleão "papa-vento" tomava as cores exatas do ambiente transformando-se em aparente galho verde se resguardando do perigo geral. De longe os lenhadores nada podiam observar nem estavam interessados. Afinal não tinham chegado ali para estudar se o camaleão fôra um jacaré e transformado em trepador ou se o jacaré, um camaleão que desceu e acabou desertando no meio das águas...

Os lenhadores que iam começar a invadir a mata sagrada de agora, também ignoravam que seus espíritos eram os mesmos dos homens que tinham tentado no tempo do Império, transformar a Amazônia num Estado descontínuo a exemplo do Havai e do Alasca. O sonho igual: fazer com que a Amazônia fizesse parte dos Estados Unidos da América do Norte.

Voltavam, com melhor tecnologia. E quem poderia fazer frente agora? Os pobres pés de tiririquim, tapiá, jacuacanga?...

O grande ideólogo da ocupação da Amazônia pelos Estados Unidos no passado, tinha sido o tenente Mathew Fontaine Maury. A partir de 1853, mas já em 1826 a Amazônia atraiu a cobiça dos norte-americanos quando a companhia New York South American Stean Boat Association despachou para o rio Amazonas um barco a vapor, trazendo uma suposta carta (falsificada) de José Silvestre Rebelo, encarregado brasileiro de negócios em Washington, autorizando-o a penetrar no rio.

O governo brasileiro, porém não lhe permitiu ultrapassar o porto do Pará. A principal razão da recusa, o fato de que ia a bordo um agente de negócios e corria o boato de que o navio transportava armas e munições para vender a Simon Bolivar, o libertador dos países hispano-sul-americanos.

A companhia reclamou contra o Império e através do Departamento de Estado foi exigida do Brasil uma indenização de 150000 dólares, "por despesas feitas no cumprimento de um contrato estabelecido com Rebelo, encarregado de negócios do Brasil nos Estados Unidos".

Nessa época representava os Estados Unidos no Rio de Janeiro, William Tudor, que apresentou ao governo as pretensões do seu patrício. Ao mesmo tempo fez a primeira tentativa de penetração do Amazonas por barcos norte-americanos ao sugerir o estabelecimento de uma linha de vapores de seu país nesse rio e a sua abertura à exploração científica.

Não foi atendido, pois verificou-se posteriormente, que o suposto contrato era falso, negando Silvestre Rebelo que o tivesse assinado ou que tivesse mantido qualquer contato com a companhia.

O problema da indenização, no entanto, continuou. Passaram-se décadas, mas os proprietários da empresa não esqueceram o assunto. Em 1845, quando Henry Wise tinha o posto de ministro no Rio de Janeiro, este renovou o pedido, a 17 de novembro, ganhando o assunto dimensões diplomáticas, muito embora tudo tivesse sido forjado pelos norte-americanos.

Antes que Maury desfechasse sua tentativa de colonizar a Amazônia com os negros dos Estados Unidos (forma dos racistas diminuirem o contingente populacional negro e conquistar mais terras), Joshua Dodge tentou executar plano semelhante, em 1848. Procurou Filipe José P. Leal, ministro do Brasil em Washington, para propor a imigração de 20 000 pessoas para terras paraenses.

Também James Gadsden, um político influente em Washington, tentou em 1852 fixar seus escravos às margens do Amazonas. E no ano seguinte outro cidadão norte-americano chamado Collins, quis naturalizar-se brasileiro apenas para levar milhares de pessoas de cor para a mesma região.

Essas tentativas levaram Maury a elaborar um plano. Fundou uma companhia, a Amazon Mail Stean Ship Co., para colonizar a Amazônia. A partir de então várias expedições se organizaram para explorar a região cobiçada, contando com o apoio do governo dos Estados Unidos. Foi dispensada proteção oficial até para aventureiros famosos pelas provocações que promoveram em pequenos países das Antilhas. O secretário da Marinha norte-americana, Dobin pretendeu inclusive enviar duas fragatas para proteger um cidadão chamado Graves e o tenente Porter muito conhecido pelas provocações levadas a efeito em Cuba contra a Espanha.

Graves um aventureiro norte-americano tentou envolver o Chile nos seus interesses declarando que o apoio de todas as Repúblicas do Pacífico justificaria a intervenção dos Estados Unidos na Amazônia.

Todas essas provocações e armadilhas montadas tinham um objetivo comum: a abertura do rio Amazonas aos barcos dos Estados Unidos, por meios pacíficos, de preferência.

Maury comparava o rio Amazonas ao oceano e argumentava que, sendo assim, os navios norte-americanos tinham de navegá-los, o que constituia o exercício de um direito natural. Que já fazia transparecer uma ameaça velada, levando à conclusão de que os homens dos Estados Unidos poderiam recorrer às armas para se assegurar desse direito.

Se o Império acabasse cedendo, os norte-americanos viriam para a região com seus escravos e depois fariam como fizeram com o Texas e a California: fomentariam o separatismo e o governo dos Estados Unidos invocaria o direito de **primi-occupandis**.

Em 1855 o secretário de Estado, William Marcy, instruiu o ministro William Trousdale no Rio de Janeiro, de pressionar o governo imperial brasileiro para a abertura do grande rio e que, se encontrasse resistência, fizesse ver que os Estados Unidos, obteriam essa "legítima reinvidicação" de qualquer forma.

Trousdade não foi muito convicente e por isso esteve para ser substituido. Agiu então com mais rigor, declarando ao governo brasileiro que tinha o "desagradável dever de comunicar" a determinação dos Estados Unidos de obter o livre uso do rio Amazonas.

O governo imperial compreendeu que estava recebendo um verdadeiro ultimato, mas não se intimidou. Sabia que o perigo estaria concretizado se a imensa região começasse a receber colonos norte-americanos. E ficou atento para que isso não acontecesse.

Os norte-americanos mudaram de estratégia mais tarde ao organizarem o Bolivian Syndicate para explorar a borracha do Acre, na época pertencente à Bolívia. Mas, se não tentaram tomar o Pará pela força talvez se deva isso ao fato de ter estourado em 1861 a Guerra da Secessão, dividindo o Norte e o Sul dos Estados Unidos e alterando os planos espancionistas de Washington...

No silêncio da "Floresta Encantada" os moradores tinham consciência de que haviam regressado ao planeta porém não mais através da escala animal. Estavam agora transformados em vegetais. Como qualquer vida as plantas sofriam mas só recentemente os cientistas contavam com a descoberta de que elas também se comunicavam entre si.

Não demoraria muito para os homens de ciência traduzirem

os diálogos, se é que até lá ainda existisse algum vegetal em pé...

Um grupo de grandes árvores, conversava justamente sobre o fato e preocupado com o barulho dos motores indicando que os homens estavam se aproximando demais da mata sagrada. Outros grupos menos interessados com a intromissão e certos de que seriam respeitados permaneciam calmos como a remoer o passado brilhante. Lembrando o tempo em que tinham se projetado entre milhões e milhões de humanos . Todos ali, de uma forma ou de outra haviam feito história...

Um matemático, na forma de jovem quaruba-vermelha, ainda não formada, junto da erva-de-bicho e especializado em estatística afirmava:

— Amazônia é isto: vigésima parte da superfície terrestre. Um quinto da disponibilidade mundial de água doce. Quatro décimos da América do Sul. Três quintos do Brasil. Um terço das reservas mundiais de florestas. Dois e meio milésimos da população mundial...

O beija-flor "Balança Rabo-Canela" pairava no ar parecendo ouvir o que os vegetais conversavam.

O outro espírito dentro de uma envira nova de tronco ainda magrinho, não deixava por menos:

— A Amazônia tem 4,9 milhões de Km^2 — cinco vezes e meia a Nigéria, nove vezes a França, vinte vezes a Alemanha Ocidental, uma vez e meia a Índia. Setenta bilhões de m^3 de madeira em pé, uma das maiores florestas do mundo, cobrindo essa superfície. Aqui estão 20% da água doce existente no planeta. O mais extenso dos rios: 7 200 km e 17 mil km de rios navegáveis. Nessa região, que faz fronteira com oito países, vivem menos de 8 milhões de brasileiros...

A intromissão interrompeu a conversa entre os dois matemáticos que nem puderam se identificar. Foram massacrados pelas botas dos lenhadores invasores...

Um dos vegetais ferido terrivelmente, quase no fim da vida ainda desabafou:

— ... Tão grande região, e justamente neste trecho, na "Floresta Encantada" julgada inviolável é que esse pessoal vem destruir... Agora que estávamos tão bem instalados...

O barulho de mato quebrado alertou a todos.

— Alto lá forasteiro! — Gritou Scipião, o Africano, na forma de frondoso angelim-da-mata com mais de 200 anos dentro da mata sagrada, interrompendo o descanso, quando viu alguém invadí-la pisoteando vegetais.

Nativos vez ou outra penetravam até o início da selva fechada que ia do peri-peri à tiriríca, atrás de caça sem prejudicar as plantas, mas logo abandonavam a parte da floresta como sabendo o que ela encerrava de mais importante.

Os caboclos da região, como os índios, respeitavam a mata antiga. Alimentavam-se principalmente de mandioca, milho e bananas, que cultivavam em pequenas clareiras. Homens simples, que na sua maioria nunca havia visto um caminhão ou automóvel.

Somente ultrapassavam os limites da selva de mistérios, quando atrás de seus cães de caça. Animais (diferentes dos cachorros de cidade) de unhas compridas e ponteagudas, quase tão aguçadas como agulhas. Vivendo nas florestas tropicais, eles nunca pisavam chão duro ou calçamento que pudessem tornar rombudas suas unhas.

Sertanejos que portavam espingardas de carregar pela boca. Antigas armas de fogo disparadas por meio de espoletas. Não sendo possível calcular a idade de tão primitivas peças mas mesmo assim, mantidas em ótimo estado de conservação, limpas e lubrificadas...

E o homem loiro, estranho, grande e avermelhado, de andar não muito firme invadia a mata além do permitido.

O intruso armado de moto-serra comandava pequeno grupo de reconhecimento. Logo surgiram atrás mais cinco homens. Se adentravam o santuário destruindo como já estavam fazendo, tudo indicava que prosseguiriam até o fim do último pau.

O chão estava repleto de cajuaçu, cutitiriba, mucajá, tucumã. Frutos dos mais diversos, numa altura nunca visto, pois dificilmente alguém pisava por ali.

Índios não eram, observou outro atento vigilante da mata, imponente angico enquanto os homens iniciaram cortando o secular vegetal, de onde pularam rapidamente o mico, o mono, o sagui-da-serra. Saíram borboletas e colibris. Anhumas bateram asas, acompanhando mutuns e curicacas. Sentiam que em pouco tempo o angelim-da-mata estaria agonizante...

Gandhi conversava baixo com o conterrâneo, o poeta Rabindranath Tagore, estavam próximos do general romano. O filósofo indu foi ferido também no ato. Forte espiritualmente e fraco no físico nas duas vidas no planeta Terra. Iria Gandhi sucumbir num simples pisão de bota justamente por ter regressado na forma de delicado pé de maracujá.

— Sou Publius Cornelius Scipio Africanos Major! Saiam já desta mata! — Ainda reforçou no grito e gravemente ferido o famoso militar romano, balançando frutos de árvores vizinhas, bacuri, inajá, abiu, marajá. De nada adiantando para os surdos invasores de máquinas serradoras em punho.

Valentia não lhe faltava. Os intrusos obviamente não conheciam o passado do guerreiro senão tremeriam ao ouvir seu nome. Homens que não percebiam ser a árvore a alma de toda a paisagem.

O general romano, nascido em 235 a.C. e falecido em 183 a.C., tentou passar rapidamente sua vida em revista. Rememorando fatos a fim de convencer os estranhos que não destruissem a mata sagrada. Estava ali há muito tempo, séculos já, e pretendia ficar...

Na penúltima vez tinha vindo antes de Cristo, no planeta. Em 218 participou na batalha de Tessino, tendo salvo a vida de seu pai o cônsul Publius Cornelius Scipio. Dois anos mais tarde combateu em Canes, impedindo, após a terrível derrota romana, que desertassem muitos jovens. Em 210, quando Roma se encontrava em angustiosa situação, foi-lhe confiada, a seu pedido, a direção do exército da Espanha. Conseguiu desde logo tomar Cartagena, atraindo as simpatias dos naturais por meio de generoso tratamento.

No ano de 209 obteve grande vitória sobre Asdrubal, na batalha de Bécula, não impedindo, porém de passar à Itália para Anibal. Expulsou os cartagineses da Espanha, após sucessivas vitórias. Para sufocar uma rebelião dos espanhóis, destruiu a cidade de Iliturges. Voltou à Roma em 206. No ano seguinte foi eleito cônsul.

Propôs então um plano de libertar a Itália, de Anibal, por meio de um ataque direto à Cartago. Essa idéia foi acolhida com reservas pelo Senado, e Cipião não pôde obter senão o governo da Sicília e permissão para formar um exército de voluntários, para com ele passar à África. Contudo conseguiu reunir um número considerável de soldados, graças ao auxílio dos aliados de Roma.

Na Sicília, devido ao luxo que ostentava, indispos-se com Catão, que voltou à Roma de onde lhe moveu tremenda campanha, Cipião desembarcou em Utica no ano de 204. Surpreendendo durante a noite os acampamentos dos cartagineses e seus aliados, logrou tomá-los e incendiá-los. A seguir conseguiu decisiva vitória na batalha das "Grandes Planícies". Como esperava, Anibal foi forçado a interromper o ataque sobre Roma, para vir em socorro de Cartago. Cipião venceu-o também na batalha de Zama, em 202.

De volta à Roma, foi recebido com honrarias, sendo-lhe conferido o sobrenome de Africano. Em 198 foi nomeado censor, em 194 cônsul, príncipe do Senado. Acumulou grande fortuna e morreu exilado em Liternum...

Na "Floresta Encantada" cercada de rios contendo acarás, piranhas e pirapemas, centenas de anos depois, mesmo ferido de morte, eis Scipião, o Africano revoltado com o tratamento e a queda do rasteiro e raquítico pé de maracujá escuro, roxo-azulado, que hospedava seu companheiro não muito antigo na selva de mistérios e tantas recordações. Dentro do delicado arbusto ia morrendo mais uma vez o filósofo, o político, o místico, Mohandas Karamchand Gandhi, que em sua penúltima passagem pela Terra, na forma humana, tinha acontecido a 2 de outubro de 1869, na cidade de Cathiawar e falecido a 30 de janeiro de 1948, em Nova Delhi.

Descendente de banianos, foi educado por um brâmane, tendo ficado noivo aos 8 anos de idade e se casado aos 12. Depois de estudar na Universidade de Alimedadab, foi em 1888 para University Colege, na Inglaterra, onde se formou em filosofia e direito.

Voltando em 1891 para a Índia, instalou-se em Bombaim com escritório de advocacia, transferindo-se logo depois para Pretória, na África do Sul. Ali devotou-se à luta da colônia indu, oprimida pelo governo racista e a qual eram negados todos os direitos civis, inclusive o de permanência. Tendo ficado 20 anos na África do Sul e conquistado para os seus patrícios os mesmos direitos de que gozavam os nacionais, retornou em 1914 à Índia.

Instalou-se novamente, em Bombain, criou o Partido do Congresso e consagrou-se à luta pacífica pela independência de seu país. Inaugurando em julho de 1920 a campanha de não violência e não cooperação. O movimento espalhou-se rapidamente, recebendo por essa época o título de **mahatma** (Grande Alma). Preso e condenado a 6 anos de prisão em 1922, foi libertado em 1924. Em janeiro de 1930, deu início a campanha de desobediência civil o que o levou à prisão, novamente.

Posto em liberdade, assinou com o vice-rei da Índia o "Pacto de Delhi", pelo qual grande parte do serviço administrativo do país passava às mãos dos nativos. Preso novamente em 1933, foi devido ao seu longo jejum logo depois libertado. Em 1934, após demorado jejum de protesto contra a maneira porque vinham sendo tratados os intocáveis, renunciou à liderança do Congresso nacional Indú e retirou-se para Senagram. Conseguida a independência de sua pátria em 1947, dedicou-se à pacificação dos dois grupos religiosos — o Mulçumano e o Indú — sendo meses depois assassinado ao se dirigir a um comício de oração...

Cinco dos invasores da mata sagrada, selva hostil fechada de ramaria e sem choupana alguma, seguiram em frente enquanto o sexto homem que ficou, tirou da mochila o litro de uisque, tomou longo gole e ligou novamente a serra-elétrica. O barulho estranho, até ali nunca ouvido naquele trecho fez com que as aves voassem para longe. Partiram, desapareceram no ar, pipius, jacamins, araçaris, aos bandos.O lenhador apesar dos gritos que para ele não passavam de sussurros da floresta, encostou a arma no outro lado do enorme angelim-da-mata onde dentro residia o espírito de Scipião, o Africano, lutador que não se entregaria facilmente apesar de imóvel.

Metade do tronco já estava cortado e o lenhador afastando a formiga-de-fogo do braço, ajeitava-se para contornar o pau, tal a rapidez e o poder mortífero da arma que não demoraria muito para decepá-lo, enquanto o pequeno e frágil pé de maracujá tendo no seu interior aquele que nunca usou de violência mas também não cooperou, ferido gravemente pelas pesadas botas dos invasores, agiu pela última vez.

Contorceu-se tanto em dores e no afã de atacar acabou enroscando na bota do serrador. O lenhador pisoteando com raiva sobre o maracujazeiro rasteiro, desequilibrou-se e caiu ao tentar desenroscar uma das botas de cima do pequeno arbusto de frutos redondos escuros e azulados.

Mais uma vez estavam acabando de assassinar o **mahatma** Gandhi.

O tombo do lenhador lutando para desenroscar os pés foi suficiente para o enorme angelim-da-mata num esforço fora do comum virar-se e desmontar sobre o homem que o cortara fazendo com que a galharia abrisse clareira na mata saltando insetos para todos os lados. Seu tronco forte soltando gritos roucos de vingança de Scipião, o Africano, foi direto sobre o intruso destruidor...

Os cinco companheiros do lenhador que já seguiam nos estragos bem adiante, devido ao ronco das máquinas cortantes nada notaram de anormal. Prosseguiram penetrando na secular floresta de cipós, musgos, ervas e parasitas. Acalmada a poeira, a nuvem de ciscos, gravetos e folhas secas, a mochila semi-aberta surgiu e num canto dela o litro da bebida predileta e o pacau de maconha. A moto-serra na mão do morto ficou fazendo barulho até que terminasse a força da bateria e a "Floresta Encantada" de nuances esmeraldas, do verde-musgo ao verde-palha, agora sem um secular angelim-da-mata, um pé-de-maracujá além de outros vegetais perdidos na batalha, tornasse a ficar em silêncio. Voltaram também apenas para olhar, o anambé e o arapapá, enquanto parado no ar agitavam-se freneticamente três beija-flores em dúvida se deveriam voltar...

OUTROS GUARDIÕES

Os cinco lenhadores restantes da “tropa” de reconhecimento, após enterrrarem o corpo do chefe prosseguiram caminhada selva a dentro enfrentando formigas, aranhas e carrapatos, até perfazerem o número de quilômetros combinados para a penetração na mata sagrada. Atravessaram por baixo de grossos cipós e ramagens coloridas de onde pendiam flores e frutos dos mais diversos feitios. Iam do ingá ao sapoti, até atingirem a parte formada quase que de sumaumeiras, supucaias e seringueiras margeando um rio de águas cristalinas, viveiro de piramutabas, gurijubas, curumins, pescadas, dourados, filhotes, curimatãs. Abundantes ali e além, tanto na bacia fluvial como na faixa atlântica.

Em parte das árvores derrubadas, se de madeira mole, os lenhadores costumavam aplicar agrotóxicos para imunizá-la. Tentavam preservar os troncos para não carunchar e apodrecer. Colocavam veneno nas toras e jogavam-nas na água para irem boiando até o ponto de coleta. Com essa operação poluiam tremendamente os rios...

De pé, a sumaumeira que devido ao grande tamanho havia assistido o trucidamento colocou-se em posição de alerta e ataque ao mesmo tempo. Gritou a todo pulmão para que ninguém ali deixasse os invasores em paz, enquanto ela procuraria fechar a retaguarda fazendo barreira, impedindo a saida dos homens. Haviam invadido parte da intocável Amazônia — grande jardim da humanidade. A mais bela expressão da natureza ainda intacta.

A árvore, enorme, de 60 metros de altura por uns 26 de diâmetro. Numa das cavernas de seu poderoso tronco, 6 pessoas podiam acomodar-se perfeitamente e tão compacta a sua copa que nela só conseguia penetrar — e apenas por alguns minutos — o sol vertical do meio dia.

No cerne da sumaumeira, outra figura de renome: Alexandre, o magno.

Imperador grego, nascido presumivelmente a 356 a.C., em Pella e falecido a 13 de junho de 323, na Babilônia. Seus pais foram, Felipe da Macedônia e Olympias. Desde cedo manifestou seu grande caráter. Tendo como mestres, Leônidas e Lysimacho, mas sofreu muito maior influência, de Aristóteles, que lhe deu educação militar.

Culto, tinha grande predileção pela Ilíada, lendo-a em seus momentos de descanso. Com 16 anos, substituiu algum tempo seu pai, no governo, vencendo na batalha de Cheronea, o batalhão sagrado dos tebanos. Tomou o partido de sua mãe, quando esta foi repudiada por Felipe, sendo por isso perseguido. Posteriormente perdoado, e quando em 336, numa batalha contra os persas, seu pai foi assassinado, assumiu o governo, não contando mais que 20 anos. Daí em diante sua curta vida tornou-se uma verdadeira cadeia de sucessos.

Venceu os ilírios e tribales, na batalha da Trácia, assim como aos tebanos, destruindo completamente a cidade de Tebas. Aos atenienses fez a mesma coisa, mas com menos rigor. Em 334, cruza o estreito de Helesponto, invadindo a Ásia Menor, tendo saído vitorioso de Granico, contra satrapas e persas, dominando depois as cidades de Lídia, Jônia, Cária, Pamfília e Capadócia. Tomando banho nas águas do Cidno, caiu gravemente doente restabelecendo-se devido aos cuidados do seu médico Felipe.

Foi a única interrupção que sofreu sua carreira guerreira. Na batalha da Cilícia, bateu Dario que lhe fizera frente com um exército de 500 000 homens, conquistando a Pérsia, Síria e Fenícia. Não parou ai, tendo dominado quase toda a costa do Mediterrâneo. Derrubando os muros de Gazza, penetrou no Egito, onde fundou Alexandria e recebeu dos sacerdotes o cognome de filho de Júpiter.

Foi o maior general de todos os tempos, pois conseguiu dominar todo mundo conhecido, tendo chegado até a Índia através da cordilheira do Hindocuch, derrotando ao Rei Pedro. Morreu envenenado num banquete que lhe ofereceram na Babilônia...

Na mata, os pássaros do dia já estavam se recolhendo dando vez aos pios e cantos das aves noturnas. As moto-serras cessaram seus roncos tristes e iguais. Apenas os gritos do general da antiguidade, que Plutarco gostava de elogiar em "Vidas Paralelas", Alexandre, o Magno, não parava, alertando a todos que não dessem tréguas aos intrusos. Seus apelos na forma de urros, mais aterradores que os esturros das onças, infelizmente não chegavam aos ouvidos dos lenhadores...

O primeiro a atendê-lo foi nada menos que Saladino, outro importante guardião da "Floresta Encantada". Secular carvalho, onde ao cair da tarde reuniam-se anambés, bicudos e choquinhas em infernal algazarra.

Descendente de Shadi, filho de Mervan, da tribo kurda do Ravadis. E agora sem poder fazer muito, ele um implacável lutador, sultão do Egito e da Síria.

Quando esteve pela penúltima vez no planeta, havia nascido em Tekrit, no ano de 1137, sobre o Tigre e falecido em 1193, em Damasco. Deixou a cidade natal com seu tio Shirbuth, para servir em Alepo e Damasco. Fez parte do exército enviado em socorro do califa fatimita, El Adid, contra o vizir Shaver, em 1164. No decurso da campanha, defendeu Alexandria dos cristãos e egípcios. Em 1167, caiu junto a Shirkuh, nas mãos do califa. Atacado pela frota do imperador e pelo exército de Amaury, levantou-se contra a Síria e tomou Gaza. Prendeu o califa, com sua família, em 1171.

Voltando o Egito à ortodoxia, foi tentado por seu primeiro chefe a voltar à Síria. Rebelou-se e, seu inimigo, ao marchar contra si pereceu em 1176 em Damasco. Desembaraçado, enviou o irmão Saif-El-Islam, a apoderar-se do Yemem. Iniciou-se então, a conquista da Síria, fazendo cair Alepo e Mossul, e tentando a separação da Síria, da Mesopotâmia e de Damas, em 1174.

Venceu batalha em 1179 e outra em 1184. Empreendeu, depois a expulsão dos cristãos do seu território. Aniquilando, em 1187, o exército franco em Tiberiade, apoderou-se de Jerusalém e fez prisioneiro a seu rei, Gui de Lusignan. Inutilmente Frederico Barbarroxa, Felipe Augusto e Ricardo Coração de Leão tentaram reconquistar a cidade Santa. Defendeu-se implacavelmente. A trégua de 1192, deu-lhe tranquilidade, e logo após, faleceu, excessivamente cansado, com trinta anos de lutas constantes, sendo sepultado em Damas.

Soberano notável, construiu no Cairo, a Fortaleza da Montanha e mandou cercar a cidade de muros. Sua bravura, generosidade e virtudes cavalheirescas, gravaram indelevelmente, o nome de El-Melike- El- Nasir-Salah- Ed- Din- Yusuf, o Saladino, na história oriental...

O lutador agora na forma de carvalho antiguíssimo porém ainda forte e dos mais compenetrados guardiões da "Floresta Encantada". Avisado por Alexandre, o magno, da morte de Gandhi e de Scipião, o Africano, alguma providência teria que ser tomada naquele pedaço de mata virgem ameaçado. Para alguns, simples queda de um pé de maracujá carregado de frutos e uma árvore angelim-da-mata entre os milhares de vegetais que ali existiam. Mas eles sabiam o que significava derrubada das florestas de morcegos, vampiros enormes e gafanhotos do tamanho de pássaros.

E a verdade uma só: haviam descoberto a mata sagrada, da boiúna, da iara, do curupira e do jurupari. E as árvores não podiam fugir. Debandar não, porque naquela comunidade de valentes ninguém seria capaz de um ato vergonhoso desse. Quando muito, recuavam como estratégia de guerra. Mas como fazer se agora todos tinham a forma fixa, imóvel, de vegetais?

Os espíritos conservavam suas forças, mas estavam limitados. Já que não se tratava de problemas de força, que tal convocar um filósofo admirado até hoje?

Tinham que aproveitar enquanto os cinco lenhadores estavam dormindo, para tomar uma decisão, momento em que as máquinas serradoras paravam e o silêncio voltava. Se os famosos guerreiros do passado não podiam mais usar suas forças nas batalhas da vida, só restava usar a inteligência. E ninguém melhor do que aquele sábio, pois havia resolvido uma infinidade de problemas na sua época.

Procuravam silenciosamente de árvore em árvore, de ramo em ramo, como se seus ruídos despertassem os cansados homens que talvez não acordassem nem com picadas ardentes das formigas-de-fogo.

Longe dali seus ecos cruzaram com o ditador romano Caius

Julius Cesar, com os imperadores Titus Flavius Vespasianus e Tiberius Claudius Nero, significando que estavam próximos do objetivo. Até que finalmente o encontraram na forma de velho jacarandá meio carcomido mas cheio de vida por dentro.

Seu nome todo: Marcus Aurelius Antoninus Augustus. Quem sabe o antigo imperador poderia ajudar a impedir a destruição das matas que agora tinham sido descobertas? Afinal tratava-se de segurança de todos os moradores que levavam vidas tranquilas, depois de outrora atribulada passagem pela Terra.

Juntavam numa só alma, força e inteligência. O valoroso romano não tinha reprimido com energia os bárbaros? E não eram os lenhadores, destruidores da "Floresta Encantada", um bando de bêbados e viciados em tóxicos, desclassificados, vândalos do século vinte?

Marco-Aurélio tinha aparecido pela penúltima vez no planeta, em Roma, no dia 20 de abril de 121 e havia falecido em Sirmium a 17 de março do ano de 180.

Recebeu primorosa educação, revelando-se logo possuidor de raras qualidades morais. Estes predicados não passaram despercebidos a Adriano que exigiu de seu sucessor, Antonino, que adotasse Marco-Aurélio. Durante toda a sua mocidade dedicou-se a profundos estudos de filosofia. Casou-se com Faustina, filha de Antonino. A 7 de março de 161, subiu ao trono por morte desse. Tomou por colega Ceionius Comodus filho de Antonino, que mudou seu nome para Lucius Aurelius Verus.

Marco-Aurélio viu-se desde logo a braços com sérias dificuldades pois teve de reprimir com energia aos bárbaros, que se haviam tornados mais ousados durante o reino de Antonino, o qual fôra essencialmente pacífico, acarretando o enervamento dos soldados, o que causou diminuição da eficiência de muitas legiões. Tal aconteceu com os exércitos do Oriente, os quais eram impotentes para conter os phartos, sublevados por Vologeso.

Enviou-lhes então o imperador um rigoroso e autoritário emissário: Avidius Cassius. Luta feroz foi logo travada, que se prolongou por quatro anos, terminando com a derrota de Vologeso e tomada da Artaxata, capital da Armênia, o que se deu em 165. Pouco depois, porém, foi necessário combater os bárbaros do Danúbio, que assolavam as províncias e ameaçavam a própria Itália. Esses combates foram ainda mais violentos; para comandá-los transportaram-se os dois imperadores aos Alpes. Uma epidemia de peste irrompeu, da qual foi vítima Lucius Verus. Cassius sublevara-se no Oriente. Para lá seguiu Marco-Aurélio a fim de submetê-lo. No entanto antes de sua chegada, foi o rebelde morto por seus próprios soldados.

O imperador perdoou a quase todas as cidade que tomaram parte no levante. Voltando do Oriente, Marco-Aurélio veio a falecer pouco depois. Foi um filósofo, profundamente humano; fez com que várias leis fossem suavizadas em seu reinado.

Os seus "Pensamentos" são considerados como uma das mais valiosas obras literárias que possue a humanidade...

A ave cigana recolhia-se enquanto o sábio estudava solução e os lenhadores pernoitavam no acampamento. Cansados da lida diária no meio de formigas e carrapatos; aranhas e lacraias de vez em quando e mosquitos de vários os tipos cercando por todos os lados. Sem contar serpentes cascavéis, urutu-cruzeiro, jararacussus além do bote traiçoeiro da surucucu pico-de-jaca.

Os homens esgotados pela selva, adormeciam embaixo de majestosa figueira antiga. Tão grande como a bravura de quem a ocupava naquela mata de encantos e perigos. Nela residia Manuel Luiz Osório, o Marquês de Herval.

Ali vivia em paz, como prêmio pela sua campanha na Terra, o espírito do militar e patrono da arma de cavalaria do exército brasileiro, nascido em 10 de maio de 1808 em Conceição do Arroio, Estado do Rio Grande do Sul, e falecido a 4 de outubro de 1879, no Rio de Janeiro.

Osório ingressou no exército em 1823, tomando parte nesse ano no assédio de Montevidéu, Uruguai. Em 1824 era promovido a alferes. Nas campanhas desse país e do Rio Grande do Sul, de 1825 a 1828 sobressaiu-se em Arbolito, Sarandi e principalmente, na batalha de Ituzáingo, onde por atos de bravura, subiu ao posto de tenente. Ainda no Rio Grande do Sul, por ocasião da guerra civil, de 1835 a 1845, combateu pela vitória da legalidade e da união nacional. Nesse período recebeu as promoções de capitão em 1838, major em 1842 e tenente-coronel em 1844.

No comando do 2º Regimento de Cavalaria contra o Uruguai e Argentina, de 1851 a 1852, época em que atingiu o coronelado, destacou-se pela brilhante atuação em Monte-Caseros. Em 1856 graduara-se brigadeiro, efetivando-se em 1859. A frente de uma divisão invade em 1864 o Estado Oriental. Participando do cerco de Paissandu e Montevidéu. Marechal de campo em 1865, aparecia neste mesmo ano comandando o 1º Corpo do Exercíto em operações contra o Paraguai desbaratando em Confluência e Laguna-Sirena as tropas de Lopes em 1866.

A 2 do mês seguinte vencia o inimigo em Estero-Bellaco e a 24 tomava parte principal na primeira batalha de Tuiuti, derrotando o adversário. Restabelecido de ferimentos leves, retornou em 1867 ao Paraguai, quando realiza novas vitórias em Tuju-Cuê e Humaitá. Esses feitos elevou-o a tenente-general. Gravemente ferido na batalha do Avai em 1868, só em 1869 volta à atividade na batalha de Peridebuy.

Marechal do Exercíto (graduado) e Senador em 1877, era em 1878 nomeado Ministro da Guerra. Condecorado inúmeras vezes, o governo concedeu-lhe, após a sua morte, superiores distinções honoríficas. A sua gloriosa carreira militar mereceu-lhe em vida o título de "Legendário". Osório é um símbolo de bravura, dignidade e patriotismo, dentro da eterna veneração de sua pátria...

Na mata diversificada composta de copaíba, camará, embira-branca, canafístula, pau-darco, daquele trecho onde ficava o acampamento, próximo da enorme figueira-residência do espírito de Osório, os lenhadores acordaram com tiros disparados por um dos homens que não conseguiu dormir depois que um potó acertou seu braço. Como enorme formiga, vinha voando, pousava, picava e soltava a secreção cáustica. Seu contato com a pele humana queimava como fogo. Da variedade dos himenópteros, de cauda arrebitada ele descia para a ação. A noite os homens eram marcados nas mãos, orelhas, pescoço, nariz, pelas pousadas repentinas dos potós.

Um gavião-de-penacho ao ouvir os estampidos, alçou vôo no ato.

Tudo porque a pavorosa jaquitiranabóia — inofensiva cigarra chamada de "cobra de asa" pela feiura — que só de vê-la assustava e ainda por cima o bicho voava, desajeitadamente pousou sobre o pé de hortência carregado de flores. O homem assustou-se e arrepiado com a feiura do voador; repulsivo inseto de longo chifre recurvo lembrando minúsculo rinoceronte que havia descido como uma pedrada, preparou a sua Magnum.

Apavorado com mais aquilo que nunca podia imaginar que existisse, nem se preocupou com o barulho que poderia fazer acordando seus companheiros. Crivou de balas o inseto voador do tamanho de um punho fechado. Com muita munição e péssima pontaria o lenhador acertava tudo na planta carregada de flores e nada no alvo, que se pôs em movimento, batendo asas rapidamente com a acolhida que tivera.

Mais uma vez na "Floresta Encantada", berço de inúmeros batráquios e incontáveis ofídios, quelônios e quadrúpedes, a história se repetia. Booth um dos lenhadores que não acertara um só tiro na inofensiva cigarra feia, acabou despedaçando na bala o pé de hortência e com isso matando mais uma vez o estadista norte-americano e 16º Presidente dos Estados Unidos da América do Norte, que assistia juntamente com outras espécies de vegetais o espetáculo do pôr-do-sol, no teatro da vida...

Abraham Lincoln tinha nascido a 12 de fevereiro de 1809 em Big South, Fork-Kentucky e morreu assassinado a 14 de abril de 1866 em Washington. Filho de modestos agricultores, cursou na sua infância apenas um ano de escola, onde aprendeu rudimentos de leitura e aritmética. Até aos 17 anos de idade ajudou o pai no trato da terra. Abandonando o teto materno quando atingiu a maioridade, empreendeu inúmeras viagens atráves do país exercendo os mais variados cargos.

Formado em direito em 1837, dedicou-se também a advocacia. Passando em 1846 para o Congresso Federal, opôs-se tenazmente à guerra do México. Data de 1849 a intensificação de sua campanha contra a escravatura em diversos Estados da União. Presidente dos Estados Unidos em 1861, três semanas depois de sua posse rebentava a terrível guerra civil entre os Estados do Norte e os do Sul. Em 22 de setembro de 1862, concedeu liberdade a 5 milhões de negros norte-americanos. Reeleito em 1864, entrava triunfalmente a 3 de abril de 1865 em Richmond, capital dos Estados confederados. A guerra da Secessão, estava, pois, quase decidida a seu favor. Em 11 de abril de 1865, Washington festejava a queda dessa cidade.

Três dias depois, na noite de 14 de abril de 1865, Lincoln quando assistia em companhia de alguns amigos a representação de uma peça no teatro local, é alvejado a tiro de pistola por Giovanni Wilkes Booth, fanático sulista. Assim tragicamente, expirou na manhã do dia seguinte um dos maiores presidentes dos Estados Unidos da América do Norte. As cidades de Washington, Springfield, Nova York, Chicago, Edimburgo (Escócia) etc., ergueram estátuas em perpetuação da sua memória...

Mas caberia ao espírito belicoso de Napoleão encarnado numa das sucupiras da "Floresta Encantada", exterminar a praga que atacava a mata sagrada. Aproveitaria que os cinco lenhadores mantinham-se enfileirados a soborear leite em pó, bacon e alguns deles já de manhã ingerindo suas doses de uisque com café forte, assistidos de longe por socós e jaçanãs...

O general e imperador francês nascido a 15 de agosto de 1769 em Ajaccio (Córsega) e falecido em 5 de maio de 1821, na Ilha de Santa Helena, era filho de Carlos Bonaparte e de Laeticia Romollino. Fez brilhante curso na Academia Militar, se distinguido principalmente pela sua extraordinária memória. Em 1794, quando oficial de artilharia, toma parte no cerco de Toulon, no qual, sua atuação trouxe-lhe a promoção de general de brigada.

Fez brilhantemente a campanha da Itália (1796) e é enviado posteriormente para o Egito (1798), conquistando o Cairo e Alexandria. Deixando as tropas sob o comando de Kléber, retorna à França e dá o golpe de Estado (novembro de 1799) apossando-se do poder e ficando com o título de Primeiro Cônsul e logo depois, de Cônsul Vitalício da República Francesa. Esse período de seu governo é marcado por uma série de sucessos. Toma parte na segunda campanha da Itália. Em 1804, tornou-se Imperador, adotando o nome de Napoleão I.

Casou em primeiras núpcias com a viúva do general Beauharnais, Josefina Tascher de la Pagerie, tendo se divorciado para contrair novo matrimônio com a arquiduqueza da Áustria, Maria Luiza, em 1809, com a qual teve um filho que foi rei de Roma e imperador dos franceses. Como supremo comandante dos exércitos franceses, derrotou os austríacos. Apoderou-se de Nápoles, subjugou e reorganizou a Alemanha, criando a Confederação do Reno. Venceu a Prússia, invadiu a Espanha e Portugal e em 1812 comandou a frente de um grande exército, a invasão da Rússia chegando até Moscou.

Devido a rigoroso inverno, sofreu as suas tropas consideráveis perdas durante a retirada empreendida pela estépes. Coligam-se após todos os países europeus, e vencem Napoleão, em Fontainebleau. É expulso para a Ilha de Elba, onde retorna para fazer campanha dos 100 dias, sendo finalmente vencido, na Batalha de Waterloo, por Lord Wellington. Julgado pelos ingleses, é desterrado para a ilha Santa Helena, tendo passado os últimos anos de sua vida, no mais completo isolamento. Foi Napoleão, um dos mais perfeitos generais de todos os tempos e a sua personalidade é ainda hoje evocada como um dos mais extraordinários guerreiros da história...

Napoleão vibrou com a possibilidade de guerrear novamente num campo em que ele nunca havia feito nada: na selva. E onde repousava por longos anos.

Não poderia perder aquela oportunidade, talvez a única, tão perto. Ao notar quatro dos cinco lenhadores sentados e enfileirados rente ao tronco derrubado, usou toda a estratégia de velho guerreiro. Calculou bem a altura da sua copa, a distância dos homens, mediu um de seus pesados galhos como longos braços. Era já ou nunca mais. Teria que apanhar todos de uma só vez e rapidamente. Do alto de sua imponência fez o último cálculo para agir. Seu plano foi acionado quando o quinto homem sentou-se no chão acompanhando a extensão da rústica e longa mesa montada sobre o pau derrubado.

O mistério mais uma vez se fez presente na "Floresta Encantada".

Sem violento aguaceiro tão comum na mata tropical, portanto com ausência de raio, nem mesmo machucadura possuia o possante galho da sucupira que fizesse com que caisse; o fato foi que a pesada lasca de madeira acabou desabando sobre os homens sentados que se alimentavam. O rápido movimento afugentou o calango. A capivara correu e o tucano bateu asas, em tempo.

O cálculo do general foi perfeito. O pesado galho pegou os homens em cheio, não escapando ninguém.

Vencera os cinco num só golpe, como no passado fizera com a Áustria, Itália, Alemanha, Portugal e Espanha. Por uns tempos todos estariam livres na mata sagrada até que surgisse alguma Batalha de Waterloo, tendo pela frente novo Lorde Wellington para derrotar Napoleão...

Os outros animais tinham escutado o alerta de Napoleão Bonaparte, em tempo. Apenas os humanos não ouviram o grito de guerra. No alto da sucupira, pressentindo o baque, o bando de ararinha-azul puxou o vôo do crejoá e do anambé-vermelho e todos partiram rapidamente...

AS MULHERES ESCOLHERAM ÁRVORES FLORIDAS, LINDAS E PERFUMADAS...

No acampamento dos lenhadores, cercado de nuvens de mariposas, insetos de todos os tipos atraidos pelos focos luminosos, o chefe violento, ruivo homossexual "Mitzgaynor", um dos homens fortes da turma (reincarnação de Maury), bastante embriagado e drogado, ditava novas instruções e sentenças para seu assessor Zefirelli:

— Zefir, o destino de todo ser vivo é a morte. Inclusive aqui, portanto mãos à obra. Vamos à luta!...

Não importava se o caranã e o jupati davam a fibra. Se o ubuçu e o ubim, forneciam a palha. Fatalistas, os homens agiam como cadáveres ambulantes. Tudo indicava que Spencer e equipe haviam desertado. Desapareceram com foices, machados e serras portáteis. Ou teriam morrido, encontrando sérias dificuldades ao tentar penetrar na fechada mata de árvores seculares?

— Primeiro as matas, depois os minérios; tantalita, cassiterita, columbita, manganês... — Insistia o chefe dos lenhadores norte-americanos com seu assistente. — E finalmente a posse das terras; todas, passarão para o nosso país!...

Depois da derrubada das matas viriam os garimpeiros de rudimentares métodos, poluindo com mercúrio levando desgraças pelas águas. Uma atividade sem régras nem leis, desorganizada e predatória. Em seguida os agricultores despreparados que muitas vezes eram jogados na Amazônia para agredir a natureza, que a cada vôo de aviões agrícolas pulverizando "defensivos" cometiam verdadeiros massacres matando milhões de pássaros. Ao mesmo tempo em que toneladas de peixes morriam porque a chuva sobre a plantação de soja levava para os rios, todo o pesticida aplicado na lavoura...

No infindável tapete de grama, aviões, máquinas, ferramentas, estavam sendo vistoriados. Armas e munições bem como bebidas alcoólicas e tóxicos, conferidos. Estoques de cocaína, heroína, LSD, maconha. Esta em sementes para o plantio sempre acompanhando o acampamento, como os soldados norte-americanos fizeram no Vietnã onde lutaram. Enquanto "Mitzgaynor" o líder dos madeireiros prosseguia.

— Estas matas já vi que possuem enormes quantias de freijó, ucuúba, pau-amarelo, macaúba, andiroba e sucupira que podem ser vendidas a 40 dólares o metro. E o mogno está a 105 dólares o metro no mercado internacional. Vamos ficar ricos!...

Os roncos dos motores faziam com que tatu-canastras tentassem correr. Na sua frente já tinham disparado o gato-do-mato e bem atrás ia seguir a preguiça-de-coleira.

Uma vez conferidas as máquinas e o lucro que delas viriam é que o chefe "Mitzgaynor" foi conferir os homens, enquanto um helicóptero partia para averiguação das possibilidades de se fazer a entrada por outro flanco da intrincada floresta. Talvez fosse mais fácil. Já que o desaparecimento da equipe de reconhecimento tornou-se um enigma. E com o mistério haviam sumido Spencer, Booth, Taylor, Menendez, Astor e Sulivan.

— Para cada homem que desaparecer na "Floresta Encantada" de paus de cumaru e do arbusto chacrona, colocarei 10 em seu lugar. — Gritou eufórico o homossexual "Mitzgaynor" a seu auxiliar preferido, assessor e secretário particular, o ítalo-americano Zefirelli. — Já providenciei a vinda de mais 60 homens em substituição aos 6 desaparecidos. Será sempre assim de agora em diante: 10 vezes mais, por desfalque de nossa equipe!...

Não poderiam descobrir mesmo o mistério. Logo após Napoleão-Sucupira ter desfechado o golpe contra os lenhadores, a terra abriu-se como grande bossoroca e engoliu os corpos dos homens, o tronco caído feito mesa e o enorme galho causador das mortes. Nada restando mais naquele trecho que indicasse tragédia. Silenciaram anacás, araras, papagaios enquanto a relva crescia...

Estava acertado, por ordem do sardento e ruivo "Mitzgaynor", o lenhador Curtis e seu pessoal linha de frente deveriam atacar pelo lado que parecia mais vulnerável, segundo as observações feitas através do helicóptero que sobrevoava a mata sagrada.

Não demorou muito para homens e máquinas se concentrarem nas imediações a fim de dar continuidade ao projeto de por abaixo a floresta de cipós gigantescos pendentes, galhos e folhas alçados para o céu, de onde contavam maravilhas e que para os norte-americanos não passavam de lendas de índios e sertanejos iletrados...

E assim iriam prosseguir até o plano final que seria colocar de mãos beijadas toda a Amazônia nas mãos dos Estados Unidos. Conforme projeto que havia sido feito em Washington. Desta vez não haveria guerra nenhuma de sesseção para atrapalhar os estudos, como acontecera no passado...

Atingiram área diferente da usada na primeira investida na "Floresta Encantada". A mata intensamente colorida por baixo parecia um tapete majestoso, bordado; verde salpicado de amarelo, rosa, violeta, azul, vermelho das pétalas caídas. Um paraíso nunca pisado pelo ser humano. Pedaço calmo, onde as mulheres do passado escolheram para voltar à Terra na forma de árvores que produziam flores das mais diversas formas, cores e suaves perfumes.

Aves misturando canto pousavam alegremente nas copas dos arvoredos. Do cajazeiro, tronco avantajado, pendiam orquídeas vistosas — flores que variavam do amarelo-canário ao verde-cana e que forneciam a saborosa baunilha; enfeitavam ainda mais a mata sagrada.

A bonita jovem agora como pé de quaresmeira encontrava-se isolada, meditando. O espírito ia ao passado e eram tantas as recordações. Ali na calmaria da "Floresta Encantada" havia essa possibilidade: todos os espíritos dos residentes lembravam-se do que tinham sido suas vidas na forma humana, e todo o trabalho realizado. Quantas lutas e sacrifícios daquelas privilegiadas pessoas...

Francisca Júlia da Silva, seu nome. Muito embora aparentasse em todas suas ações e consequentemente em todas as produções uma grande impassibilidade, não pôde quando aqui entre nós, pela penúltima vez, conter o extremo da emoção ante a perda irreparável com o desaparecimento do seu esposo a quem dedicara toda a uma vida de enternecimento e sinceridade.

À saída do féretro, no derradeiro abraço de despedida, falecera sobre o cadáver do marido...

Poetisa, nasceu a 31 de agosto de 1874 em Xiririca. Estado de São Paulo e tinha falecido em 31 de agosto de 1920 em São Paulo, no mesmo Estado.

Emprestou a vários órgãos da imprensa nacional o valioso concurso de sua inteligente colaboração, notadamente na "Semana", onde sua estréia em circunstâncias anônimas provocou entre os redatores sérias indecisões sobre a autenticidade feminina da autora.

Nos seus versos, Francisca Júlia procurou condensar uma expressão de arte diferente do seu sexo. Plasmou-os, em forma e sentimento, à semelhança dos mais perfeitos poetas parnasianos, ombreando-se com Raimundo Correia, Olavo Bilac, Alberto de Oliveira e tantos outros valores de sua época.

A sua bibliografia, todavia resumidíssima, valeu-lhe uma verdadeira consagração que a definiu entre os vultos mais em evidência da poesia brasileira.

Publicou em 1895 "Marmores", com prefácio de João Ribeiro, reunião dos inúmeros sonetos espalhados nas edições periódicas da "Semana", compreendendo o período de 1893 a 1895. Esta obra recebida elogiosamente pela crítica, alcança ao mesmo tempo um dos maiores sucessos de livraria. Entretando, em virtude do erotismo difundido em alguns de seus versos, motivou, por parte da pudicícia de correligionários e leitores, destacadas repulsas que vieram desaparecer tempos depois, quando melhor compreendida.

Seguiu-se ao seu primeiro livro, o volume de "Esfinges", 1905, que veio superar o êxito do anterior...

Sob o aspecto do carregado ipê, com tantas flores amarelas, outra mulher trocava idéias com a companheira de arvoredo, que estava mais próxima. Enquanto centenas de outras árvores mais frágeis balançavam ao vento fraco, como antigas bailarinas, ajeitando-se para ouvir o que as duas heroínas tinham a contar.

Ana Maria de Jesus Ribeiro, a Anita Garibaldi começou a falar: Tinha nascido em 30 de agosto de 1819, em Morrinhos, no Estado de Santa Catarina e falecido em 4 de agosto de 1849, nas proximidades de Santo Albergo, na Itália.

Os pais embora muito pobres, deram-lhe excelente educação. Enamorou-se, na cidade de Laguna, em 1839, de Giuseppe Garibaldi, guerrilheiro italiano, entusiasta das lutas de libertação e independência, que se encontrava no Brasil, pelejando na "Guerra dos Farrapos". Devido à oposição dos pais, Garibaldi raptou-a, indo legalizar o casamento em 1842 no Uruguai.

Tornou-se intrépida companheira de aventuras do marido, tomando parte em seus combates. Na primeira batalha naval, ao lado dos "farrapos", derrubada por uma bala de artilharia, no convés do navio, escapou milagrosamente, enquanto dois homens morriam ao seu lado.

Aprisionada pelo inimigo, conseguiu habilmente evadir-se, permanecendo quatro dias escondida na mata, sem alimentação, procurada pelos legalistas. Certa vez, estando o marido ausente, irrompeu subitamente uma batalha: Anita sem hesitar, substituiu-o no comando, fazendo funcionar o canhão, confiado à guarda dele. Conquistou, no combate das forquilhas, o título de "bravo entre os bravos".

No Uruguai, lutou ao lado das forças de Oribe, contra o ditador Rosas. Depois de fixar residência, por algum tempo em Montevidéu, embarcou, em 1848, no barco "Esperança", rumo à Itália, em companhia do esposo.

Tomou parte nas lutas pela libertação e unificação da Península. Em Luisse, nas proximidades dos Apeninos, quando empenhada numa campanha para levar socorro à Veneza, situada pelos austríacos, sentiu manifestar-se o enfraquecimento dos pulmões, mal de que veio a falecer, pouco tempo depois.

Deu em vida, inúmeros exemplos de intrepidez, na guerra e de solicitude para com os enfermos e feridos. Os italianos guardam os despojos da heroína brasileira, no cemitério de Nice. Em Ravena, sobre o Adriático, foi levantado um monumento à sua memória. No Brasil, inaugurou-se seu busto, em 1913, na capital mineira.

Quem a ouvia contar trechos de sua vida era outra não menos heroína, em árvore próxima, em que homens ávidos pelo dinheiro não demorariam a chegar para colocá-la abaixo.

Resolveu se apresentar, timidamente. Chamava-se Maria Quitéria de Jesus Medeiros. A Maria Quitéria, da nossa História.

Tinha nascido na fazenda do Rio do Peixe, no município de Feira de Santana, no Estado da Bahia. Nem ela própria lembrava a data de seu nascimento, bem como a de sua morte. Lembrava bem das lutas pela independência do Brasil; desde suas primitivas insurreições, que avultavam-se sobremodo naquele Estado.

Os acontecimentos de Cachoeira em 1822, com a aclamação do Príncipe D. Pedro, vieram precipitar o desfêcho do 7 de Setembro, trazendo também para os anais da história pátria a figura então obscura de Maria Quitéria de Jesus Medeiros.

Na ausência de seu pai, disfarçadamente, a jovem guerreira apresenta-se às autoridades legais da vila. Baldados os esforços do velho progenitor para retirar a filha das fileiras revolucionárias; Maria Quitéria marchou entre os soldados do batalhão de caçadores "Voluntários do Príncipe D. Pedro". Em quase todas as batalhas do Recôncavo, distinguira-se intrépida e heroicamente.

Entretanto, o valor da sua bravura culminou-se à foz do Paraguassu, quando capitaneando um grupo de mulheres destemidas, com águas até os seios, conseguiu, após uma ação temerária e sangrenta, rechassar o desembarque do inimigo. Esse feito, mencionado com louvor na ordem do dia, mereceu a entrega de uma espada à Maria Quitéria, já no posto de cadete.

Constam ainda nos registros militares da época vários ofícios dos comandantes das tropas, enaltecendo-se seu desembaraço e coragem. Em 1823, compondo uma brigada do exército libertador, Maria Quitéria, à frente do seu batalhão, entrava pela estrada das Boiadas na cidade de Salvador. Emissária da vitória, segue para o Rio de Janeiro. Na Côrte em recepção especial, é agraciada pelo Imperador com a insígnia dos Cavaleiros da Imperial Ordem do Cruzeiro. Restituída ao lar, nada mais se soube de Maria Quitéria, isto porque a grande heroína brasileira, desprezando o fascínio das recompensas e honrarias, bateu-se única e gloriosamente pela libertação de sua pátria...

A mata florida tinha mais. Ora apresentava a "Floresta Encantada", Judite Gautier, escritora francesa, ora a Marquesa D'Alorna, poetisa portuguesa. Quando não era a romancista Madame de Stael na forma de madeira produzindo lindas flores, surgia vistosa, toda colorida, Marie de Rabutin-Chantal (Marquesa de Sevignê) escritora francesa.

George Sand (Baronesa de Dudevant) pseudônimo por que era conhecida a escritora francesa Amandine Aurore Lucie Dupin, entre nós, estava radiante como fôra em vida na forma humana. O mesmo acontecendo com George Eliot, outro pseudônimo literário famoso, de Mariam Evans, romancista inglesa, figura de destaque entre os escritores da segunda metade do século XIX.

E assim iam surgindo a escritora francesa Clotilde de Vaux,

a poetisa inglesa Charlotte Bronte, a pianista alemã Clara Shumann, árvores com flores, sempre flores. Um nunca acabar de formas e lindos coloridos naquele trecho especial com tanta delicadeza. Tendo mais no alto a imponente figura de D. Maria Leopoldina, arquiduquesa da Áustria e primeira imperatriz do Brasil.

Elizabeth Fry, filantrópica senhora inglesa tinha também seu lugar de destaque na mata sagrada. Havia fundado no começo de sua vida, uma escola para crianças órfãs. Embora dispondo de pouco tempo devido a seus afazeres familiares, continuou Elizabeth Fry em sua obra caritativa. Depois de sucessivas visitas à prisão de Newgate, fundou em abril de 1817, uma associação destinada a trabalhar pela melhoria das condições de existência das prisioneiras ali encarceradas.

Visava com sua obra o estabelecimento de certas condições, hoje consideradas indispensáveis para as prisões, quais sejam a integral separação dos sexos, classificação dos presidiários e instrução adequada aos mesmos. Em 1818 visitou numerosas prisões da Escócia e do Norte da Inglaterra, tendo escrito sobre essa viagem algumas notas, publicadas em 1819. Em uma visita à Irlanda, levada a efeito em 1827, realizou diversos estudos, não só sobre as casas de detenção locais, como também sobre aquelas de tratamento de alienados os quais foram aproveitados com sucesso nos estabelecimentos ingleses desse gênero.

Durante os anos de 1838 e 1839, percorreu várias cidades francesas, tendo visitado entre outras, as prisões de Paris, Rouen, Caen, Boulogne, Toulouse e Marselha. Antes de regressar à Inglaterra, dirigiu-se com o mesmo fim, à Gênova, Zurich, Stuttgart e Francfurt. Sempre com a intenção de aliviar um pouco a vida dos presos Elizabeth Fry, em 1840 percorreu a Bélgica, a Holanda e a Prússia, no ano seguinte, a Dinamarca.

Em 1842, viu-se forçada a interromper suas viagens, devido a ter adoecido; faleceu poucos anos depois. Contudo, já sua benéfica atuação havia frutificado em numerosas medidas tomadas por diversos países europeus, no sentido de , segundo suas sugestões, tornar mais humano o tratamento dispensado aos presidiários...

Mary Stuart estava na "Floresta Encantada", na forma de enorme sapucaia de flores róseas. Rainha da França e da Escócia, tinha sido mais uma vítima da época que bem ilustra todo um período de transição e amalgamento de um povo.

Era filha de James V, da Escócia. Se bem que possuísse outros irmãos, subiu ao trono, com a morte de seu pai, em 1546. Por ser menor foi enviada à França, onde juntamente com as filhas do rei, recebeu educação em Saint-Germain. Em 1548 foi contratado seu casamento com o futuro Francisco II, cujas bodas se realizaram em 1558, tornando-se desta forma, rainha da França.

Com a morte prematura de seu marido, retornou à Escócia, onde encontrou um ambiente dos mais carregados, pois as lutas internas se sucediam constantemente. Tentou restaurar a fé Católica, pois a Reforma estava então no auge. em 1565, consorciou-se com Lord Darnley, por imposição do Parlamento, o qual foi assassinado por ordem de Boothwell, que posteriormente se tornou Príncipe Consorte. Sofreu tal oposição, depois desse ato, que por decisão da Casa dos Comuns, que a considerou proscrita, teve que refugiar-se no Castelo de Lochleven, onde abdicou em favor de seu filho, que tomou o título de Jaime VI.

Fugiu, então para a Inglaterra, e ao invés do asilo que esperava encontrar só experimentou a dureza de áspero cativeiro, pois entre ela e Isabel sua prima e Rainha da Inglaterra, havia desde largos anos a rivalidade da elegância e a competência de direitos pois na realidade, o trono inglês pertencia à Mary Stuart, por direito de sucessão.

Viveu encarcerada por dezoito anos, ao cabo dos quais foi decapitada. Seu filho, com então vinte e um anos, e em plena posse da autoridade, nada tentou para a salvar...

Foi uma rainha que bem representou o símbolo desse período medieval, em que os imperadores se sentiam como que protegidos por Deus, e seus atos nada mais eram, que reflexos da vontade divina...

Na selva, entre folhagens e cipós, brilhava também um tronco florido do juazeiro que significava a presença de Luisa May Alcott, escritora norte-americana que durante os anos de 1862 e 1863 serviu como enfermeira no Union Hospital, de Georgetown, para socorrer os feridos da Guerra Civil norte-americana.

Mais além, o tronco anunciando a vinda da pupunha, que abrigava o espírito de Elizabeth, Rainha da Inglaterra, filha de Henrique VIII e Ana Bolena. Após ter sido sua mãe decapitada, foi juntamente com a irmã Mary Tudor, declarada ilegítima. Recebeu uma educação clássica, sob a tutela de Roger Ascham. Durante o reinado de Mary, teve sua vida por diversas vezes em perigo, tendo sido aprisionada por pouco tempo na Torre, em 1554.

Subiu ao trono pela morte de Mary, ocorrida em 1558. Conservou sempre, em matéria de religião uma atitude dúbia. Servia-se das questões entre as diversas seitas para consolidar seu poderio. Apesar das diversas negociações feitas em torno de seu matrimônio, permaneceu sempre solteira.

Sob seu governo, desfrutou a Inglaterra um período de real progresso. Conseguiu, por meio de uma política hábil, manter o país unido, enquanto todas as demais grandes nações européias enfrentavam sérias convulsões internas. Uma de suas grandes obras foi o incremento dado às atividades culturais; durante o seu governo atravessou o reino uma época de esplendor artístico.

Contribuiram para aumentar o seu prestígio os sucessos da guerra com a Espanha...

Os homens aproximavam-se cada vez mais com suas máquinas e serras onde pés de flores com espíritos conversavam na mata sagrada. Tratores com correntes presas entre si começaram arrasar árvores de vários tamanhos, com lamentos femininos e uivos dos machos, que os ouvidos dos humanos não podiam captar.

Os lenhadores norte-americanos afastando formigas-de-fogo, prosseguiam a tarefa criminosa, enquanto murucututus batiam asas para bem longe e guaribas disparavam por entre cipós. Uma simples moto-serra na mão de experiente madeireiro punha abaixo em poucos minutos uma figueira com mais de cem anos de idade, cinquenta metros de altura, enchendo a área com insetos que procuravam trepar de novo na ramaria. Formando bolos de aranhas, formigas, lacraias, grilos...

Primeiro machucavam, depois matavam vegetais de todos os tamanhos e feitios espalhando perfume, como o sândalo que perfumava o machado que o feria. Flores douradas, azuladas, roxas, lilás, caiam. Despencavam galhos floridos da mongubeira, da paineira. Iam das alvas plumas da ubá às flores da ingazeira.

Misturadas na relva com lindas camélias, magnólias, acácias, violetas, jasmins.

Mais para a frente escorando o galho pendente de flores, nova figura conhecida da História. Orgulhosa de ter passado pela Terra e deixado seu traço, a simples Isabel, a Redentora.

Princesa Imperial brasileira, nascida em 29 de julho de 1846, no Paço de São Cristovão, Rio de Janeiro e falecida a 14 de novembro de 1921, no castelo D'Eu, Paris, França.

Filha do Imperador D. Pedro II e da imperatriz dona Tereza Cristina teria sido de todos ignorada se o destino não lhe colocasse nas mãos por três vezes as diretrizes do poder administrativo do Estado, na ausência de seu pai.

Governando com os gabinetes Rio Branco, 1871 e 1872; Caxias, 1876 a 1877; Cotegipe e João Alfredo, 1887 a 1888 a princesa Isabel desempenhou relevante papel na alta magistratura imperial. Inúmeros acontecimentos se realizaram durante os exercícios dessa tríplice regência em favor das necessidades na estrutura do organismo governamental e da coletividade humana.

Mas só falavam dela sobre a libertação dos escravos. Quando deve-se ao gênio empreendedor da grande princesa os decretos de naturalização do estrangeiro no país, o primeiro recenseamento do Império, o desenvolvimento da viação férrea, a solução das intermináveis questões dos limites territoriais e o estabelecimento das relações comerciais com os governos vizinhos.

As sanções das leis de 1881 libertando os nasciturnos de escravos e de 1875 concedendo ampla anistia aos bispos brasileiros, dignificaram sobremodo o prestígio do seu nome. Foi entretanto, a promulgação da "Lei Áurea" que abolia em 13 de maio de 1888 a escravidão total no Brasil, o elemento principal da sua consagração histórica.

Esse ato de abnegação e justiça valeu à princesa o título de Redentora. Leão XIII outorgou-lhe a rara honorificência de "Rosa de Ouro". Em 1864 casou-se com o Príncipe Conde d'Eu. A seu respeito Afonso Celso escreveu: — "Dona Isabel, condessa d'Eu é, sem exagero, uma das mulheres mais eminentes que o Brasil e a América produziram, uma das formosas e puras individualidades contemporâneas"...

Na "Floresta Encantada", preocupada com os norte-americanos que já atingiam os arvoredos um a um, com suas possantes moto-serras, participava também da reunião de ex-mulheres, dentro de uma iguaxiguba exibindo flores amarelas, Joana Angélica de Jesus, religiosa e heroína brasileira. Tinha nascido no dia 11 de dezembro de 1761 em Salvador, Estado da Bahia e faleceu a 20 de fevereiro de 1822, na mesma cidade.

Desde cedo sentiu-se atraída para a vida do claustro. E aos vinte anos ingressava no Convento da Lapa. Cumprindo o obrigatório noviciato faz, em 1783 a sua profissão de fé religiosa. Sua passagem pelo Convento, revela como a grande freira baiana gozava de conceito alcançando postos de responsabilidade.

Desempenhou as funções de Escrivã (1797-1801), de Vigária (1812-1814) e de Abadessa (1815-1817). Quatro anos mais tarde era reeleita Prelada. O facho luminoso que envolve essa figura heróica, advem dos fatos ocorridos na Bahia, durante os primeiros movimentos revolucionários pela independência do Brasil. O momento político serviu, como trágico cenário, para ressaltar a personalidade de Soror Joana Angélica de Jesus.

A 19 de fevereiro de 1822 iniciam-se as hostilidades entre as tropas portuguesas e brasileiras. Após violentos bombardeios e combates, capitulam as falanges libertadoras, entregando a cidade à sanha da soldadesca dominadora. A chacina e o saque se generalizam por toda parte. Não esqueceram também o Convento. A golpes de machado arrombaram o portão e tentam invadir a clausura do Mosteiro.

Abre-se uma porta e o vulto venerando e impávido da madre abadessa aparece enfrentando aquela horda de bárbaros. E clama:

— Para trás bandidos! Respeitai a casa de Deus! Antes de conseguires os vossos infames desígnios, passareis por sobre o meu cadáver!

A baioneta atravessara-lhe o coração. Algumas horas depois, expirava soror Joana Angélica de Jesus, madre abadessa das Religiosas Reformadas de Nossa Senhora da Conceição.

No centenário de sua morte, na Bahia, renderam-se as mais comovidas homenagens em memória dessa tão pouco conhecida e uma das maiores heroínas do Brasil...

O lenhador prosseguia na destruição. Após derrubar majestoso angelim-rajado que sombreava as águas do rio por onde passavam tambaquis e jaturamas, partiu para a próxima. Passou a foice no galho repleto de flores amarelas da iguaxiguba, antes de atacar o tronco para derrubá-lo. Na terceira passada de serra acertou em cheio, como se uma baioneta certeira novamente tivesse atravessado o coração da madre Joana Angélica...

A IMPORTÂNCIA DA MATA SAGRADA.

No pântano o jacaré permanecia imóvel permitindo que a pequena ave comesse o resto de carne que ficara entre seus dentes. O martim-pescador despreocupado palitava os dentes do caimam enquanto outros pássaros da família catavam sanguessugas na língua do imenso sáurio que parecia sorrir de satisfação.

No seco os lenhadores tinham acertado realmente o caminho para a derrubada na mata sagrada. Para eles pouco importava se ali era o reino da bacaba, do tucumã, do patauá, do mucajá e outros frutos, dos quais em especial o açai, se faziam deliciosos vinhos e refrescos.

Na verdade aquela floresta representava muito mais. Hoje a ciência compara a Amazônia a um rim ou um pulmão. O homem não vive sem esses órgãos. Alterações em rins e pulmões são possíveis e, até certo ponto toleráveis, mas há limites acima dos quais o sistema entrará em colapso...

Só ouvia-se na barraca a voz nervosa do bêbado chefe dos lenhadores, o homossexual "Mitzgaynor" para seu auxiliar preferido, Zefirelli, ambos deitados:

— Zefir, nosso problema **acá** é **skill worker** (operário especializado)... Já perdemos seis homens que se diziam experientes. Lenhadores com prática não morrem embaixo de pau que estão derrubando, nem desaparecem de uma hora para outra. A não ser que esta mata seja mesmo encantada...

E era mesmo. Ela diferenciava das demais porque abrigava grande número de espírito de pessoas importantes que haviam passado pela terra, em todos os tempos...

Missionários, pregadores, reformadores, heróis, cientistas, etnólogos, bacteriologistas, conversavam numa ala sobre o que tinham sido suas vidas, seus trabalhos e pesquisas para o progresso do planeta. Por outro lado juntavam-se higienistas, químicos, educadores, revolucionários, conquistadores, historiadores, navegadores, inventores, descobridores. Todos agora davam guarida, produziam frutos, exibiam flores e ramagens e protegiam sabiás-castanha, papa-formigas, tietê-coroâs.

Havia grupos homogêneos de dramaturgos, comediógrafos e teatrólogos discutindo o valor de suas obras. E outros variados compostos de prosadores, poetas, homens públicos, reis e imperadores. Guerreiros se misturavam com pacifistas. Escritores, jornalistas, filósofos, sociólogos, físicos, matemáticos, pintores, astrônomos, atores e escultores, todos passavam suas vidas em revista. Contavam passagens principais de suas existências uns para os outros, enquanto o pássaro pavó parecia ouvir. Outras aves faziam o fundo musical e pulavam da galho em galho sem atrapalhar a conversa entre os vegetais.

Os moradores da mata sagrada iam do historiador francês Renan ao físico inglês Isaac Newton, agora produzindo ingás e genipapos ou proporcionando sombra à saracura...

Enquanto trocavam idéias Goethe, dramaturgo e literato alemão e Rousseau, filósofo francês, outros conversavam independentemente de línguas, países e épocas. Na "Floresta Encantada" o idioma entre os espíritos era universal, portanto podiam juntar-se Velasquez com Balzac. Com a diferença de que um famoso Mendelson, compositor musical dos maiores do passado, poderia ser hoje um simples pé de vassourinha. Um cientista como Einstein, o gênio do século, singelo conjunto de folhas das mais novas.

Cada raminho, pequeno galho, cipó ou simples folha que fosse, abrigava um ser que no passado fôra útil ao desenvolvimento na Terra, daí a importância daquela selva fechada, mágica floresta.

As flores que alí nasciam não significavam somente beleza ou anunciavam que viriam os frutos, como nos outros lugares. Nem os arbustos, vigorosos cipós ou imponentes árvores, representavam moradias, enfeitadas por flores das mais diversas.

Um tronco do catauari podia abrigar Benito Pablo Joarez, estadista mexicano, que pertenceu a humilde família de raça indígena. Uma simples cerejeira escondia o escritor, jornalista, catedrático e engenheiro militar brasileiro Euclídes da Cunha, autor de "Os Sertões"

Euclides Rodrigues Pimenta da Cunha, de tantas tragédias. Havia nascido a 20 de janeiro de 1866, na fazenda da Saudade, Cantagalo, Estado do Rio de Janeiro e morreu assassinado a 15 de agosto de 1909, no mesmo estado, pelo amante de sua esposa. Homem que mais tarde mataria também seu filho...

Concluídos os estudos preliminares em sua cidade natal, ingressou na Escola Superior de Guerra da Praia Vermelha. As suas convicções republicanas levaram-no à indisciplina ante o Ministério da Guerra, o que lhe provocou a interrupção do curso, prosseguindo-o com a implantação desse regime, no qual participou involuntária e heroicamente. Em 1892 era laureado engenheiro militar. Tomou parte ainda em 1893 na revolta da Armada. O seu protesto pela imprensa contra as intenções de massacre aos presos políticos, motivou injustamente a desconfiança dos chefes militares, contribuindo esta atitude para o seu pedido de demissão do Exército.

Transferindo-se para São Paulo, dedicou-se a construção de obras públicas em Descalvado, São Carlos, São José do Rio Pardo e Santos. Enviado especial do jornal "O Estado de São Paulo" em 1897, junto às operações bélicas de Canudos adquiriu substâncioso material para seu trabalho literário "Os Sertões", 1902, sua obra prima.

De sua bibliografia destacam-se ainda "Contrastes e Confrontos", 1907; "Martim Garcia", 1908 e a obra póstuma "A Margem da História", 1909. Colaborou em vários jornais do Rio de Janeiro e São Paulo. Como funcionário do Ministério do Exterior foi designado em 1906 para os trabalhos de reconhecimento do Alto Purus. Os extraordinários recursos de observação, narração e conhecimentos científicos de que se privilegiára, imortalizaram o seu gênio como símbolo da cultura brasileira nas venerações anuais à sua excelsa e gloriosa memória.

Sua mulher o traiu com um jovem militar bem mais moço que ela. Quando o marido traído tentou lavar a honra ultrajada, foi morto pelo amante da mulher, Dilermando de Assis. O escândalo que abalou a velha República em 1909, com a morte de Euclides da Cunha, não terminou aí. Sua viúva a gaúcha Ana de Assis casou-se com o assassino. Sete anos depois da morte de Euclides da Cunha, ainda no Rio de Janeiro, um dos filhos de Euclides e Ana tentou matar o padrasto: como o pai, acabou sendo morto por Dilermando. A mulher continuou por muito tempo junto do amante, depois marido...

Numa outra mais antiga árvore da mata sagrada, na velha ucuúba, podia morar o espírito de Rene Du Perron Descarte, filósofo, físico, matemático e astrônomo. Maior figura filosófica do século XVII. Tomou parte na guerra dos Trinta Anos e serviu no exército de Maurício de Nassau, tendo se empenhado em várias batalhas.

Descartes deu grande desenvolvimento a geometria e aperfeiçoou a álgebra introduzindo notações mais simples. Fez importantes descobertas no terreno da física, criando a teoria da refração da luz através das lentes...

Em outro vegetal da misteriosa selva, uma jutai, despontava a imagem de Denis Diderot, enciclopedista francês, em cujo cérebro corriam inebriadas as idéias, umas após outras. Mais além surgia na formosa marupá, Pedro Hernão De la Barreda Y Riano Calderon De la Barca, militar, sacerdote e teatrólogo espanhol, cuja morte representou verdadeira calamidade pública. Calderon De la Barca reunia em sua pessoa multíplices caracteres de fidalgo, soldado, cortesão e padre. Fixou em suas comédias o genuíno tipo espanhol, qual verdadeiro pintor. Escreveu cerca de 1 500 obras...

Um arbusto mais longo, ou simples sapupira podia significar que trazia dentro Ibsen. O dramaturgo, poeta e filósofo norueguês Henrick Johan Ibsen, considerado o maior dramaturgo europeu na segunda metade do século XIX. Autor de "Casa de Boneca", 1879; "Um Inimigo do Povo", 1884...

Francis Bacon, poderia surgir a qualquer momento na selva sagrada, de dentro da mongubeira. O filósofo tinha passado pelo planeta na forma humana em 22 de janeiro de 1561 e ido embora em 6 de abril de 1626, cujas principais obras deixadas tinham sido escritas originariamente em latim. Assim o fazendo, dizia ele, para que os seus conselhos e teorias pudessem ser lidas e postos em prática por todos os sábios da Europa...

Como podiam-se encontrar fixo na "Floresta Encantada", François de Salignac De La Mothe Fenelon, cujo espírito residia na quaruba. Escritor, político, orador e prelado francês. Ou abrigando no pau-santo, Vicente Augusto de Carvalho, poeta e magistrado brasileiro de quem Alfredo Pujol disse: — "A natureza absorveu Vicente de Carvalho no seu seio deslumbrador, envolvendo-o numa auréola resplandescente de luz. A sua musa coroada de rosas, expande-se numa exaltação pagã diante de todos os símbolos da vida exterior"...

Dois frondosos jacarandás surgiam lado a lado. Um deles abrigava o espírito de D. Pedro I, imperador e rei de Portugal. Tinha nascido em 12 de outubro de 1798 no paço de Queluz, Lisboa, e faleceu a 24 de setembro de 1834, no mesmo local. Herdeiro da Coroa portuguesa em 1801 com o título de Príncipe da Beira, era em 1807 nomeado Condestável do Brasil.

Possuidor de notável inteligência e acentuados pendores artísticos, foi-lhe ministrada, entretanto, uma educação descuidada e medíocre. Todavia, aprendeu algumas línguas, noções de história natural, música, pintura e escultura. A invasão napoleônica forçou em 28 de novembro de 1807 a família a refugir-se no Brasil.

A 6 de novembro de 1817, aos 19 anos de idade, D. Pedro desposa no Rio de Janeiro a Arquiduquesa D'Áustria, D. Leopoldina de Habsburgo, filha de Francisco II da Alemanha e I da Áustria. Regente do Brasil com a volta de D. João VI à Europa, encontrou de início sérias dificuldades, em virtude da precária situação financeira e limitação de sua autoridade às províncias do sul, cercada na capital pelo exército de Jorge Avilez. Ameaçado assim no poder pelas Côrtes de Lisboa e refletindo a reação nacional, rebelou-se mais tarde com o "Fico" consolidando-se na regência após a derrota de Avilez em 12 de janeiro de 1822.

Posteriormente, aceitando o título de Defensor Perpétuo do Brasil, conseguiu a adesão de novas zonas do país e, a 7 de setembro de 1822, ao ultimatum das Côrtes para entregar o poder e recolher-se ao Reino, responde com o brado "Independência ou Morte".

Imperador do Brasil em 1 de dezembro de 1822, era em 11 de novembro de 1823 abalada a sua popularidade, já então agravada pelas suas tendências absolutistas e seus desregramentos juntos à marquesa de Santos e maus tratos à Imperatriz. Aclamado rei de Portugal em 1826, abdicou em nome de sua filha D. Maria da Glória, casando-a depois com D. Miguel, a quem entregara a regência do Reino.

Com a demissão do gabinete liberal em 5 de abril de 1831

foi obrigado a deixar o trono brasileiro em favor de seu filho D. Pedro II. A 5 de julho de 1832, sob a aclamação do povo, entrava em Lisboa com sua filha D. Maria II, após derrubar D. Miguel, que se proclamara rei absoluto...

Ao lado, na selva compacta tão cheia de lendas e mistérios, outra figura se igualava ao pai, no tamanho do jacarandá. Era o espírito de D. Pedro II, sábio e magnânimo imperador brasileiro. Tinha nascido às duas e meia horas de 2 de dezembro de 1825, no palácio da Quinta da Boa Vista, em São Cristovão, Rio de Janeiro e havia falecido num modesto hotel de Paris, na França, a 5 de dezembro de 1891.

A 7 de abril de 1831 seu pai D. Pedro I, abdicava do trono em seu favor, deixando como tutor José Bonifácio de Andrade e Silva, o Patriarca da Independência. O país passou a ser governado então por uma regência provisória, depois substituída por outra de caráter definitivo.

A 23 de julho de 1840 é decretada a sua maioridade e em 18 de julho de 1841, com grandes pompas e festividades, realiza-se a cerimônia da sagração e coroação do novo Imperador. A 30 de maio de 1843, em Nápoles, Itália, casava-se D. Pedro II com a princesa Teresa Cristina, filha de Francisco II, rei das Duas Sicílias.

Este casamento foi efetuado por procuração dado pelo Imperador ao Conde de Siracusa, irmão da princesa. A nova Imperatriz chegou ao Rio de Janeiro às 17,50 horas de 5 de setembro do mesmo ano, a bordo da fragata "Constituição". Em 1850 suprimiu o tráfico de escravos. Teve que enfrentar várias lutas externas, especialmente contra Rosas, da Argentina e Lopes, do Paraguai, conflitos esses que o Brasil teve oportunidade de escrever gloriosas páginas de heroísmo em sua história militar.

A 15 de novembro de 1889 um golpe de Estado, chefiado por Deodoro da Fonseca, implanta o regime republicano, depondo o Imperador.

Dois dias depois, S.M. e família embarcam no navio "Alagoas" rumo ao exílio, chegando à Lisboa na manhã de 7 de dezembro daquele ano. Foi o último capítulo da monarquia brasileira. Todavia, nenhum monarca desceu do trono com tanta dignidade e com moral tão elevada quanto Pedro II. É que, durante o seu império, soube sempre conservar acima de tudo uma linha imperturbável de rara honestidade, elegância de atitudes e dignidade de ação.

Foi um soberano inatacável, cultivava o direito, a justiça e a tolerância como pontos básicos de seu governo. Recusou uma pensão que a República lhe oferecera, jamais acusou aos que lhe trairam e nunca no exílio, deixou um só momento de se interessar pelos problemas da pátria distante. Protetor das artes e das letras, fomentador da imigração, difundidor da instrução pública, amigo do progresso, deixou Pedro II um rastro luminoso que se perpetua na memória de todos os seus compatriotas...

Na "Floresta Encantada", entre chiar de grilos e coaxar dos sapos, três importantes vultos do passado, comentavam sobre a falta de sorte nos últimos anos em que tinham passado como seres humanos.

Um deles, o navegador Pedro Alvares Cabral recaiu na obscuridade. Pior sorte tiveram ainda Hernando Cortês e Cristovão Colombo, com seus prestígios decaídos, tanto que depois de glórias, acabaram abandonados na mais profunda miséria. O que demonstra que a glória, em todos os tempos, pode ser passageira.

Se em parte valeu a luta, por outro lado amaldiçoavam a decadência. Agora como vegetais que esperavam ter mais dignidade quando chegasse o fim, nem assim teriam sorte, estavam relegados ao mais mísero estado: na forma de quase secos sucuubas, no sapesal, ao lado de majestosas mongubeiras, quarubas, camarás...

A repetição do destino mais uma vez presente na mata misteriosa.

O navegador português que tinha descoberto o Brasil, havia nascido em Belmonte pelo ano de 1467, disso lembrava bem e falecido em 1526. Era filho de Fernão Cabral e de dona Isabel Gouvêa. Assinava primeiramente Pedro Alvares Gouvêa, alterou o nome após o falecimento de seu irmão mais velho. Seu pai exerceu o cargo de regedor das justiças em Beira, tendo sido Pedro Alvares, depois governador naquela província.

Sobre sua educação, frequentou com grande sucesso a escola de Marte, o que teria induzido D. Manuel a indicá-lo para comandar a expedição que o celebrizou. Partiu de Lisboa a 9 de março de 1500, com dez naus de guerra, um navio de transporte e algumas outras embarcações mercantes, tendo como objetivo continuar a obra de Vasco da Gama, na Índia.

A 14 de março chegou às Canárias, e no dia 22 às ilhas de Cabo Verde, onde deu por falta de uma nau. A partir desse ponto, afastou-se da costa africana, visando evitar as calmarias.

Navegando muito para sudoeste, veio às costas do Brasil, em 22 de abril. O primeiro trecho de terra avistado foi um monte, ao qual deu o almirante o nome de Pascoal, por ser aquele dia do oitavário da Páscoa. A terra, que se julgou ser uma ilha foi dado o nome de Vera Cruz. Após tomar posse da região e enviar Gaspar de Lemos à Lisboa, incumbido de transportar a notícia, continuou Cabral sua viagem para a Índia.

Grandes dificuldades teve de enfrentar antes de atingí-la. Naufragaram na altura do cabo da Boa Esperança várias embarcações. Aportou Cabral em Quilon e Melinde, antes de chegar a Calicut. Desinteligências com o governo dessa cidade fizeram com que o almirante a bombardeasse durante dois dias, após o que rumou para Cochim, onde carregou os navios com especiarias. Regressou então à Lisboa, aí chegando a 23 de junho de 1501.

Depois desses acontecimentos recaiu o navegador na obscuridade. Chegou a ser nomeado para comandar uma curta expedição, mas foi substituído por Vasco da Gama. Pedro Alvares Cabral era casado com dona Isabel de Castro, filha de D. Fernando de Noronha...

Já o conquistador espanhol Hernando Cortês, havia nascido em Medelim, no ano de 1485 e falecido em Castilleja de la Cuesta a 2 de dezembro de 1547. Com catorze anos de idade, foi mandado por seus pais à Salamanca, a fim de estudar leis. Em 1511, acompanhou Diego Velasquez na expedição para a conquista de Cuba. Foi mais tarde escolhido, pelo mesmo Velasquez, para comandar as forças que seriam enviadas em conquista do México. Para esse fim, partiu de Cuba em 1519. Embora contasse com as forças insignificantes, conseguiu chegar à cidade do México, após submeter numerosas povoações indígenas, parte da população das quais conseguiu engajar em reforço de seu exército.

Tendo descoberto uma conspiração entre os seus, mandou desmontar os navios, para que os rebeldes não voltassem à Cuba. Montezuma, soberano asteca, não ofereceu resistência às forças espanholas, submetendo-se voluntariamente à corôa de Espanha. Sob acusação de querer Cortês fundar um reino independente, enviou Velasquez ao México uma expedição comandada por Pánfilo de Narváez, a qual tinha a finalidade de prender o conquistador e remetê-lo de volta à Cuba.

Esse porém, saiu ao encontro de seus adversários, batendo-os em Cempoalla. De volta à cidade do México encontrou a guarnição espanhola cercada pelos astecas, que se haviam revoltado. Montezuma foi morto pelos próprios compatriotas. Forçado a abandonar a cidade, retirou-se para Tlascala conseguindo porém, derrotar forte contingente indígena em Otumba.

Uma expedição infrutífera foi enviada à Honduras, em 1525. Seguiu para a Espanha em 1528, a fim de desmascarar calúnias de que fôra vítima. Conseguiu ver confirmado o seu título de capitão-general da Nova Espanha; regressando casado ao México, em 1530, após receber numerosas honrarias. Intentou descobrir um estreito que ligasse o Atlântico ao Pacífico, desistindo depois de várias viagens fracassadas. Quando D. Antonio de Mendonça foi nomeado vice-rei, voltou à metrópole para fazer valer seus direitos, não o conseguindo.

Tendo seu prestígio decaído, de nada lhe valeu acompanhar Carlos V, em 1541, numa expedição à Argel, terminando seus dias na miséria...

Quanto ao navegador e explorador italiano Cristovão Colombo, lembrava aos amigos as principais ocorrências de sua atribulada passagem por entre os humanos. Recordava-se de fatos importantes, mas não de sua data de nascimento, que devia ser lá por 1446. Sabia que tinha sido em Gênova e que tinha falecido a 20 de maio de 1506, em Valladolid, Espanha.

Aos 14 anos de idade, ingressara na marinha. Anos depois, transferindo-se para Lisboa, dedicara-se à composição de cartas geográficas com seu futuro sogro — o navegador português Bartolomeu Perestrelo. Os conhecimentos adquiridos na convivência desse mestre, possibilitaram a Colombo empreender excursões pelos mares do norte, Irlanda e Nova Guiné.

Mais tarde, apresentando a D. João II, de Portugal, o seu plano de travessia do Atlântico para a descoberta de um novo mundo, além de ser negado o auxílio, Colombo decepcionou-se ainda, ao saber depois que fôra enviado secretamente um emissário do soberano, seguindo o roteiro do traçado exposto.

Desgostoso, embarca para a Espanha onde obtém de Fernando e Isabel apoio incondicional. A 3 de agosto de 1492, três caravelas municiadas zarpam de Palos sob a chefia de seu comandado. Aportando nas Canárias, Colombo dirigiu-se para Oso, de onde atravessando o mar de Sargaços, aventura-se para o desconhecido. Finalmente, após dois longos meses e dias de dúvidas e desalentos chegam às terras americanas em 11 de outubro de 1492.

De regresso a 15 de março de 1493, é recebido festivamente em Palos pelo povo e os soberanos que lhe concederam os títulos de Almirante e Vice-Rei. Colombo realizou ainda três viagens ao continente, sendo que, na penúltima, em 1500 teve a desilusão de ser posto a ferros por Francisco de Bovadilla e reenviado para a Espanha.

Fernando e Isabel todavia desaprovassem essa injustiça por parte de seu mensageiro, não mais lhe concederam o comando. Em 1502, depois de desmedidos empenhos, tem permissão para efetuar a sua última expedição, onde localiza as Antilhas e explora o litoral da América Central até o golfo de Darien. De volta, já falecida a rainha nada mais pôde conseguir, senão o abandono e a miséria. Os seus restos mortais repousam na Catedral de Sevilha...

Porém seu espírito imortal, continuava na "Floresta Encantada"...

Até que "Mitzgaynor" e seus lenhadores alcançaram aquele trecho de seco sapesal, amarelado e esturricado. Abandonado miseravelmente tendo não muito distante grama verde, frondosas perobeiras, embiras, caviunas e cambucazeiros.

Os três navegantes, Cabral, Cortês e Cristovão Colombo, repetiam seus destinos. Achavam-se nas sucuúbas secas e isoladas, destoando dos demais arbustos viçosos e cheios de vida. Visão da própria decadência, relegados à mesma miséria do fim de suas vidas como humanos...

Ao acender o cigarro um dos homens de "Mitzgaynor", distraidamente jogou o fósforo sobre o seco sapesal. O fogo alastrou-se de maneira violenta atingindo rapidamente as sucuúbas secas. O vento se encarregou do resto. Goivos, manacás e jatobás, que rodeavam o trecho foram também atingidos. As árvores pareciam gemer e chorar. Alcançou o fogo inúmeras mangabeiras, paus-brasil, cajueiros, araçazeiros e jambeiros.

A cupana que dava o guaraná arcou com o fogo. Dobrou desmaiada pelo calor sufocante. Seu conteúdo: Joana D'Arc. O fogo logo alcançou toda a árvore. Não teve tempo sequer de repassar o passado a heroína nascida em 1411, em Domrémy, Lorena, e falecida no dia 30 de maio de 1431, em Rouen.

O que pôde bater asas, correr, rastejar abandonou a área. Voavam tiríbas e chauás acompanhando ararajúbas, chorões, jacuguaçus, araras e jacutingas. Disparavam cachorros-do-mato, cervos-do-Pantanal, pacas e capivaras. Pulando de galho em galho iam uaracari-vermelho, cuxiu de nariz branco. Monos e saguis. A selva poderia virar um inferno. Fogo ali eles não conheciam. Quando acontecia de um raio derrubar um pau e provocar faíscas e chamas, eram estas logo apagadas pela chuva torrencial das matas tropicais que vinham em seguida...

Filha de camponeses, e de temperamento melancólico Joana D'Arc gostava de, quando tomava conta de seus rebanhos, ficar horas seguidas em profunda meditação. Dedicava grande parte de seu tempo em práticas e exercícios religiosos, desenvolvendo-se, assim, seu grande misticismo.

Aos treze anos, começou a ter visões, principalmente de São Miguel, que lhe indicavam o caminho a seguir na vida, isto é, a salvação da França, do jugo inglês. Tão imbuida ficou dessa idéia, que não mais podendo se conter, partiu para Vancouleurs, para se avistar com o capitão Baudricourt. Tendo insistido repetidas vezes, conseguir finalmente falar com ele convencendo-o de sua missão. Com seu auxílio, partiu juntamente com seis homens para o Castelo de Chinon, onde se encontrava o Delfim, o qual ela se propunha a fazer coroar como Carlos VII, logo que tomasse Orleãs. Não foi sem alguma relutância que o rei permitiu que ela figurasse à frente de pequena tropa, para combater os ingleses em Orleãs.

Tomando parte na batalha que então se travava, ao fim de oito dias conseguiu aliviar a cidade do prolongado cerco, saindo ferida do combate, mas, salvando-a da mão de seus inimigos. Daí, seguiu para Bois e depois para Tours, onde se encontrava o Rei, levando-o consigo para Reims, onde cumpriu o que havia prometido.

Posteriormente atacou Paris, e em 1430, após infrutíferas arremetidas, foi feita prisioneira, nas proximidades de Compiègne, sendo vendida ao duque de Bourgogne, que a entregou aos ingleses.

Julgada como feiticeira por um tribunal inimigo, presidido pelo Bispo de Beauvais, Monsenhor Cauchou, foi condenada a morrer na fogueira. Quinze anos após sua morte. Calixto III proclamava a falta de justiça do tribunal e a sua inocência.

Entretanto somente em 1909, foi celebrada na Cidade Eterna, sob o pontificiado do Papa Pio X, a cerimônia da Beatificação da famosa "Pucela" de Lorena e em 1920 canonizada por Bento XV, se bem que desde 1894, tanto o clero francês como os Papas Leão XIII e Pio XI, já houvessem reconhecido sua santidade...

Uma última lágrima saiu da árvore do guaraná em chamas, mas claro que nenhum dos lenhadores percebeu. Em seguida do céu azul, sem nuvem negra, caiu tal quantidade de água, suficiente para apagar o fogaréu que se alastrava mata a dentro. A inesperada chuva e local, fez com que os lenhadores que pretendiam destruir aquele pedaço fugissem espantados. Nunca tinham presenciado tal cena. Como se as comportas de um grande reservatório tivessem suas portas abertas por alguns minutos. Sem aviso e o suficiente apenas para apagar a fogueira de paus e folhas que provavelmente se alastraria por toda a "Floresta Encantada".

Apagado o fogo, o céu permaneceu azul com total ausência de nuvens e o sol iluminando folhas, frutos, flores, até o simples gramado, como se nada de anormal tivesse acontecido. A água caída como milagre refrescou o fruto da pupunha, a ingazeira que seria a próxima a ser queimada, parecia sorrir; voltaram o galo-da-serra, o jacu-verde, o mutum-pinima, para enfeitar novamente a paisagem e o sabiá trazendo a música que faltava...

OS AVENTUREIROS

A maneira que os lenhadores adentravam a mata sagrada abrindo a futura "Transmiseriana", a selva ia exibindo todas as belezas de flora e fauna. Surgiam árvores desconhecidas e animais de várias espécies. Estes tão logo pressentiam a presença dos invasores abandonavam a área. Sofriam mais os bichos lentos como a preguiça, o tamanduá, a tartaruga, o cágado. Os mais rápidos nem esperavam os homens surgirem, principalmente as aves. Não ficavam pato-mergulhador, flamingo, socó-boi ou ganso-do-norte. Apenas bem no alto, quase cortando as nuvens com seus vôos calmos, um ou dois gaviões-real observavam o movimento. Até urubu sumia, com o cheiro dos invasores.

Os espíritos de valentes aventureiros, famosos no passado, tinham sido convocados para tentar conter a invasão dos lenhadores norte-americanos que a tudo punham abaixo sem o menor constrangimento. Prejudicavam a variedade da flora e da fauna, derrubando vegetais que eram os ninhais dos pássaros, além de desmancharem esconderijos e tocas dos animais.

Todos comentavam entre si, que no lugar onde é hoje o deserto do Saara existiram árvores gigantescas como as da Amazônia...

Conseguiriam corsários, militares, intrépidos navegantes, conquistadores, parar a destruição da "Floresta Encantada"? O primeiro a ser lembrado foi o corsário francês, Rene Duguai-Trouin. Imediatamente sua vida veio à tona. Estava ali um bom pirata do passado e que poderia reunir parte do seu bando, para medir forças com bandidos do presente. Apesar de imóvel poderia mostrar todo o seu valor, poderio e a fama conquistada.

Duguai-Trouin tinha nascido em Saint-Malo, a 10 de junho de 1673 e falecido em Paris, a 27 de setembro de 1736, mas seu espírito inquieto continuava firme ali na mata sagrada. Abrigava-o, uma canela vigorosa ainda.

Foi destinado por seus pais para a carreira eclesiástica, contudo seu gosto pela marinha levou-os a permitir seu embarque como voluntário, em 1869. Tomou parte, desde logo, num encontro com um navio holandês, pois combatia a França, nessa ocasião, contra a Inglaterra e Holanda.

Em 1691 conseguiu apresar uma embarcação inglesa, na baía de Bantry. Capturou, durante os anos de 1691 e 1692, duas fragatas de guerra inglesas e dez navios mercantes. Em 1696, foi chamado à Paris, para ser apresentado ao rei. No ano seguinte, comandando o "Sans Pareil" e em 1698, no comando do "Saint Jacques des Victoires" aprisionou numerosos navios.

A seguir foi acolhido na marinha real, no posto de capitão de fragata. Interrompeu suas atividades quando da paz de Ryswick, retornando-as em 1702, com a guerra de secessão de Espanha, tendo causado sérios danos à Inglaterra e Holanda.

Em 1704 conseguiu sensacional vitória, capturando sete fragatas inglesas. Promovido a capitão de navio, comandou em 1707 uma esquadra que recebeu a incumbência de bloquear a Mancha, impedindo a passagem de tropas inglesas com destino à Portugal.

Durante os anos de 1709 e 1710 obteve novos sucessos. Em 1711 realizou a sua mais importante façanha: o ataque ao Rio de Janeiro.

Comandando 18 navios, que transportavam grande número de soldados, forçou a entrada da Guanabara a 12 de setembro de 1711, tomando no dia seguinte a ilha das Cobras. Atemorizado, retirou-se o governador Francisco de Castro Morais, levando consigo boa parte da guarnição da cidade.

A população sentindo-se desprotegida, abandonou também o campo ao invasor, que não teve dificuldade em ocupar o Rio de Janeiro. Impôs então Duguay-Trouin duro resgate ao governador, retirando-se em seguida para a Europa. Ocupou ainda os postos de comandante da marinha em Saint-Malo, chefe de esquadra (1715) e tenente general (1728). Deixou "Memoires", escritas durante suas épocas de inatividade forçada...

Em seguida, vinha a vida de D. Afonso Henriques, primeiro rei de Portugal, cognominado "O Conquistador". Agora residente na "Floresta Encantada" na forma de imponente catauari.

Tinha nascido em Guimarães, em 1111 e falecido a 6 de dezembro de 1185. Fundador da dinastia dos Borgonha que se prolongou por 244 anos. Filho do Conde D. Henrique de Borgonha e neto, pelo tronco materno, de Afonso VI, de Leão. Educado por seu escudeiro Egas Moniz, até os 12 anos, armou-se cavaleiro aos 14, na Sé de Zamora. Morto seu pai, defendeu-se contra a pretensão de D. Fernando Perez, de apossar-se dos Estados que lhe pertenciam, por meio de um casamento com a rainha viúva, sua mãe.

Batido próximo de Guimarães, em 1128, e expulso do reino esse potentado espanhol, assegurou Affonso Henriques para si o trono português. Fundou a monarquia e consolidou sua independência. Celebrou aliança com o reino de Navarra, para contrariar os planos do poderoso Afonso VII, de Leão, o que o levou a enfrentar os leoneses, na Galizia, em 1137, esmagando o poderio do seu senhor feudal.

Adversidades, entretanto, com os mouros, levaram Affonso Henriques a pedir paz a Leão e Castela. Fortifica, contudo, o sul do seu Estado e enquanto Afonso VII combate os muçulmanos, invade a província do Alentejo, travando a célebre batalha de Ouriques, em 1139. Seu valor, na luta, traz-lhe outras extraordinárias vitórias em Valdevez, Cerneja e em 1147, conquista Santarém.

Toma em seguida Palmela, Almada e Cintra. Faz-se senhor de Mondego e do Tejo. Beja cai-lhe sob o poder em 1162, e logo Evora, Moura, Serpa e Cezimbra, esta em 1166. Bate os muçulmanos sempre que os enfrenta. Rodeia-se de guerreiros de valor: Martim Moniz, Giraldo-Sem-Pavor, Gonçalo Mendes da Maia, Fernando Gonçalves e outros.

Desafortunadamente, após tantos triunfos, ao combater Fernando II de Leão, ferido por uma lança, é feito prisioneiro. Logra a liberdade, sob condição de resistir as terras conquistadas. Já avançado em idade, encerra suas épicas jornadas, em 1184, com a heróica resistência de Santárem e Lisboa, contra os ataques do emir Iussuf-Abu-Jacub. Faleceu aos 74 anos de idade tendo reinado 46, sucedendo-lhe seu filho D. Sancho...

A ficha de James Cook veio a tona na mata sagrada: Vivia agora dentro da sucupira, seu espírito irrequieto. Navegador e explorador inglês. Nasceu a 28 de outubro de 1728, em Maston, Durham, e faleceu a 14 de fevereiro de 1779 na baia de Kealakekona, Havai. Cook dedicou quase toda a sua vida às aventuras marítimas. Após a sua primeira viagem, como grumete de um navio mercante, alistou-se na marinha real, onde tomou parte na guerra dos Sete Anos, na América.

Os seus estudos de hidrografia em São Lourenço e Terra Nova reunidos aos seus elevados conhecimentos náuticos e astronômicos valeram-lhe o alto cargo de dirigir em Taiti as observações científicas à passagem de Vênus pelo sol. Nessa viagem 1768, não se afastando dos objetivos expedicionários, Cook procurou explorar o Oceano Pacífico, descobrindo, então, as ilhas da Sociedade, a Nova Zelândia e a costa oriental da Nova Holanda.

De regresso à Inglaterra em 1771, impressionou vivamente a opinião pública com a possibilidade da existência de um continente austral.

Impulsionado por essa crença, empreende em 1772 uma nova excursão ao oceano Pacífico, dirigindo-se para o polo sul, retrocede porém, para o trópico pelas ilhas Paschoa, Marquês, Sociedade e Amigos, localizando as Novas Hébridas e Nova Caledônia. Outra vez em Nova Zelândia parte para o cabo Horn e cabo Boa Esperança, sem contudo conseguir o menor vestígio de uma grande terra.

Na sua terceira expedição, averiguando uma passagem entre os dois oceanos, descobre as ilhas Sandwich. Seguindo a costa ocidental da América do Norte e da península do Alaska, chega a penetrar no estreito de Behring. Impossibilitado de prosseguir as suas explorações em virtude das geleiras de um inverno rigoroso, retorna às ilhas Sandwich, onde é massacrado pelos indígenas na baia de Kéalakekona.

Todavia, não tivesse realizado as suas previsões, Cook deixou além dos seus descobrimentos, copiosas documentações de estudos geográficos e científicos fixados em mapas que possibilitaram o roteiro de um hemisférico oceano sobre o globo terrestre e consequentemente a revelação do continente australiano...

Walter Raleigh, cujo espírito residia num ipê da mata sagrada, alvo preferido das araras-cinza, ararinhas-azul e papagaios multicores, escritor, político e navegador inglês, havia nascido provavelmente em 1552, em Hayes, Condado de Devon (Inglaterra) e decapitado em 29 de outubro de 1618, em Londres.

Estudou em Oxford, tendo depois tomado parte na guerra contra a França, transformando-se mais tarde em 1576, juntamente com as tropas inglesas, para os Países Baixos. Com seu irmão, empreendeu uma expedição ao norte da América, na vã tentativa de descobrir novas terras (1579).

Aventureiro audaz e insinuante, não demora em cair nas boas graças da rainha Isabel, da Inglaterra, que lhe oferece cargos importantes em seu goveno. Obtève desta forma, cartas patentes para as descobertas e explorações das terras ainda desconhecidas. Sendo pessoa abastada e de tradicional família, pôde enviar várias expedições exploradoras, que descobriram e tentarem colonizar o território do atual Estado da Virgínia, nos Estados Unidos da América do Norte.

Apaixonando-se perdidamente por Isabel Throckmorton, cai no desagrado da rainha, e o único modo de escapar a sua vingança, é embarcar precipidamente em uma de suas armadas que ia tentar descobrir às margens do Orenoco, o tão decantado El-Dorado.

Voltando finalmente ao seu país, envolve-se, após a morte da rainha, numa conspiração a favor de Anabella Stuart (1603), tendo por isso, sido preso e condenado à morte. É atenuada sua pena capital, e ele após 12 anos de cativeiro (1603-1615) é posto em liberdade.

Retorna então às suas idéias de colonização, tendo vindo para a Guiana, mas, ainda desta vez foi infeliz, pois nada conseguiu. Por essa época, estava a Inglaterra aliada à Espanha e como esta tivesse interesse no desaparecimento de **sir** Walter Raleigh, exigiu o reconhecimento de sua sentença de morte, imposta a ele em outros tempos. Foi Walter Raleigh um político hábil como também poeta e historiador...

Quem vivia dentro da imbaúba-branca na "Floresta Encantada" de sabiás e ararajubas, era Afonso de Albuquerque, militar, navegante e fidalgo português. Nasceu em 1453 em Alhambra, na Quinta do Paraíso e faleceu a 16 de dezembro de 1515, a bordo, próximo de Goa.

Descendia de um filho ilegítimo de D. Diniz. Educado na Côrte de Afonso V, foi mandado por este soberano, na Armada de Otranto em socorro de Fernando de Nápoles. Conseguiu sair-se bem da empreitada, vencendo os inimigos deste nobre, em 1480. Retirou-se de Lisboa, indo para Arzília, com a morte de seu protetor. Somente depois que D. João II, assumiu o poder, é que retornou à capital do reino, pondo-se sob as ordens de seu novo soberano, que o incumbiu de diferentes empresas marítimas.

Em todas elas, demonstrou um alto espírito de iniciativa e patriotismo, de tal modo que em pouco tempo seu nome se tornou muito conhecido. Mas, somente, no reinado de D, Manuel, é que iria atingir ao alto da glória que o imortalizou. Em 1504, a mandado desse rei, vai pela primeira vez às Índias, ocupando o alto posto de Capitão-Mór da esquadra que comandava.

Em 1506, juntamente com Tristão da Cunha, parte, comandando 14 caravelas, com o fim de combater os mouros em Socotorá. Sua vitória foi esmagadora, e não satisfeito, resolveu empreender uma expedição de conquista a Ormuz, que após longo cerco, e batalhas sangrentas, é obrigado a, desde então, pagar tributos ao rei de Portugal. Em 1509, volta às Índias para substituir D. Francisco de Almeida no governo.

Inicia um ciclo de conquistas, submetendo Goa, Malabar, Ceylão e Málaca, aos domínios portugueses, sucessivamente. Seu verdadeiro sonho, no entanto, era dominar a Abissínia, e tornar o seu soberano, o Negus, escravo da Coroa de seu país. Seu plano era viável, e traria para Portugal vantagens sem conta. Mas, quando se aprestava para realizá-lo, os inimigos que possuia na côrte o caluniaram e D. Manoel, dando ouvidos a estes, o depôs, mandando que retornasse à Lisboa.

Logo depois faleceu. Foi sepultado na capela de Nossa Senhora, que mandara construir, em ação de graça pela conquista de Málaca. Afonso de Albuquerque foi o fundador do poderio português na Índia e seu segundo governador...

Horatio Nelson, dentro do forte pau de pojó, poleiro de bicudos, chauás, tiríbas e esconderijo, junto de outros troncos formando a toca da onça-pintada, também estava presente na mata sagrada.

Grande almirante inglês, nascido a 29 de setembro de 1758, em Burnham-Thorpe, Norfolk e falecido a 21 de outubro de 1805, na batalha de Trafalgar. Tornou-se marinheiro aos 12 anos de idade. Acompanhou em 1773, uma expedição ao Polo Norte. Elevado a aspirante, numa viagem às Índias Orientais, em 1773, tombou gravemente enfermo, e regressou à patria.

Sua debilidade física incutiu-lhe desânimo, porém reagiu, afirmando a "determinação de tornar-se herói". Lugar-tenente da marinha em 1777, serviu sob o comando de Cornwallis, na Jamaica, contra os norte-americanos e seus aliados. Quando da neutralidade armada, de 1781, fez um cruzeiro ao Mar do Norte, estudando as costas da Dinamarca. Iniciou a vida política em 1784. Desposou, em 1787, a viúva Nisbet, que mais tarde abandonou pela famosa Lady Hamilton.

Retornou a navegação em 1793, indo levar reforços a Toulon. Contribuiu, sob o comando de Hood, em 1794, para a tomada da Córsega, perdendo um olho no cerco de Bastie de Calvi. Em fins de 1795, Jervis o encarregou de cruzar o Gênova e deter os austríacos. Distinguiu-se contra os espanhóis, em 1797, no Cabo de São Vicente, derrotando, graças as manobras astutas de suas 15 naves, a numerosa frota adversária. Em recompensa, foi feito Cavaleiro do Banho.

Como contra-almirante, bombardeou Cadiz. Atacando Tenerife, logo depois, perdeu o braço direito, na batalha de Santa Cruz. Enviaram-no em 1798, a deter, no Mediterrâneo, a esquadra francesa de Bonaparte, que se dirigia para o Egito. Devido a uma tempestade, deixou-a escapar, mas alcançou-a, destroçando-a semanas mais tarde, em Aboukir. Esse feito valeu-lhe os títulos de Barão do Nilo e de Burham-Thorpe, e de Par do Reino. Logo depois, recebeu o título de Duque de Bronte.

Permaneceu, algum tempo defendendo as costas napolitanas e retomou Malta. Em 1801, bombardeou Copenhague, incendiando a frota dinamarquesa, sendo elevado a vice-almirante. Atacou, em 1805, os franceses em Trafalgar, pronunciando a célebre frase: "A Inglaterra espera que cada um cumpra o seu dever".

Derrotou mais uma vez a Napoleão, frustrando-lhe o ataque direto, projetado contra a Inglaterra e faleceu de ferimentos mortais, recebidos no combate...

D. Sebastião, rei de Portugal, era outro que vivia tranquilo na "Floresta Encantada" até a chegada dos invasores modernos. Dentro da forte imbaúba, impondo respeito na selva que protegia, da lenta preguiça-de-coleira ao simples ouriço-preto. Nasceu o rei a 11 de janeiro de 1554, em Lisboa e faleceu em 4 de agosto de 1578, durante a batalha de Alcácer-Kibir. Neto e sucessor de D. João III, começou a reinar com a idade de 3 e meio, em 1557. Depois da morte de seu avô.

Foi o 16º rei de Portugal, pertencente à dinastia de Aviz. Portugal era então, um grande reino, que pouco a pouco ia se alastrando por toda a África, conquistando colonias, e descobrindo terras. A bandeira lusitana tremulava em quase todo o Mediterrâneo.

Devido à lutas internas no Marrocos, pede o Sultão Muley Hamet, auxílio à D. Sebastião, pois fôra destronado por seu sobrinho Moley Maluk. Vendo o rei português nisto, o sinal do céu, como que lhe indicando a grande oportunidade de realizar o seu mais ardoroso sonho, arma uma formidável expedição com cerca de vinte mil homens, e parte do Tejo, em 1518, em socorro do sultão marroquino.

Dois meses depois, trava-se a histórica batalha de Alcácer-Kibir em que teve de enfrentar um exército de cem mil guerreiros e que viria desbaratar as tropas portuguesas, saindo vencedores os inimigos mouros. D. Sebastião desapareceu nesta luta, tendo a história perdido completamente a continuidade de sua vida, deste momento em diante.

Foi ele, no entanto, rei esclarecido que soube durante o seu reinado, solidificar consideravelmente a situação do seu país, em face das outras nações européias. As artes e a ciência, tomaram grande impulso e a expansão territorial também se fez notar.

Camões, o genial português dedicou merecida atenção a este infeliz monarca, cantando em versos magistrais, o seu infortúnio, e imortalizando no monumental "Lusíadas", a epopéia lusa, na África. Ainda hoje, existe a lenda em Portugal, da volta de D. Sebastião, e por haver acreditado na mesma, foi o grande orador sacro Padre Antonio Vieira, queimado em imagem pelo Santo Tribunal da Inquisição. Foi este um dos mais infelizes reis de Portugal, pois, influenciado por um espírito doentiamente místico, veio a morrer de forma tão trágica...

Habitando macaúba, das muitas existentes na mata sagrada de jacu-guaçu, crejoá, pavó e galo-da-serra, estava também Pedro Labatut. General francês, que lutou pela independência do Brasil. Tinha nascido a 16 de maio de 1768, na França, segundo alguns em Borgonha, segundo outros em Cannes, ou ainda, Marselha. Faleceu a 24 de setembro de 1849, em Salvador, Estado da Bahia.

Serviu no exército de Napoleão, combatendo na Espanha. Na América tomou parte na guerra de libertação do vice-reino de Nova Granada em 1812, batendo os espanhóis em vários encontros. Apossou-se, a 18 de novembro de 1812, de Guainaro e ocupou, a 6 de janeiro de 1813, Santa Martha.

Sua dureza para com os vencidos provocou a reação dos habitantes dessa província e de tribos indígenas, que invadiram a cidade a 5 de março de 1813, fugindo Labatut para Carthagena. Tentando reconquistar Santa Martha, a 14 e 15 de agosto, foi batido fragorosamente. Acusado de arbitrariedades, mandou o governo prendê-lo e expulsá-lo de seu território.

Seguiu para as Antilhas, depois para Caiena, vindo, afinal, ter no Rio de Janeiro. Admitido no exército, como brigadeiro, comandou desde 27 de janeiro de 1822 até 21 de maio de 1823, durante as lutas pela independência, um contigente de tropas, que operou no Nordeste. Em Alagoas, recebeu reforço dos pernambucanos, chefiados por José de Barros Leitão de Lacerda. Forçou a rendição de Sergipe, organizando com os 5 000 homens que reuniu, o bloqueio da Bahia.

Derrotou, em 8 de novembro de 1822, os portugueses em Pirajá. Desfechou assalto geral às linhas de Madeira, em 28 de dezembro de 1822. Obteve vitórias em Itapoã e Conceição, em 15 de fevereiro de 1823. Estava iminente a derrota geral dos reinóis, porém, as atitudes violentas de Labatut armaram uma revolta, que o depôs do comando de suas tropas. Preso e acusado perante o Conselho de Guerra, logrou absolvição.

Eliminado do quadro das Forças Armadas, em 5 de fevereiro de 1829, conseguiu ser reintegrado no mesmo posto em 1832. Recebeu incumbência de sufocar a revolta cearense desse ano, no que obteve êxito. Promovido a marechal-de-campo, em 2 de dezembro de 1839, dirigiu, no ano seguinte, infrutífera expedição na guerra dos farrapos, sendo vítima de acusações. Absolvido, mais uma vez, em Conselho de Guerra, retirou-se para a Bahia, onde acabou seus dias na cidade de Salvador...

Outro que repousava na árvore cacauís, na mata sagrada, era nada menos que Jacques Cartier, navegador francês. Tinha nascido em Saint-Malo a 31 de dezembro de 1491 e aí faleceu a 1 de setembro de 1557. Nada se sabe a respeito dos primeiros anos de sua vida. Efetuou uma viagem ao Brasil, em 1527. Sua primeira expedição importante foi realizada em 1534; tendo sido escolhido por Francisco I, a conselho de Philippe de Chabot, para fazer uma viagem em busca de passagem para a Ásia, pelo norte da América.

Partiu de Saint-Malo com dois navios, chegando vinte dias depois à Terra-Nova. Penetrando pelo estreito de Belle-Isle, atingiu a costa da península do Lavrador, da qual tomou posse para a coroa de França. Seguindo pelo lado ocidental da Terra-Nova, descobriu as ilhas de Madalena e Príncipe Edward, explorou as bacias de Chaleur e Gaspé, penetrando, então, pela foz do rio São Lourenço, a qual julgou ser um golfo.

Voltou depois à França, cinco meses após sua partida. O sucesso desta expedição levou o rei a enviá-lo novamente àquela região, o que se deu no ano seguinte. Agora comandando três embarcações, Cartier subiu o São Lourenço, chegando até o local que denominou Mont-Royal (Montreal). Em 1536, retornou levando consigo alguns indígenas. Sua terceira viagem ao Canadá foi feita em 1541, precedendo a François de Roberval, que havia sido nomeado vice-rei.

Aproveitou-se dessa ocasião para repatriar os selvagens trazidos na vez anterior. Então penetrou pelo São Lourenço além do ponto já atingido, chegando até o cabo Rouge. Regressou em 1542. Realizou ainda uma quarta viagem a esta mesma região, as datas da qual mantem-se até hoje indeterminadas. Daí em diante, não mais viajou, exercendo até sua morte as funções de técnico naval e intérprete da língua portuguesa. Deixou memórias sobre suas expedições e descobertas, as quais foram publicadas em 1598...

Pedro de Valdivia, o conquistador espanhol, era outro habitante da "Floresta Encantada". Tinha seu espírito abrigado na souveira antiquíssima que servia de ninhal de garças e outras aves que margeavam o rio. As datas de seu nascimento e morte eram duvidosas, acreditando-se porém, que nascera em Vilanueva de la Serena, em 1500 e havia falecido em Tucapel, no Chile lá pelo ano de 1554. Descendia de família fidalga. Abraçou a carreira das armas com a idade de vinte anos. Lutou com Carlos V na Itália, participando das batalhas de Milão e Pavia.

Após essa campanha veio para a América, tendo se distinguido na conquista da Venezuela. Passou-se então para o Peru, logrando ganhar o apreço de Pizarro. Depois da batalha de Salinas, ocorrida em 1538, confiou-lhe Pizarro a conquista do Chile, plano este que já havia sido elaborado por Almagro. Em janeiro de 1540 lançou-se Valdivia à empresa, com um pequeno contingente de espanhóis e índios. Sem contratempos chegou a Copiapó, onde tomou posse do país para a coroa da Espanha.

Avançando sem encontrar grande resistência por parte dos indígenas, chegou a um local que lhe cederam os chefes araucanos, aí fundando a cidade de Santiago (1541). As tribos nativas porém, hostilizando constantemente aos espanhóis, ameaçavam deixá-los sem víveres, o que os forçou a armazenar grande quantidade de mantimentos. Após o assassinato de Pizarro, seguiu Alonso de Monroy para o Peru, em 1543, a fim de pedir auxílio ao seu substituto, Vaca de Castro, o que foi obtido.

Desta forma pôde Valdivia incentivar o cultivo da terra e a exploração das minas obtendo apreciáveis resultados. Novamente reduzido às suas próprias forças embarcou para o Peru, aí chegando a tempo de formar ao lado de La Gasca, que fôra enviado por Carlos V para estabelecer o poder real. Normalizada a situação, viu-se confirmado por La Gasca no governo do Chile, para lá voltando com um comboio de armas e munições.

Socorreu então as cidades que haviam sido destruídas pelos índigenas em sua ausência, tendo conquistado também novas regiões e fundado as cidades de Concepcion, Vila Rica e Valdivia. Novas sublevações dos nativos irromperam em 1553, tendo sido Valdivia aprisionado em um dos combates com eles travados e morto após terríveis torturas...

Exatamente como faziam os destruidores da selva de lendas e mistérios. Um dos lenhadores norte-americanos já havia descascado parte do tronço coberto de parasita, com a foice; cortado alguns galhos maiores e em seguida passou a lâmina da moto-serra. Pedro Valdivia caía mais uma vez...

Voavam anambés-vermelho, cuiu-cuius, tietês-coroa, com a presença dos lenhadores. O cachorro-do-mato de orelha curta disparou enquanto o tamanduá-bandeira fazia enorme esforço para se locomover.

Cortaram também a árvore que continha o espírito de Duguay-Trouin não respeitando a fama do pirata. Passaram a derrubar o corpo de D. Afonso Henriques, rei de Portugal, senhor de Mondego e do Tejo. Famoso por derrotar os muçulmanos no passado. Correu cachorro-do-mato vinagre, lontra e ariranha enquanto ia também na derrubada, James Cook, cuja vida foi quase toda dedicada a aventuras marítimas. Massacrados pelos indígenas na vida anterior era agora vitimado pelas armas modernas dos lenhadores norte-americanos, novos bandos de selvagens viciados...

Walter Raleigh teve o mesmo fim. O galante protegido da Rainha Isabel, não teve quem o livrasse das mãos dos destruidores do século XX. Um a um eram apanhados de surpresa, os espíritos dos homens acostumados a lutar no mar. De selva, a única coisa que conheciam era o descanso de que desfrutavam naquela vida como vegetais.

E com Affonso de Albuquerque, militar, navegante e fidalgo,

os derrubadores de florestas não fizeram por menos. O filho ilégitimo de D. Diniz, educado na Côrte de Afonso V, foi também vitimado pela moderna moto-serra. Falecia e seu corpo desta vez não seria sepultado na capela de Nossa Senhora que mandara construir, em ação de graças pela conquista de Málaca, como na vida anterior.

Derrubando fortes macaúbas e pracaúbas, levantando nuvens de folhas e gravetos; espantando ratos e baratas aquele exército moderno de aviões de médio porte, helicópteros, jipes e jipões; moto-serras, venenos, machados e foices, simplesmente iam destruindo tudo. E não perdoariam as importantes figuras de tantas lutas passadas que ainda restavam na área de desmate. Chegou a vez do almirante inglês, Nelson, que por mais de uma vez havia derrotado Napoleão Bonaparte. Primeiro, furaram-lhe um dos olhos, quando o lenhador martelou um ferro no tronco, para depois cortar novamente um dos seu braços, que correspondia a um dos galhos podados da carapanaúba.

Após ferimentos mortais recebidos a traição, não em combate, caía mais uma vez o Barão do Nilo, o Duque de Bronte, valoroso homem de tantos títulos recebidos em batalhas...

Não pouparam Labatut, general francês que lutou pela independência do Brasil. A ordem era limpar a área. Não deixar um tronço de pé, na selva. Cartier, o navegador francês, morreu também mais uma vez.

D. Sebastião, rei de Portugal, foi o último, a cair naquele trecho da mata sagrada, nas mãos dos bandoleiros e saqueadores norte-americanos que a tudo destruiam. Cortaram com a serra, o tronco da copaíba onde habitava o espírito do mais infeliz dos reis portugueses. Este caiu no rio e foi arrastado pelas águas. Parecia estar lutando novamente contra o exército de cem mil guerreiros mouros, tanto que rodava e se debatia o tronco formando espumas nos choques, e assistido de perto por jandiás, pescadas e camorins que também habitavam a "Floresta Encantada".

O último que o viu foi um mergulhão. A ave, voltou a superfície e alcançou os ares novamente. D. Sebastião desapareceu como na vida anterior em que a História havia perdido completamente a continuidade de sua vida...

FIZERAM DESCOBERTAS IMPORTANTES, ALIVIARAM A HUMANIDADE SOFREDORA.

Em outra época, o naturalista Haanké chorou comovido ao ver a beleza da vitória-régia e se atirou de joelho, no fundo da canoa. Ao contemplar tão bela flor, o espírito do botânico emitiu uma oração de reconhecimento a Deus, pela maravilha que lhe facultara admirar...

Diante da perfumada flor das águas — milagre da criação que segundo Haanké significava a síntese de todas as belezas, o lenhador invasor da mata sagrada simplesmente meteu em cima a bota suja de lama...

Que diferença de currículos, entre os bárbaros modernos e os gênios do passado que a "Floresta Encantada" encerrava!

Os lenhadores estavam mais para o lado do dominador apuizeiro, que na forma de pequeno ramo ia crescendo tanto que acabava sufocando a árvore que o abrigava.

O chefe dos norte-americanos, o forte e ruivo homossexual

"Mitzgaynor", tinha fugido de Honduras pelo tráfico de órgãos de crianças, depois que as autoridades descobriram: dezenas de crianças hondurenhas tinham sido adotadas por estrangeiros para que seus órgãos fossem vendidos! O fato acusado pelo secretário da Junta Nacional do Bem-Estar Social de Honduras, fez com que o norte-americano, o cabeça do movimento fugisse para as matas amazônicas. E trouxe consigo alguns dos companheiros.

Foi exatamente no momento em que o traficante preparava 13 menores para a "exportação" aos Estados Unidos, em casas denominadas como "de engorda", em Chalona, a 270 quilômetros da capital Tegucigalpa.

Muitos casais levados pelo anormal "Mitzgaynor", adotava crianças com defeitos físicos e se supunha tratar-se de pessoas com nobres propósitos, mas com o passar do tempo, as autoridades hondurenhas descobriram que na verdade, as crianças seriam vendidas por partes.

Segundo aquelas autoridades, os homens arrancavam-lhes os olhos para transplantá-los a outros garotos e garotas. Em resumo: "Mitzgaynor" organizava o tráfico de membros humanos, de crianças adotadas em Honduras.

Apesar do escândalo, que provocaram essas revelações confessadas pelo anormal traficante norte-americano, as autoridades locais não tomaram as medidas cabíveis, apropriadas, e o maior implicado no triste negócio foi posto em liberdade, mediante uma pequena fiança, desaparecendo do país.

O inescrupuloso "Mitzgaynor" depois que as "casas de engorda" foram descobertas naquele país dado as proporções do escândalo, desistiu de traficar recém-nascidos para os Estados Unidos e partiu para a destruição daquela selva intocável e misteriosa, tão cheia de lendas e valores. Outro plano imoral de alguns norte-americanos, aventureiros e desonestos que na ausência de guerras iniciadas por eles como Coréia e Vietnã, aderiam a qualquer tipo de aventuras onde podiam matar e destruir...

O lugar-tenente do chefe "Mitzgaynor", seu assistente preferido, não fazia por menos. Sua ficha, também a mais suja possível. O ítalo-americano Zefirelli não passava de componente na rede clandestina montada pela CIA para o transporte de armas para os "contras", rebeldes nicaraguenses. E que na volta, era usada também para transportar cocaína e maconha para dentro dos Estados Unidos...

As denúncias foram feitas por três homens presos por envolvimento no tráfico de tóxicos e que por várias vezes tinham usado bases aéreas norte-americanas com esse objetivo. Pilotos dos Estados Unidos afirmaram levar armas aos "contras" e regressar ao seu país de origem com cocaína. Uma rotina. Tinham todas as garantias por parte de autoridades — contava sem medo o traficante Zefirelli — um dos pilotos especialmente contratado para esse tipo de trabalho.

Mais uma vez as autoridades norte-americanas chamaram o fato de "jornalismo difamatório" e "falsidade absoluta", para encobrir. Mas, por vias das dúvidas o ítalo-americano como medida de segurança, pois sabia que um dia ou outro saberiam de toda a verdade, roubou também parte dos dólares que seriam entregues aos "contras" e abandonou seu país.

Veio auxiliar como sub-chefe, na destruição das matas sagradas. Novo plano das autoridades estadunidenses e denominado por elas de "Projeto Floresta Encantada", para que os Estados Unidos da América do Norte, tomasse conta da Amazônia, agora sim, de uma vez por todas...

Seis vigorosos troncos destacavam-se no trecho daquela mata repleta de aves que iam do beija-flor-de-gravata vermelha ao gavião-preto. Tão grandes e firmes que sobressaiam pela imponência no meio de pau-dalhos, pitombeiras, juazeiros, mangabeiras, castanheiros, paus-rosa e até um carvalho dos mais fortes, emoldurados por flores de um pé de maracujá cuja ramagem apoiava-se em vários troncos.

As outras árvores desapareciam diante da figura da meia dúzia de jequitibás; prediletos de papa-formigas, tucanos e chauás.

Dependuradas em seus troncos deviam constar umas placas com os nomes e datas para impor respeito, já que os homens-destruição estavam se aproximando das árvores. Numa delas devia estar escrito: "Marco Polo. 1254-1323". Na outra: "Nicolau Copérnico. 1473-1543". Na terceira árvore: "Galileu Galilei. 1564-1642". Na quarta placa devia constar: "Edward Jenner. 1749-1823". Na quinta devia ter a inscrição: "Louiz Pasteur. 1822-1895". E finalmente na sexta plaqueta os dizeres simples: "Joseph Lister. 1827-1912".

As datas de nascimento e morte, importantes, porque mostravam os originais. Outros que vieram depois com os mesmos nomes quase não corresponderam. Salvo exceções como os dois Alexandre Dumas, pai e filho, bons escritores e outros poucos com os mesmos nomes.

Quem sabe com as plaquinhas colocadas sobre os troncos os lenhadores reconheceriam o que os espíritos que estavam dentro daquelas árvores representavam e o que tinham feito pela humanidade.

Um dos trabalhadores de "Mitzgaynor", o homossexual norte-americano encarregado de por abaixo a mata sagrada, começou por atirar sua faca num tronco para treinar a pontaria enquanto esperava ordens. Seu gesto foi o suficiente para acabar por cegar novamente Galileu...

Revoltou a ema que estava próxima enquanto a siriema saiu gritando para as outras aves ouvirem que os invasores se aproximavam. Marco Polo, Copêrnico, Jenner, Pasteur e Lister lamentaram o fato, mas naquela situação, nada podiam fazer contra a força humana devastadora. Apenas perceberam que seu fins estavam delineados. Tentaram mexer seus ramos, fazer barulho com as folhas para espantar. Funcionava com alguns bandos de papagaios que as vezes os incomodavam, mas com aqueles homens vindos de longe, armados até os dentes e mal intencionados, nunca.

O viajante italiano forçou a mente não com isso pensando amedrontar os agressores gratúitos, mas como último pensamento. Não era assim que faziam na hora de matar alguém? Não perguntavam qual o seu último desejo?

Única coisa que poderiam fazer. Rememorar suas vidas passadas e trocar idéias entre os vegetais servindo de abrigos a inúmeros choquinhas, tiribas, apacanins. Pasteur ainda propôs uma corrente de pensamento positivo. Quem sabe iluminaria os espíritos dos lenhadores, já que aquelas ilustres figuras do passado tanto tinham feito pelo mundo.

Passada em revista suas vidas; cada um pensando nas benfeitorias praticadas, suas lutas e aventuras; esforços para que fossem acreditadas as novidades, as insistências toda vez que uma coisa nova era apresentada. Unidos lembrando suas vidas talvez fizesse com que os destruidores da mata sagrada, desistissem da idéia de desmatar irracionalmente como até ali vinham fazendo...

Começou com o homem que tinha nascido em Veneza, em 1254, e aí falecido, em 1323. Era filho de Niccolo Polo, pertencente a nobre família originária da Dalmácia, que negociava com países orientais. Marco nasceu durante uma viagem à Ásia, efetuada por seu pai, que voltou somente quinze anos após o nascimento do filho.

A narrativa dessa expedição, inspirou no menino, vivo desejo de conhecer também aquelas terras. Em 1271, partiu com seu pai para nova viagem ao Oriente. Percorreram a Ásia Ocidental até Badakchan, de onde passaram a Khotan. Atravessando o deserto de Gobi, chegaram ao norte da China. Aí foram recebidos com honra pelo grande can dos mongóes, o Roubilai-can, que confiou a Marco Polo um alto cargo.

Durante três anos administrou ele uma província, após o que obteve permissão para acompanhar os embaixadores que haviam sido enviados à Pérsia. Aí chegaram após longa viagem feita por mar. Da Pérsia seguiram Marco Polo e seus acompanhantes para a Armênia, daí para Trebisonda e Constantinopla, de onde passaram à Veneza, aí chegando em 1295, depois de 25 anos de ausência.

Marco Polo acumulou nessa viagem enorme fortuna, que causou estupefação aos venezianos, assim como a descrição dos países percorridos. Esta é a primeira das grandes explorações da Ásia. As notas deixadas por Marco Polo formaram a base da geografia e cartografia do extremo-oriente. Pouco tempo após sua chegada, irrompeu uma guerra entre Veneza e Gênova, tendo sido ele aprisionado na batalha naval do golfo de Layas. Durante dois anos esteve encarcerado, tempo que aproveitou para ditar a um companheiro de prisão de nome Rustigielo di Pisa, a história de suas viagens. Essa obra, que apareceu primeiramente em francês, recebeu o título de "O Livro de Marco Polo". Nele encontramos uma descrição histórica e geográfica de grande parte da Ásia.

A veracidade das afirmações aí contidas foi constatada pelas descobertas modernas. Depois de ter sido posto em liberdade, foi Marco Polo nomeado membro do grande conselho de Veneza (1298) onde residiu até a morte...

Foi a vez de Nicolau Copêrnico, astrônomo polonês, evocar o passado. Rezou para que aqueles homens de moto-serra na mão abandonassem a "Floresta Encantada", reino das lendas do curupira, caapora, iara, pé-de-pato, boiuna, rudá, jurupari, antes de começar a rodar sua vida de lutas...

Copêrnico tinha nascido em Thorn a 19 de fevereiro de 1743 e falecido em Fraenburg a 24 de maio de 1543, quando esteve pela penúltima vez entre nós. Filho de um padeiro, iniciou seus estudos na terra natal seguindo após para a universidade de Cracóvia, onde se inscreveu no curso de medicina; desde aí, porém, teve seu interesse despertado pela matemática e pela astronomia.

Partiu em 1496 para a Itália, depois de ter estado novamente em Thorn, onde pretendia fazer-se padre. Estudou durante algum tempo nas universidades de Pádua e Bolonha, seguindo em 1500 para Roma. De volta à Polônia, tomou ordens e tornou-se membro da academia de Cracóvia. Viveu alguns anos em Heilsberg, em companhia de um tio; tendo alí exercido a sua profissão de médico. Após a morte desse tio, ocorrida em 1512, passou-se para Fraenburg.

De 1516 a 1522 esteve em Allenstein, como administrador do castelo diocesano; tornando-se nesse ano, representante do capítulo no "Landstag" prussiano. De volta a Fraenburg, Copérnico foi nomeado administrador da diocese, cargo que exerceu durante alguns anos. Dedicou-se por essa ocasião, ao estudo de problemas monetários, tendo publicado um livro versando sobre a matéria. O valor desse trabalho fez com que fosse nomeado, pelo rei, conselheiro em assuntos financeiros.

Os últimos anos de sua vida foram empregados no exercício gratúito da medicina e na elaboração da sua obra "De Revolutionibus Orbium Coelestium" — que continha uma nova concepção do sistema planetário — na qual já vinha trabalhando há muitos anos. Esse livro dedicado pelo autor ao Papa Paulo III, apareceu em 1543, em Nuremberg. Copérnico só pôde receber um exemplar poucos dias antes da sua morte.

A teoria nele exposta não foi aceita pelos estudiosos da época; tendo sido menosprezados o autor e sua obra. Forte reação lhe opuzeram as igrejas Católica e Protestante. Somente séculos depois é que foi reconhecida a verdade daquelas brilhantes idéias. Copérnico é hoje considerado um dos criadores da astronomia moderna e fundador da teoria planetária heliocêntrica...

Chegou a vez na mata sagrada, de Galileu Galilei concentrar-se no passado. Que força ainda poderia ter o matemático, físico e astrônomo italiano?

Grande homem que em passagem entre nós havia dado a sua colaboração importantíssima. Mas por acaso todos os outros habitantes da "Floresta Encantada" também não tinham entrado com sua parcela? E de que adiantava agora tanta inteligência, tanto esforço daqueles homens de passado brilhante transformados em vegetais?...

Galileu tinha nascido aos 15 de fevereiro de 1564 em Pisa e havia falecido aos 8 de janeiro de 1642 em Arcetri. Em 1581, observando os movimentos de uma lâmpada suspensa na abóbada da Catedral de Pisa, define a lei do isocronismo das oscilações do pêndulo.

Matriculado em 1583 no curso de medicina da Universidade de Piza abandonou-o em 1585. Datam dessa época a invenção da balança hidrostática e a determinação do centro de gravidade dos sólidos. Estas descobertas valeram-lhe a nomeação para professor de matemática na Universidade de Pisa, resignando este encargo em 1592. Pouco tempo depois assumia as mesmas ocupações na Universidade de Pádua.

Em 1609 constrói o telescópio, conseguindo, por este intermédio, medir as montanhas da lua, assinalar os satélites de Júpiter, as fases de Vênus, o anel de Saturno, as manchas e a rotação do sol sobre o seu eixo etc. Deve-se ainda ao gênio prodigioso de Galileu — o termômetro e o compasso de proporções.

Em 1632 escreveu "Dialoghi Quatro, Sopra i due Sistemi del Mondo Ptolomaico et Copernico". Esta obra motiva o seu comparecimento em 1633 ante o temível tribunal da Inquisição, sendo forçado a se retratar após a exposição sistemática dos métodos supliciários e os rogos de sua família e amigos.

Não obstante a abjuração fôra-lhe designado a residir na vida de Arcetri sob a vigilância inquisitorial. Em 1636 estava cego. Em sua visita singular ao velho gigante que não mais enxergava, em 1638, Milton escreveu: "Foi então que encontrei e visitei o célebre Galileu, envelhecido já, prisioneiro da Inquisição por ter em Astronomia pensado de forma diversa daquela em que pensavam os censores franciscanos e dominicanos"...

Os outros três companheiros da mata sagrada também se uniam em pensamentos. Mas ao que tudo indicava seriam mesmo destruídos pela fúria possessiva dos lenhadores norte-americanos ávidos de dólares, cumprindo o plano à risca: a tomada da Amazônia pelos homens dos Estados Unidos.

Edward Jenner, médico inglês, descobridor da vacina contra a varíola, foi o próximo a concentrar-se o mais que pôde na vida passada tentando salvar a presente.

Sua penúltima passagem por aqui tinha acontecido em Berkeley, Gloucestershire, a 17 de maio de 1749 e havia falecido, a 26 de janeiro de 1823. Iniciou sua educação em Woton-under-Edge e Cirencester. Fez seus primeiros estudos de medicina com Daniel Ludlow, continuando-os em 1770 em Londres, sob a direção de John Hunter. Recebeu, pouco depois, a incumbência de colecionar os espécimes zoológicos colhidos na primeira expedição Cook.

Foi um dos fundadores da sociedade médica local, para qual apresentou importantes colaborações. Ainda quando estudante, notara Jenner o fato de que as pessoas que lidam com vacas ficam imunes à varíola. Desde 1775 iniciara pesquisas sobre esse assunto, vindo a conceber a teoria da prevenção contra aquela moléstia por meio de vacina.

Em maio de 1796, pôde realizar sua primeira experiência, com um menino de oito anos, obtendo resultado satisfatório. Em 1798 publicou "Inquiry in to the cause and efects of the variolae vaccinae", anunciando sua descoberta. Diversos outros cientistas de nomeada, confirmaram o valor do método, repetindo suas experiências.

No entanto, recebeu também o descobridor ásperos ataques. Pouco a pouco, porém, propagou-se na Inglaterra, e fora dela, o uso da vacina. E, em 1803 fundou-se em Londres a "Royal Jennerian Society" destinada à sua difusão. Jenner tornou-se mundialmente conhecido e respeitado, recebeu numerosas honrarias e duas recompensas votadas pelo Parlamento Inglês, a primeira de 10 000 libras, em 1802, e a segunda, de 20 000, em 1807. Publicou numerosos livros...

Faltavam os depoimentos de Pasteur e Lister para completar o sexteto de jequitibás que ia ser derrubado. A corrente de pensamento funcionaria? O químico e bacteriologista francês iniciou logo o seu pensamento em torno do que tinha sido sua vida aqui entre nós. Nascido a 27 de dezembro de 1822 em Dôle, Jura, e falecido a 28 de setembro de 1895 em Villeneuve d'Etang, Sena-e-Oise. Aos vinte anos de idade Pasteur já era mestre assistente do Colégio de Bensancons passando-se em seguida para a Escola Normal de Paris.

Aí fez a sua primeira descoberta, conseguindo provar que eram quatro e não dois, os tipos de Ácido Tartárico. Quando decano da Universidade de Lille, provou a existência dos micro-organismos e sua influência na fermentação e posteriormente em certas doenças e epidemias. Descobriu depois o processo de esterilização, introduzindo-o no mundo científico sob o nome de "Pasteurização".

Em Villemin (1865-1869) revelou que a tuberculose se reproduz por si mesma e se transmite pela inoculação e o contágio do germe. A indústria deve-lhe avultada soma de benefícios, com seus estudos sobre a fermentação e as doenças do bicho da seda. Pasteur realizou interessantíssimos trabalhos a respeito da cólera das galinhas. Entretanto, o estudo das causas e efeitos da hidrofobia alcançou o ponto máximo de sua agitada carreira científica, tendo constatado que a "raiva" poderia ser curada, mediante a aplicação de vacinas descobertas por ele e por seu assistente Roux.

Como francês, Pasteur recusou-se a aceitar a distinção conhecida como "Ordem de Mérito da Prússia". Momentos antes de morrer, em seu leito de dor, pronunciou a frase que lhe haveria de celebrizar: **"Je ne peux plus"** (Eu não posso mais). Sua contribuição em prol da humanidade é sumamente importante; todos os dias em todas as partes do mundo salvam-se milhares de vidas graças às suas descobertas científicas. Pasteur, não foi somente um grande sábio, mas um dos maiores benfeitores que a humanidade conheceu até os nossos dias...

Vacinados em pequenos, quando rapazes, e agora antes de entrarem na selva essa era a paga que aqueles humanos invasores davam. Iriam derrubá-lo com mais cinco moradores do privilegiado bosque. O homem a quem a humanidade tanto devia, seria serrado sem piedade. Antes pediu para Lister lembrar também sua atribulada vida. Quem sabe uma luz iluminaria os espíritos daqueles lenhadores e interrompessem a tempo a destruição da "Floresta Encantada", onde cresciam o tingui, o timbó, o açacu, o cunambi, de essências tóxicas. **Habitat** agora de tanta gente que trabalhou com lágrima e sangue para melhorar o mundo...

Joseph Lister cientista e cirurgião inglês não precisou de muito esforço para lembrar sua vida na Terra, na forma humana. Todos eles tinham essa vantagem. Era difícil esquecerem os fatos marcantes; lembravam até dos detalhes. Uma espécie de gravador estava continuamente ligado como se seus espíritos vivessem empregnados de História. Quase nada esqueciam os homens-vegetais, fossem na forma de gigantescas e centenárias árvores ou simples raminhos recentes ainda com suas pequenas flores e folhas...

Lister havia nascido a 5 de abril de 1827 em Upton, Essex — bem lembrava — e havia falecido a 10 de fevereiro de 1912, em Walmer, Kent. Perto dos outros, não fazia muito tempo. Era das seis árvores do mesmo grupo, o jequitibá mais novo.

Estudou medicina na Universidade de Londres, formando-se em 1852. Trabalhou algum tempo como assistente do hospital da Universidade sendo em 1856 nomeado cirurgião do Hospital Real de Edimburgo. De 1860 a 1869 foi professor da Universidade de Glasgow, transferindo-se para o King's College, de Londres, até a sua aposentadoria.

Pelos seus serviços recebeu o título de "par" da Inglaterra, tendo sido o primeiro médico a frequentar a câmara dos Lords.

Coube-lhe a glória da descoberta (1867) do método antisséptico, que o tornou um dos benfeitores da humanidade.

Contemporaneamente, o sábio Pasteur, chegara à conclusão de que "a fermentação e a putrefação não eram transformações químicas resultantes do contato com a atmosfera, mas devida a atividade de micro-organismos nela suspensos". Lister, perspicás, notou o valor da grande descoberta e procurou a maneira mais favorável de aplicá-la em cirurgia. Escolheu como desinfetante o ácido fênico em solução aquosa a 5% para higienizar a ferida e algodão para protegê-la. Este processo, depois de aperfeiçoado e simplificado, teve amplo reconhecimento. Lister contribuiu ainda com a ligadura de vasos sanguíneos como material absorvível pelos tecidos.

Lister escreveu inúmeras obras. Sua morte consternou o mundo e os seus restos mortais foram transportados com honrarias para a abadia de Westminster...

Entretanto ali na "Floresta Encantada" seu desaparecimento passaria despercebido. Uma árvore a menos talvez a última morada também da colorida jaçanã, da garça ou do socó. Somente isso...

Lister ainda viu quando um dos assassinos da mata sagrada afastou do corpo algumas formigas-de-fogo que o incomodavam, abriu a mochila e de dentro tirou um vidrinho de desinfetante, para limpar pequeno ferimento que um dos galhos fizera no braço que transportava a moto-serra. Descoberta que custou ao cientista tanta pesquisa, estudo e trabalho...

Enquanto do outro jequitibá, uma voz fraca e conhecida se ouviu no meio do ronco das serras. A de Pasteur, antes de morrer:

— Eu não posso mais...

TANTO ESTUDO, TRABALHO E LUTA, PARA O HOMEM PERMANECER O MESMO.

No tombo, as quaresmeiras e paineiras iam espalhando flores lilás, rosa e carmim que misturavam com o verde do gramado num festival de vegetais coloridos. A derrubada desenfreada da mata sagrada pelos destruidores norte-americanos que espantava ariranha, ouriço-preto, tamanduá-bandeira, cachorro-do-mato, ia acabar desabrigando mais um animal.

O pequeno guaxinim por sorte não tinha sido avistado pelos lenhadores que atiravám em qualquer bicho pelo simples prazer de matar. Seu pêlo grosso não atraía os fabricantes de casacos de pele que preferiam jaguatiricas e lontras. Nem sua carne apreciada pelos homens, a não ser alguns que procuravam seus olhos grandes para fazer macumba.

O mamífero de máscara preta em torno dos olhos, parecendo pequeno urso, pêlos brancos na ponta do focinho, em volta da boca e sobre os olhos imitando sobrancelhas, despreocupadamente lavava sua comida. Enquanto se recolhiam para baixo da terra o tatu-bola e o canastra.

Para conseguir alimento o guaxinim tinha desenvolvido curioso método de pesca onde a isca passava a ser seu próprio rabo. Ele o colocava nas casas dos caranguei jos, quando o bicho reagia fincando as pinças no corpo estranho, o guaxinim puxava rapidamente o rabo trazendo preso a vítima.

Em seguida batia o caranguei jo no chão, que rodava estonteado, e estava pronto para ser devorado. Mas antes o lavava como fazia com os peixes, frutas e insetos. Nada ele comia sem antes lavar.

O pequeno animal cinza-amarelado, habitante de matas próximas aos rios e lugares úmidos como mangues e banhados, por onde andavam também o cervo-do-pantanal e o veado campeiro, parecia uma lavadeira. O guaxinim segurava o alimento, molhava e esfregava. Por isso alguns dos homens de "Mitzgaynor", o norte-americano, o chamavam de urso-lavadeira, mas para a maior parte dos brasileiros era reconhecido por mão-pelada. Pelo fato de ter suas patas desprovidas de pêlos.

Seu **habitat** continuava a ser destruído. Mais um bicho natural da "Floresta Encantada" que ia perder seu lugar. Destruiam a vegetação, a água corrente, sua toca. E em consequência seus alimentos...

Na selva outrora impenetrável, as árvores iam tendo o mesmo fim, como quando de suas passagens pela Terra, na forma humana.

Na hora em que o homossexual "Mitzgaynor", sardento e vermelho dos pés a cabeça, de pêlo e pele cozidos proveniente do inclemente sol e cercado por mosquitos carapanãs, cortou o cipó mariri, estava na verdade imitando Charlote Corday quando apunhalou Marat...

Ao amarrar a corda para puxar o tingui, que atordoava o peixe sem envenenar sua carne, o assistente Zefirelli passou a decepar Maria Antonieta. Ao tentar usar veneno contra a enorme sumaumeira que serra nenhuma conseguiria derrubar, Ascot, outro homem de "Mitzgaynor", dava novamente a taça de sicuta para Sócrates. E ao largar os restos de frutos das árvores que derrubaram naquele dia servindo de pasto aos animais roedores noturnos, os lenhadores norte-americanos repetiam também o gesto destinado a Eurípedes, quando o trágico poeta foi devorado pelos cães...

Em volta dos invasores, uma só nuvem de mosquitos sem um método eficiente de repelente que funcionasse a contento. Como um manto formado por minúsculas asas, infernizava os homens. O melhor, ainda eram os repelentes naturais que certas pessoas pareciam exalar pela boca e através dos poros. Quem não fabricava o repelente dentro do próprio organismo, sofria muito. — Mas para que servia aquele minúsculo tigre que só perturbava e sugava o sangue? Seria uma falha da natureza? — Maldiziam os trabalhadores. Tudo na natureza existe uma razão de ser, e ele não poderia deixar de fazer parte da corrente ecológica. O mosquito é importante como alimento de fácil obtenção para outros insetos, para pássaros, mamíferos e principalmente peixes. Sem os mosquitos, muitos pássaros e outros animais insetívoros poderiam morrer, permitindo surgirem pragas ainda piores...

Caía a tarde na mata sagrada. Hora em que todos pareciam começar a se preparar para o descanso do dia. Na calmaria, desaparecendo os sons civilizados das serras como um grito assustador para todas as árvores. Jean Paul Marat, repousava dentro do jacarandá. Escritor, jornalista, político e revolucionário francês que nasceu a 24 de maio de 1743 em Boudry, Suiça e morreu assassinado a 14 de junho de 1793, em Paris.

Iniciou seus estudos de medicina em Bordeaux, França, doutorando-se em 1775 pela Universidade de Saint-André, da Escócia, Grã-Bretanha. Antes de se dedicar ao exercício da medicina, desempenhou, como poliglota as funções de professor de línguas. Regressando à França é designado para o cargo de médico dos guardas do conde de Artois, onde pôs em foco os seus conhecimentos clínicos no tratamento e cura da Marquesa de Laubespierre com emprego de um medicamento de sua invenção contra a tísica.

Estreiou-se na carreira literária com "Ensaio sobre o Homem", 1773 e logo após o panfleto "As cadeias da escravidão". Em 1784 publicou "Noções elementares de ótica", estudo sobre o fogo e a eletricidade, seguindo-se "Planos de legislação criminal", revelação de seus princípios revolucionários, expostos em "Oferenda à Pátria", 1789.

Nesse mesmo ano, associando-se a revolução francesa, fundou o "Monitor Patriota" e, posteriormente o "Amigo do Povo", a mais célebre publicação dessa época.

Intermediário ardoroso do Clube dos Franciscanos, teve de se refugiar durante quatro meses na Inglaterra, devido a uma ordem de prisão. De volta à Paris em 1790, reiniciou as suas atividades. Um novo decreto obriga-o a esconder-se em casa de Legendre, sendo-lhe confiscados os prelos do seu jornal.

Como administrador da Comuna e ligando-se a Danton, coube-lhe grande parte nos morticínios ocorridos nesse período. Em 1792 era eleito deputado à Convenção. Absolvido em abril de 1793 pelo tribunal revolucionário em virtude dos ataques dirigidos contra os girondinos pelas colunas de seu jornal "O Publicista da República", assistiu em maio desse ano a derrota dos seus adversários. Dois meses depois era apunhalado traiçoeiramente no banho por Charlotte Corday...

E o que relatar de Maria Antonieta, rainha da França, também moradora da mata sagrada sempre cheia de mistérios?

Tinha nascido em Viena a 2 de novembro de 1755 e morrido (guilhotinada), em Paris, a 16 de outubro de 1793. Era filha de Francisco I da Alemanha e Maria Teresa. Escolhida prematuramente para esposa do delfim de França, depois Luiz XVI, casou-se a 16 de maio de 1770 em Versalhes.

De início sua graça juvenil a todos seduziu. Cedo porém, começaram as dificuldades. Com a morte de Luiz XV, e com apenas 19 anos, faz-se Rainha da França, sem o natural preparo para tão alto investimento. No apogeu do poder, dá início a um frenético período de dissipação, que foi funesto ao seu bom nome e ao prestígio da coroa.

Alegre e despreocupada, amante de festas e jóias, não seleciona suas amizades mais íntimas. A familiaridade concedida à princesa de Lamballe e sobretudo à condessa de Polignac, criou-lhe implacáveis inimigos nas famílias aristocráticas, com naturais reflexos na opinião popular. Daí originou-se a terrível campanha difamatória contra a "Austríaca" que a acompanhou até o patíbulo. Era imprevidente. Em momentos de crise faz gastos dispendiosos que aos olhos da população parecem delituosos.

O nascimento da primeira filha e depois do delfim, parece reconduzí-la a vida mais recatada. A animosidade popular contra ela cresce porém, a nefasta ingerência dos Polignac, na nomeação de protegidos para os altos cargos da Côrte. A intensidade desse ódio acumulado contra a rainha aparece no escandaloso "caso do colar", que foi golpe mortal ao seu prestígio.

Sobreveio a Revolução. Nesta fase deu provas de grande força de caráter. A 14 de junho de 1789 o povo tomou a Bastilha. Em agosto proclama-se a "Declaração dos Direitos do Homem". A família real tenta fugir para o estrangeiro, mas reconhecida, é reconduzida, presa à Paris. O povo logo depois invade as Tulherias, e o rei e a família real são encarcerados na prisão do Templo.

Durante o período do seu encarceramento e perante o tribunal revolucionário manteve sempre uma atitude cheia de dignidade. A 16 de outubro de 1793 às 12 horas morreu corajosamente no cadafalso...

O pau-darco continha o espírito do codificador do espiritismo: Allan Kardec.

Que no setor educacional já havia lançado livros de sua autoria como "Plano para melhoramento da instrução pública", em 1828. "Curso prático e teórico de aritmética segundo o método Pestalozzi", 1829. "Gramática Francesa clássica", 1831. "Catecismo gramatical da língua francesa", em 1848. E que depois sobre o espiritismo deixou as obras: "O livro dos médiuns", 1861. "O evangelho segundo o espiritismo", 1865. "A gênesi, os milagres as predições", 1858 etc.

Leon Hippolyte Denizard Rivail, filósofo e educador francês: sistematizador do espiritismo havia nascido a 3 de outubro de 1804, em Lyon, e falecido a 31 de março de 1869, em Paris.

Após completar os estudos preparatórios em sua cidade natal, transferiu-se para Yverdun, na Suiça, a fim de estudar com o célebre professor Pestalozzi, tornando-se mais tarde discípulo e eficiente colaborador do seu sistema educacional, procurando difundí-lo entre os seus concidadãos.

Adquirindo a confiança do grande educador, substituia-o na administração do seu estabelecimento de ensino. Bacharel em ciências e letras, formou-se em medicina, defendendo brilhante tese. Poliglota, conhecia profundamente o alemão, o inglês, o italiano, o espanhol e vários outros idiomas. Fundou em Paris um instituto de ensino moldado no sistema de seu mestre. Fundou ainda em sua própria casa cursos de química, física, astronomia e anatomia.

Estudando o magnetismo, veio a entrar em relações com o magnetizador Fortier, dedicando-se logo após às investigações dos fenômenos espíritas. Tornou-se conhecido como propagandista do espiritismo com o "Livro dos Espíritos", publicado em 1857 sob o nome de Allan Kardec, como era chamado no tempo dos Druidas, segundo revelação a ele feita por um médium.

Em janeiro de 1858, fundou a "Revista Espírita" e em abril desse mesmo ano a "Sociedade Espírita de Paris". Deixou grande quantidade de obras sobre os espíritos aquele que agora residia no simples pé de ipê, coordenando informações entre as árvores da mata sagrada...

Acompanhavam-no na selva de mistérios, franceses, alemães,

italianos, gregos. Seu vizinho da direita era nada menos que Camile Flamarion, que viveu de 1842 a 1925. Esteve desde 1858 como adido no Observatório de Paris, fazendo parte do **Bureau des Longitudes** na secção dedicada a cálculos para o conhecimento do tempo. Deixando o Observatório, tornou-se conhecido pelo seu interesse à obra de Fontenelle: "A Pluralidade dos Mundos Habitados", 1862. Fez em 1868 várias ascensões aerostáticas para estudar a direção das correntes atmosféricas e o estado higrométrico do ar.

Elaborou numerosas memórias astronômicas, inseridas nos Anais de Academia das Ciências do Instituto de França. Empreendeu uma extraordinária obra de divulgação científica, na qual se destacam: "Os Mundos Imaginários e os Mundos Reais" e "Maravilhas Celestes", 1865. "Deus na Natureza", 1867; "Contemplações Científicas", 1870; "Viagens Aéreas, Estudos e Leituras Sobre Astronon ia", 1866/75; "A Atmosfera", 1871; "Astronomia Popular" e "Descrição Geral do Céu", 1880; "O Mundo Antes da Criação do Homem", 1885; "Os Cometas, as Estrelas e os Planetas", 1886; "Iniciação Astronômica" e "Astronomia Para Amadores", 1904; "Raio e Trovão", 1906 etc.

A Academia Francesa conferiu-lhe o prêmio Montyon em 1880. Entre as suas teorias científicas, avulta um ensaio sobre a marcha dos corpos celestes (1870), no qual demonstra que o movimento de rotação dos planetas é uma aplicação da gravitação às suas respectivas densidades. Nos últimos anos inclinou-se ao espiritualismo, como nos revela em "O Desconhecido e Os Problemas Psíquicos", 1913 e "A Morte e Seus Mistérios" 1920/21. Flammarion foi um dos mais completos difundidores da ciência moderna...

Ao seu lado: Joannes Kepler (1571 a 1630), astrônomo e astrólogo alemão. Moço ainda, a chamado de Tyncho Brahe, transferiu-se para Praga, a fim de auxiliar nas "Taboas Rudolphinas", por intermédio de quem foi-lhe conferido o título de "Imperial Matemático". Com a morte do sábio Tyncho Brahe, Rodolfo II outorgou-lhe um novo título: "Principal Matemático junto ao Imperador", e mal remunerado. Apesar de todo seu conhecimento, a vida de Kepler transcorreu em uma série de misérias e infortúnios de toda espécie. Inúmeras foram suas obras sobre astronomia. Ainda na côrte de Praga grangeou o título de "Legislador dos Céus". apesar das misérias, doenças e infortúnios, desafiou o Universo; esse desafio proporcionou-lhe um triunfo imortal. Kepler foi um dos fundadores da astronomia moderna...

Pela ordem, vinha Blaise Pascal. Geômetra, físico, filósofo

e escritor francês, que na penúltima visita ao planeta tinha sido de 1623 a 1662. Filho de Etienne Pascal, aluno dos sábios padre Mersenne, Fermat e Roberval, o ambiente foi propício a Pascal, cujo gênio científico deu mostras extraordinárias em 1635 com a sua descoberta das 32 primeiras proposições euclidianas. Em 1639, para simplificar os cálculos de seu pai, nomeado intendente de Rouen, inventou a máquina aritmética. Aderiu às doutrinas jansenistas (1646), passando a fazer experiências físicas que confirmam as teorias de Torricelli sobre o peso do ar...

Mais a frente, a árvore que protegia o espírito de Niccolo Paganini (1782-1840), compositor e célebre instrumentista italiano que aos seis anos de idade, já executava composições de violino, tornando-se mais tarde o maior violinista do mundo. Paganini conseguiu amealhar invejável fortuna com sua arte. Sua segurança nos harmônicos, sua habilidade no manejo da corda dupla e tripla, seus **pizzicatos** com a mão esquerda, assombravam as platéias. Deixou 24 caprichos, 12 sonatas, 3 quartetos, 2 concertos. Obras das melhores...

Tinha também a moradia de Henry Marie Beyle, mais conhecido pelo pseudônimo de Stendhal. Romancista, historiador, crítico e diplomata francês que nasceu em 1783 e faleceu em 1842. Abandonou a matemática e a literatura para se incorporar aos exércitos de Napoleão, tomando parte na campanha da Itália, principalmente na batalha de Marengo. Escreveu um grande número de obras. Além do pseudônimo de Stendhal, usou ainda o de Alexandre César Bembet. Como historiador, distinguiu-se eminentemente entre os seus contemporâneos mais notavéis. Possuidor de um estilo pessoal e essencialmente romântico, revelou-se um analista de superiores e originais qualidades. Devendo-se a ele também o desenvolvimento da moderna ficção psicológica. Observador inteligente e realista, Stendhal, traduziu fidedignamente nos seus romances o naturalismo da vida quotidiana nos seus mais variados aspectos e nas suas mais genuínas manifestações de sentimentos e pensamentos...

Também seu vizinho era Michelangelo Buonarroti. Escultor, pintor, poeta e arquiteto italiano, nascido em 1475 e falecido no ano de 1564. Aos 13 anos de idade, contra a vontade de seu pai, fez-se aprendiz do mestre Ghirlandaio nas decorações das paredes de Santa Maria Novella. Os trabalhos que lhe eram confiados superavam os originais, dando motivo a que Ghirlandaio, assim desprestigiado, o enviasse para Bertoldo, no jardim dos Médici.

Onde Michelangelo encontrou nesse velho escultor o seu verdadeiro mestre e o conhecimento de outras artes. Lourenço de Médici, o magnífico, sabendo do talento artístico do jovem, concedeu-lhe uma pensão mensal e o convívio entre os numerosos doutores, escritores e artistas que, vindo de todas as partes da terra, se reuniam em seu palácio. Sob essa influência pagã Michelangelo produziu a sua primeira obra "A Batalha de Centáuros". Com a morte de seu protetor, transferiu-se para Bolonha e em seguida para Roma, onde é incumbido em 1498 de modelar "Cristo e a Mãe", para a igreja de São Pedro.

De regresso em 1501 à Florença, ultimou a colossal "Estátua de Davi". Essa escultura proporcionou-lhe a honra de ser convidado pelo papa Júlio II para talhar no mármore um túmulo que perpetuasse a sua memória. Desfeito mais tarde esse contrato, em virtude das superstições incutidas no chefe da Igreja Católica. Michelangelo retorna a Florença. Solicitada mais uma vez a sua presença no Vaticano, elabora durante 4 anos a pintura dos apóstolos na abóbada da Capela Sistina, consagrando-se universalmente.

Após o falecimento de Júlio II, os seus herdeiros confiam-no o prosseguimento do túmulo iniciado ainda em vida do papa. Só em 1545 pôde concluir esse monumento, começando depois nas paredes da Capela Sistina, o "Juízo Final", continuação do painel "Criação" executado um quarto de século antes no teto da mesma capela. Entre as suas obras, destacam-se ainda: "Pietá", "Moisés", "Os Escravos Acorrentados" etc. Como poeta escreveu: "Rimas". Michelangelo foi uma das figuras máximas da Renascença...

Seu companheiro na mata sagrada amazônica, também nada menos que Jean Baptiste Poquelin que o mundo ficou conhecendo como: Moliere. Autor de "Le Tartuffe", 1667. Comediógrafo francês que viveu entre nós de 1622 a 1673, e que mantendo sólida amizade com Boileau, Racine e outros literatos de seu tempo, tornou-se o maior comediógrafo que a humanidade conheceu...

Sócrates — dentro da enorme e antiga sumaumeira que só o veneno poderia abatê-la — filósofo grego, nasceu em Atenas em 468 e morreu em 400 ou 399 a.C. Dedicou-se nos primeiros anos de sua juventude à escultura ingressando depois na vida militar, batendo-se com denodo em Délium, Potidéia e Anfípolis, onde se diz ter salvo a vida de Alcebíades.

Fixando-se em Atenas, seguiu as lições do sofista Pródico, do geômetra Teodoro de Cirene e do físico Arquelau. Contudo, foi sempre auto-didata. Não estabeleceu escola, nem professou qualquer ciência ou compôs livro algum: o seu processo era a palestra, sobretudo o diálogo. Disseminava a moral, conversando a pretexto de qualquer coisa com a maior singeleza, mas de tal processo resultavam as mais penetrantes lições. Esse método teve acérrimos adversários nos retóricos e nos sofistas, sendo mal visto pelos representantes do partido popular, cujos atos eram acerbamente criticados pelo filósofo.

Teve discípulos atentos, entre os quais Platão e Xenofonte, que conversavam a sua doutrina. Logo após a queda do governo dos trinta tiranos, a mando de Anito, rico cidadão, dedicado ao povo, foi acusado por Melito, medíocre poeta, de pregar doutrinas contrárias à religião, corruptoras da mocidade. A sua sorte se decide perante um tribunal político o dos Realistas, juízes tirados do povo, em meio do qual a popularidade do filósofo declinara. Indiferente à defesa de Lísias, pronuncia uma breve apologia, na qual julga o povo com serenidade desdenhosa, é condenado à morte.

Empregou os seus últimos trinta dias em conversar na prisão com seus discípulos, recusando fugir. Depois de despedir-se de sua mulher Xantipa, e dos três filhos, cercado dos amigos e celebrando a imortalidade da alma, sorve a taça de sicuta e morre.

A doutrina socrática foi a que nos revelam Platão, Xenofonte e Aristóteles. Difícil é dicerní-la com precisão; era a um tempo mística e racionalista. Tinha uma divisa: Conhece-te a ti mesmo...

Quanto a Eurípedes, poeta trágico, um dos três maiores da Grécia — e agora residente na "Floresta Encantada" dentro da ucuúba — havia nascido em Salamina, a 20 de setembro de 480 a.C., dia da histórica batalha travada nessa cidade e faleceu em 406 ou 405, a.C., na Macedônia.

Historiadores há que o dão como de origem nobre em contraposição há outros que lhe atribuem proveniência plebéia. Recebeu, contudo, educação completa. Por um erro na interpretação do Oráculo ter-se-ia a princípio dedicado à pintura e ao atletismo. Bem certo é que cedo cultivou a poesia e o teatro. Estudou retórica com Pródicos e filosofia com Anaxagoras. Ligava-se, intimamente, a Sócrates. Contando 25 anos de idade, em 455, estreou, fazendo representar sua tragédia "Peliadas".

Data do ano de 440 sua primeira vitória num concurso de tragédias voltando, por 4 vezes, ainda, em sua vida, a repetir o feito. Trabalhava para o teatro ao mesmo tempo que se aprofundava no estudo da filosofia e das ciências, recebendo a influência dos sofistas. Na política, pertenceu aos inovadores. Considera-se importante sua obra teatral, composta de 82 peças em forma de teatrologia das quais 19 subsistem inteiras, conhecendo-se das demais apenas comentários, títulos e fragmentos.

São algumas: "Alcestes", 438; "Medéia", 431; "Hipólito", 428; "As Suplicantes" e "Andrômaca", 420; "As Troianas", 415; "Eléctra", 414; "Efigênia em Taurída", 413; "Helena", 412; "Orestes", 408; "Hecuba", "Fenícias", "Heráclidas", "A Loucura de Heracles", "O Ciclope", "Rhesus", "Ion" e "Hércules Furioso".

Seu teatro inspirou trabalhos de Corneille, Racine e Crebillon. Foi amigo de Alcebíades, de Crítias e de outros grandes homens de sua época. No fim da vida retirou-se para a côrte de Archelau, rei da Macedônia. Ficou célebre seu ódio pelas mulheres. Tanto que uma lenda dá-lo como morto por um grupo delas. Outra lenda, entretanto, refere que acabou sua existência devorado pelos cães, nas proximidades de Anfípolis, na Macedônia.

Quase idêntico ao que estava acontecendo na "Floresta Encantada" de acapus, copaíbas, cedros, carapanaúbas, derrubadas por fortes homens-mulheres, com os roedores da mata dando fim no que foi derrubado...

O PARAÍSO TROPICAL.

A pirambóia, peixe dipnóico (pulmonado) passava não muito ágil por entre a folhagem submersa, exibindo particularidade interessante, qual seja a de seu ânus ficar do lado esquerdo, perto da nadadeira ventral.

Na Amazônia ele é designado por três nomes vulgares: caramuru, traiíra-bóia e pirarucu-bóia. Traiíra refere-se à traíra devido aos dentes, e pirarucu, ao peixe do mesmo nome; bóia significa cobra.

Estava no seu **habitat** preferido, região submersa e grossa, onde a água rasa, mais frequente. Atingia um metro de comprimento e quando o peixe movimentava a cauda, fazendo evoluções violentas com seu corpo semelhantes às da enguia era facilmente capturado.

Nas águas rasas ficaria até quando fosse possível. Uma vez quase seco o local a pirambóia mergulharia na lama. As paredes abertas no túnel ficariam duras formando uma galeria fechada por uma espécie de tampa com abertura para a ventilação do corpo que ficava curvado e a cauda dobrada sobre a cabeça. Para agarrá-lo seria preciso o concurso de várias pessoas, pois sua pele é muito viscosa, sendo o animal dotado de considerável força muscular.

Alguns dos homens de "Mitzgaynor" tentavam capturar a pirambóia para comê-la assada. Peixe que após as chuvas, liberta-se do lodo e se reproduz. Os ovos são depositados em tocas numa espécie de ninho. O adulto não pode viver exclusivamente do oxigênio dissolvido na água, necessitando do ar da atmosfera, isso obriga o peixe a vir constantemente a superfície...

Na barranca do rio, a árvore guaxinguba trazia em seu bojo nada menos que Debret, o desenhista, pintor e escritor francês que havia vivido 15 anos no Brasil. Jean Baptiste Debret conversava despreocupadamente com os pintores brasileiros Benedito Calixto e Almeida Junior. No chão as sombras das copas e dos galhos das árvores escureciam um pouco o gramado, viveiro de todo tipo. Até debaixo dele, sob camadas de humus os seres microscópios encontravam alimento para sobreviver formando uma cadeia infinita de vidas.

O local ideal, paisagem belíssima dentro da selva, onde o silêncio só era interrompido pelo murmurar das mansas águas dos rios correndo sobre as pedras e levando em seu leito piramutabas, mandis e surubins. As quedas dáguas estavam longe, assim como as aves barulhentas gralhas e arapongas. Canto de pássaro, só os escolhidos, cuja sonoridade não podiam ferir os delicados ouvidos daqueles privilegiados moradores. Especiais, que somente podiam ouvir gorgeios maviosos, suaves sons.

Ali no toldo esmeralda de umbrelas e verdes guirlandas, azulões e uirapurus pareciam ser separados por mãos divinas, de pássaros de cantar estridente. De modo geral, os espíritos incorporados no arvoredo da mata sagrada eram dos mais diversos, do ponto de vista do que tinham sido suas existências anteriores. Mas havia trechos em que grupos se juntavam conforme trabalhos apresentados e modo de vida que haviam levado na Terra como seres humanos.

Caso daquela ala quase que reservada aos artistas. Entre os poetas, dentro da enorme estufa verde gerando flores das mais diversas, estavam os imortais poetas italianos Dante Alighieri eTorquato Tasso. Além de Goethe autor da obra prima "Fausto". Mais Lamartine, Alfred Musset, Baudelaire, Miguel de Unamuno, o poeta dramático Racine, Lorde Byron, Ariosto e outros transformados em grandes árvores.

Juntavam-se com filósofos, críticos, historiadores, escritores, dramaturgos do quilate de Nietzsche, Schopenhauer, entre eles o criador do positivismo Auguste Comte, o consagrado filósofo alemão Schiller e o grande pensador Immanuel Kant. Além do fabulista La Fontaine, do historiador Thomas Carlyle, o mais popular dos escritores ingleses do século XIX.

Músicos e compositores preferiam ficar agrupados num outro canto da "Floresta Encantada". Maestros, concertistas, violinistas, organistas concentravam-se a trocar idéias musicais: Rossini, Schubert, Mascagni, Toscanini, com Tchaikowsky e Verdi — compositor de óperas mais populares de todos os tempos. Sibélius ria com Bach, enquanto conversavam Chopin o grande gênio da música; Schumann, List, Wagner, com Brahms, Bizet (de peças magníficas), Gounod, imortal compositor francês e Massenet.

Naquele pedaço de pulmão do mundo, reserva de oxigênio indispensável ao resto do planeta, feito para quem adorava o silêncio residiam também Velasquez — fenômeno raro. El Greco (Domenico Theotokopuli, pintor, arquiteto, escultor e filósofo espanhol de origem grega). Tiziano, artista extraordinário, fecundo, Rubens, trabalhador incansável, um dos pintores que maior produção deixou. Giotto e outros.

Seu abrigos tanto podiam ser um vegetal alucinógeno como o caapi, outro violento do tipo da alta e esguia virola, ou paricá, parecido com o angico vermelho. Três vultos entretanto destoavam na exuberante mata. Três espíritos que possuiam algo em comum. O pioneiro da navegação aérea dirigida e inventor do mais pesado que o ar — cognominado o "Pai da Aviação", Alberto Santos Dumont. Antero Tarquínio de Quental, poeta, prosador e filósofo português e o pintor holandês da escola post-impressionista, Vincent Van Gogh.

Únicos vegetais, uma andiroba, um açacuzeiro e uma sorveira, morrendo pela própria vontade na mata sadia. Estavam cometendo o suicídio da mesma forma que haviam feito no passado...

Talvez por ter passado na vida anterior uma infância atribulada e triste em consequência de sua orfandade aos 9 anos de idade. Mocidade toda pontilhada de aventuras amorosas, jogatinas, duelos, escândalos e dissipações, Leon Tolstoi também fazia parte dos contemplados com o silêncio que reinava alí. Habitava uma jequitibá — seu descanso talvez fosse um prêmio pela vida agitada que tivera anteriormente. Outro residente da sagrada mata, de vida atribulada passada era Karl Marx, filósofo e escritor alemão fundador do socialismo moderno. Agora simplesmente dentro de um jatobá dos mais avantajados.

Justamente os dois revolucionários foram que alertaram sobre o perigo que rondava a calma colônia da "Floresta Encantada" — para apreensão de todos.

Tinham captado murmúrios, pedidos de socorro de longe, avisos de que os humanos já haviam invadido a mata sagrada proporcionando estragos nunca vistos e logo chegariam naquele ponto dos mais bonitos e sossegados da selva fechada. E todos ali tinham que se preparar para o desastre que talvez não demoraria para acontecer dada a rapidez com que os lenhadores agiam. A selva amazônica sempre foi impiedosa com os conquistadores solitários. Aos grupos, a mata demorava um pouco para derrotá-los, mais conseguiria. Invasores nunca foram bem recebidos, principalmente agora naquela floresta de encantos considerada inviolável.

Os espíritos-residentes estavam dispostos a lutar como na construção de Fordlandia — projeto sonhado pelo empresário norte-americano Henry Ford para inundar o mundo com a borracha dos trópicos. Tinha sido assim também por ocasião da construção da estrada de ferro Madeira-Mamoré. Do projeto Jari. O mesmo acontecendo com a abertura das estradas Transamazônica, Perimetral Norte e outras. O matagal morria mas não se entregava facilmente...

A imponente e bela mata amazônica, somente ficava ao lado do invasor norte-americano quando este enganava que alí não existia petróleo, para benefício das multinacionais que agiam no campo petrolífero. Os técnicos dos Estados Unidos nem precisavam fazer muitas pesquisas geológicas e perfurações de solo para saber que na Amazônia brasileira existiam enormes jazidas de petróleo. Como não necessitavam fazer longos trabalhos de prospecção tão vasto era o lençol petrolífero. Na Bolívia dava petróleo, no Peru idem, Venezuela, Guiana, Colombia se fartavam do "ouro negro"; a bacia petrolífera em toda a Amazônia era a mesma, só no lado brasileiro... não havia petróleo! Os relatórios feitos por técnicos norte-americanos davam, inexistência do precioso líquido negro, ludibriando as autoridades, quando não as compravam...

— Artistas não nasceram para lutar! — Gritou Karl Marx de dentro do jatobá, espantando o gavião-pomba que ali repousava distraído. O alemão socialista, já liderando a ala foi fundo. — Deixem comigo e com o colega Leon Tolstoi, temos certa prática!...

Foi quando os apelos, lamentos e pedidos de socorro que vinham de longe foram confirmados pelas aves que colaboravam na transmissão das mensagens por toda a mata via arara-azul, choquinha, papagaio-de-peito roxo, anambé-vermelho. Músicos, pintores, filósofos, escritores, poetas, escultores, ficaram de sobreaviso. Precisavam começar a agir, porque os invasores eram rápidos, não usavam mais foices e machados mas serras-elétricas, veneno, fogo, dinamite.

Todos foram mobilizados diante do perigo que surgia e muito mais apressados do que eles previam. As vidas dos residentes naquele ponto da mata sagrada deveriam ser passadas em revista. Quem sabe haveria mais algum lutador do passado, ali, que pudesse auxiliar no combate aos invasores?

Com os três que estavam se suicidando não podiam contar, apesar das vidas sensacionais que levaram no passado e dos trabalhos de gênios que deixaram...

O poeta, prosador e filósofo português Antero Tarquínio de Quental, tinha nascido aos 18 de abril de 1842 em Ponta Delgada, ilha de São Miguel, Açores e suicidou-se aos 11 de setembro de 1891 na mesma cidade.

Iniciou os estudos primários em sua ilha natal. Enviado pela família para Lisboa a fim de receber os rudimentos da instrução secundária, cursou as aulas de estabelecimento de ensino fundado por Antonio Feliciano de Castilho. E daí seguiu para Coimbra, matriculando-se na faculdade de direito da universidade onde se formou em 1864. Pertenceu ao grupo literário realista e ao de Coimbra que se opôs às tendências do romantismo em seu país.

— Eu só conheço um homem — dizia Eça de Queiróz — uma exceção, em que o sumo gênio poético se alia à suma razão filosófica. É o nosso Antero de Quental.

Carlos de Laet escreveu também: "Antero de Quental era um pensador original e profundo, em cujo espírito se mesclavam ansiosas aspirações de verdade e dôridos desânimos que, produto ou causa da incurável neurastenia, finalmente o conduziram ao abismo do suicídio"...

O segundo espírito que estava se entregando era nada menos que o pintor holandês, da escola post-impressionista, Vincent Van Gogh. A árvore em que o hospedava com as folhas secas, murcha quase morrendo.

Quando entre nós tinha nascido a 30 de março de 1853, em Zundert (Condado de Brabante), e falecido a 29 de julho de 1890 em Anvers sur Oise (França). Estudou em sua cidade de nascimento, até que em 1871, abandonou os estudos e ingressou na carreira de negócios tornando-se auxiliar de Goupil, proprietário de várias galerias de arte.

Pouco tempo permaneceu nesse lugar, de onde saiu para ir se fixar na Inglaterra, como professor de francês em um pequeno colégio particular, fracassando lamentavelmente. Retornou à casa de seu pais, passando a se ocupar de uma pequena livraria. Dessa época em diante, o misticismo religioso, começou a tomar forma cada vez mais aguda em seu espírito, a ponto de se julgar um enviado de Deus e como tal, partiu para a Bélgica a fim de pregar o Evangelho aos mineiros.

Tão intensos foram seus esforços, que caiu doente, precisando ser levado para casa, onde estabelecendo-se rapidamente, iniciou sua vida de pintor. Estava então, com vinte e oito anos. Muito ligado a um seu irmão, Teo, recebia deste, as tintas e as telas, para poder pintar e assim, pouco a pouco, foi encontrando o verdadeiro caminho de sua vida.

Espírito fraco, de uma mobilidade incontrolável, fazia tudo desbragadamente. Ficava horas seguidas, sob um sol escaldante, reproduzindo as paisagens de seu país, mais tarde da Bélgica e da França. Isso contribuiu para a formação de um tumor, em seu cérebro, que o levou no fim da vida, à loucura, e posteriormente ao suicídio.

Foi amigo íntimo de outro pintor excêntrico, Gauguin, pelo qual possuia uma admiração mórbida. Seus quadros primam pelo colorido vivo e a quantidade de cores é estonteante, quase todos pertencentes atualmente, aos mais renomados museus do mundo.

Obcecado pela religião vivia constantemente dizendo que estava ligado à Terra por laços mais fortes do que os terrenos. A loucura tomou conta do artista nos últimos anos de sua existência. Homem que fracassara em tudo que experimentara fazer na vida, morreu (pobre, tendo vendido apenas um quadro seu) dizendo: "A tristeza durará por toda a vida. A miséria jamais terá fim"...

Por uma ironia do destino, o homem que nunca conseguira ganhar dinheiro com o que pintava e morreu na miséria, teve uma de suas telas — mais precisamente intitulada "Girassóis", de 100 por 76 centímetros e pintada em janeiro de 1889 — arrematada em 1987 (98 anos depois) pela estratosférica cifra de 36 milhões de dólares, tornando-se o quadro mais caro do mundo! Recorde que só foi batido meses depois por outro quadro do próprio Vincent

Van Gogh, "Os Íris", negociado em Nova York por 53 milhões e 900 mil dólares! O mais alto preço alcançado até hoje por uma tela; de autoria daquele que passou de pintor quase ignorado em vida, à artista mais caro do mundo. O quadro representava as flores do jardim do hospício onde Van Gogh estava internado até chegar a loucura total e dar um tiro no peito. Pondo fim a toda uma vida de loucura, dor e genialidade.

Por compaixão familiar, um tio lhe havia comprado alguns desenhos por míseros centavos. E os 5 francos que Vincent Van Gogh recebera pelo único quadro vendido, acabaram em seguida nas mãos de uma menina que mendigava pelas ruas de Paris...

O terceiro espírito enfraquecido, matando a árvore andiroba que o abrigava e que nada mais podia fazer contra a destruição da mata sagrada, era o de Alberto Santos Dumont, "Pai da Aviação", também suicidando-se infelizmente.

Na penúltima vez em que veio ao planeta tinha sido no dia 20 de julho de 1873, em João Alves, Palmira, hoje Santos Dumont. Estado de Minas Gerais e faleceu em Santos, no Estado de São Paulo, a 23 de julho de 1932. Desde moço já possuia forte inclinação para a conquista do ar. Fez seus estudos em São Paulo, viajando depois para a França fixando residência em Paris.

Aí dedicou-se com afinco ao estudo da aeronáutica, construindo um balão a quem deu o nome de "Brasil", fazendo nele sua primeira ascenção a 4 de julho de 1898. Em seguida apresentou uma aeronave maior, que tomou o nome de "A Música". Com esta inscreveu-se num concurso promovido pelo Aero-Clube de Paris, em que tomaram parte 12 concorrentes, saindo-se vencedor após manter-se no ar durante 23 horas consecutivas. A 18 de setembro de 1898 voltou a fazer nova ascenção, agora com sua terceira aeronave, o "Santos Dumont 1°".

Em 1899, quando realizava com o "Santos Dumont 2°" algumas experiências em Nice, teve o seu aparelho despedaçado de encontro a uma árvore em consequência de forte ventania. A 19 de outubro de 1901 realizou sua primeira grande proeza aérea com o "Santos Dumont 6°", pois partindo de Saint-Cloud, fez a volta à Torre Eiffel e regressou ao ponto de partida, cobrindo uma distância pré-estabelecida de 11 quilômetros, positivando assim a dirigibilidade dos balões. Com esse feito fez juz a um prêmio de 100000 francos, instituído pelo milionário Henry Detsch e mais 100 contos de réis oferecidos pelo governo brasileiro.

Toda essa importância foi distribuída entre seus operários e colaboradores. Daí por diante dedicou-se inteiramente ao estudo do mais pesado que o ar. Às 16 e meia horas do dia 23 de outubro de 1906, no relvado de Bagatelle, em Paris, levava a afeito no seu aparelho "14-bis", a primeira demonstração de vôo do mais pesado que o ar, percorrendo uma distância de 60 metros acima do solo, marcando aquele minuto histórico, uma nova era para os destinos do mundo.

Como homenagem ao grande aeronáuta, foi decretado pelo Presidente Vargas, a 4 de julho de 1936, que o dia 23 de outubro fosse considerado em todo o Brasil como o Dia do Aviador.

Entretanto o rumo que tomou a aviação — idealizada para encurtar distância e transformada em arma de guerra e extermínio, entristecia imensamente o velho sábio, que vendo desvirtuada a finalidade de seu invento, acabou seus dias de modo trágico e doloroso — suicidou-se...

O filósofo e escritor alemão, fundador do socialismo moderno, Karl Heinrich Marx, tomou as rédeas do movimento em defesa da "Floresta Encantada" naquele sossegado trecho da mata onde máquinas e homens já haviam chegado. Conhecia bem o ser humano em suas lutas no passado. Sua penúltima passagem por aqui tinha acontecido no dia 5 de maio de 1818, em Tréves, Prússia e havia abandonado o planeta a 14 de março de 1883, em Londres.

Era filho de um advogado, iniciou os estudos em sua cidade natal passando posteriormente para um colégio de Bonn. Frequentou depois, a Universidade de Berlin, pela qual se bacharelou em Direito, Filosofia e História. Desde cedo manifestou acentuadas idéias inovadoras e, desta forma, em 1842, passou a colaborar em jornal eminentemente liberal. O "Rheinischezeitung".

Abandonando seu país, foi viver em Paris, onde, juntamente com Arnold Ruge, publicou seus famosos "Anales Franco-Allemandes" e a partir de 1844, o jornal socialista "Vorwoerts". Em todas estas publicações, redigia artigos baseados na filosofia hegeliana, defendendo sempre o comunismo, e por este motivo, foi expulso de Paris, indo residir em Bruxelas, onde se filiou à uma sociedade secreta comunista, e lançando as bases para a Associação Democrática Internacional.

Manifestou-se por essa época, por toda a Europa, um movimento revolucionário subversivo, tendo à frente, Fevrier, que não foi feliz. Marx, juntamente com outros companheiros, dirigiu-se à Alemanha, onde fomentou e se tornou chefe dos revolucionários, que possuiam seu quartel em Neue Rheinish. Descoberto pela polícia, foi obrigado a fugir para Paris, de onde partiu para a Inglaterra, fixando-se em Londres, onde veio a falecer.

Espírito irrequieto e grandemente sonhador, escreveu inúmeras obras, todas elas pregando o advento de uma renovação na sociedade, e procurando demonstrar que o mal do mundo era o capitalismo. Suas idéias andam, hoje em dia, muito mais vivas que então, desde que a Rússia e outros países, adotaram-nas **in totum.**Escreveu importantes obras mas de todos seus trabalhos, o que realmente o imortalizou, tornando-o um dos expoentes máximos e dos mais discutidos em todo o campo da filosofia, foi o seu "Das Kapital", livro em que procura provar que o mal do mundo repousa exclusivamente na má distribuição das riquezas...

Seu companheiro de luta em defesa da mata sagrada, selva da Mãe-dágua, Curupira, já que os lenhadores estavam se aproximando, o não menos famoso, conde Leon Nikolaiewitsch Tolstoi. Romancista e filósofo russo que havia nascido a 9 de setembro de 1828 em Iasnaia Poliana, Toula, e falecido a 7 de novembro de 1910 em Astapovo, Kiazan.

De origem nobre, teve todavia uma infância atribulada e triste em consequência de sua orfandade aos 9 anos de idade. Sua mocidade foi toda pontilhada de aventuras amorosas, jogatinas, duelos, escândalos e perda de seus bens por negligência. Tomou parte na guerra da Criméia. Em 1852 publicou sua primeira obra "A Infância", seguindo-se logo após "Mocidade", "Encanto", "Dois Hussares", "Os Cossacos", "A Invasão", "Sebastopol", "A Manhã de um Pomestchik". Em 1856 aparecia em São Petesburgo, já sem farda e com fortes tendências socialistas.

Escreveu depois "Guerra e Paz", 1869, considerada sua obra prima e "Ana Karenina", 1876. Viajou pela Suiça, França e Alemanha e nesse período elaborou "Lucerna", "Alberto", "Três Mortos" e "Bom senso íntimo". De regresso à Pátria, seus sentimentos, já então amadurecidos, culminaram com renúncia total de todos os seu bens representados em dinheiro, propriedades e direitos autorais, passando então a viver como simples camponês.

Fez-se profeta, criou nova seita, tornou-se vegetariano e escreveu "Minha Confissão", 1882, "A Morte de Ivan Iliitch", 1886, "Em que consiste Minha Fé", 1888; "A Sonata de Kreutzer", 1890, "Senhor e Servo" e "O Poder das Trevas", 1895; "Ressurreição", 1899, "O Reino de Deus está Dentro de Ti", "O que é a Religião" etc.

Em 1901 a igreja Ortodoxa o excomungou como herege e

ateu. Foi um poderoso intérprete da alma russa e o maior escritor eslavo de todos os tempos. Suas obras abalaram os alicerces de um império despótico e selvagem como o czarismo.

E como curiosidade, que muita gente desconhece, Leon Tolstoi, em 1898 foi eleito sócio correspondente da Academia Brasileira de Letras, tendo ocupado a cadeira nº 17...

Mas na verdade quem acabou interrompendo a invasão do grupo de lenhadores na "Ala dos Artistas" foi mesmo um deles: Leonardo da Vinci, dos maiores gênios que a humanidade conheceu até os nossos dias. Agora, fazia parte da mata sagrada, dentro de uma árvore quina, que produzia o alcalóide contra febres.

Pintor da escola florentina, escultor, naturalista, físico, músico, filósofo, cientista, inventor e arquiteto italiano que tinha nascido em Vinci no dia 15 de abril de 1452 e falecido no Castelo de Coux, França, a 2 de maio de 1519. Gênio, abarcou todos os ramos possíveis do conhecimento. Antecipou o futuro. Concebeu projetos mirabolantes para a época em que vivia, como máquinas de voar, automóveis, e chegou a projetar uma cidade ideal.

A educação de Leonardo decorreu em Florença, Andrea Del Verrochio logo reconheceu o valor do jovem, que se tornou seu discípulo de 1470 a 1477. Nesse ano, passou para o serviço de Lorenzo Borgia. O seu espírito versátil e os trabalhos nunca terminados não o retiveram muito tempo junto de Lorenzo. Passou, pois para a casa dos Sforza, de Milão, onde iniciou o projeto de uma estátua equestre de Francesco Sforza, o fundador da dinastia. A famosa estátua, porém, nunca passou além de um modelo de madeira, logo destruído. Leonardo desempenhou várias atividades, além da de pintor, desenhista, técnico em balística, mestre de cerimônias etc.

Os engenhos de guerra, os planos de irrigação artificial da Lombardia e, finalmente, a "Última Ceia", pintada no refeitório do convento de "Santa Maria Delle Grazia", são os trabalhos que mais o distinguiram durante sua longa permanência em Milão. Quando os franceses invadiram o norte da Itália, Leonardo retirou-se de Milão e ligou-se temporariamente a Cesar Borgia. Depois da derrota deste, iniciou em Florença o retrato de Mona Lisa, a célebre "La Gioconda".

Leonardo voltou novamente a Milão, mais uma vez sob o poder francês. Mais tarde, ligou-se outra vez aos Sforza. Quase no fim da vida, aceitou a proteção de Francisco I, de França, e passou a viver no castelo de Coux de Ambroise.

Além dos retratos a óleo, de notável perfeição anatômica, deixou afrescos nas igrejas das cidades onde viveu; tratados sobre pinturas, filosofia, física e história natural. Seus mais famosos trabalhos foram "La Gioconda"; "A Última Ceia"; "A Virgem de Sant'Ana"; "A Virgem dos Rochedos"; "A Adoração dos Reis Magos"; "Baco"; "São João Batista"; "A Batalha de Anchiari" e outros conservados nos museus da Europa. Isto na pintura, em outros setores deixou inúmeros protótipos e projetos, em sua maioria incorporados a mais avançada tecnologia mundial, imaginados há... 5 séculos atrás...

Com referência a ar deixou estudos sobre máquinas para voar e instrumentos para estudos da atmosfera. No segmento água, fez outro tanto de projetos hidráulicos e náuticos. Em terra, foram encontrados estudos seus mostrando máquinas relacionadas às áreas de mecânica, ótica e arquitetura. Além de projetos bélicos, desse inigualável gênio renascentista...

De início, alguns moradores estranharam. Como poderia um pintor embora famoso, segurar a avalanche destruidora dos lenhadores, destruidores da mata sagrada?

Acontece que Leonardo Da Vinci não era um simples pintor, talvez o maior do mundo em todos os tempos. E sim, arquiteto, mecânico, urbanista, músico, biólogo, matemático, astrônomo, inventor, engenheiro, fisiólogo, químico, escultor, botânico, geólogo, cartógrafo, físico; precursor da aviação, da balística, da hidráulica; inventor do escafandro, do pára-quedas e até do isqueiro. Idealizou um levantador de pesos (o "macaco" para levantar automóvel de hoje), projetou tanques de guerra, submarinos e canhões.

Sua inquietação intelectual abrangia campos de interesses diversos como a anatomia, a biologia e a mecânica. Além de tudo isso, era um valente guerreiro, tendo servido sob as ordens de Cesar Borgia, comandante-em-chefe do exército do Papa Alexandre VI.

Um gênio; o maior de todos os tempos! Cuja consciência cósmica iluminou o mundo a sua volta, e cuja curiosidades também não conheceu limites. Sua mente poderosa abriu caminhos e atalhos que foram da bicicleta, a objeto-voador. Seus desenhos anatômicos, feitos do real descrevem com exatidão a mecânica dos membros e as formas elementares dos tecidos dos corpos; ele intuiu a circulação do sangue, e conhecia perfeitamente os músculos e nervos do corpo humano.

Aplicou ao olho as leis físicas da refração. Das plantas conhecia as leis que presidem a disposição das folhas na haste e compreendeu a importância da luz solar, do ar, da água e dos sais minerais na vida vegetal. Sabia a origem de cada uma das camadas das rochas. No campo da química, construiu uma admirável teoria da chama, da qual soube distinguir as diversas partes em relação à luminosidade e à temperatura, antecipando em três séculos à Lavoisier. E muito mais: teve o conceito de vastidão de espaço cósmico, da redondeza da Terra e definiu as leis do atrito. Além do que, percebendo os desastres que ameaçavam o ducado, imaginou armas fantásticas para manter o inimigo à distância.

Leonardo anotou todas as suas descobertas, todos os seus inventos, escritos da direita para a esquerda, como se fosse chinês ou árabe. Em cadernos ilustrados que chegavam a milhares de páginas, tendo algumas delas, monstrando projetos e protótipos que não funcionavam até muito tempo atrás porque cada um tinha uma espécie de "armadilha" diferente para que não fossem copiados por outros inventores renascentistas...

O cientista que inventou máquinas precursoras do helicóptero, da asa-delta e do relógio moderno, conseguiria deter os lenhadores norte-americanos? Sim, todos acreditavam nisso; no homem que um dia disse: "Aprender é a única coisa de que a mente nunca se cansa, nunca tem medo e nunca se arrepende"...

O genial criador da "Última Ceia" e "Gioconda", mais conhecidos quadros até hoje, o mesmo sábio que antecipou num século, os estudos de Galileu sobre o movimento dos astros. Descobriu que a Terra não era o centro do universo e que o sol não se movia. Só que prudentemente não divulgou suas anotações. Soube também prever com sabedoria o risco que corria se tais informações fossem divulgadas...

Não foi à toa que Sigmund Freud comparou-o a alguém que "acordou muito cedo, nas trevas, enquanto todos dormiam"...

Da mesma forma, que um século antes que Bacon filosofasse sobre o método experimental e Galileu o pusesse em prática, o colosso italiano do renascentismo empregou-o efetivamente, Leonardo Da Vinci mais uma vez agiria na frente dos demais. Como fizera com maquetes de máquinas impressoras, pontes giratórias de inúmeras engrenagens...

A "máquina de balas" de Leonardo Da Vinci que deu início as metralhadoras e canhões foi encostada. Hoje estaria superada diante das modernas armas portadas pelos lenhadores norte-americanos na mata sagrada. O espírito inventivo do gênio renascentista sempre na vanguarda trabalharia com o que fosse possível ser utilizado na "Floresta Encantada".

Não demorou muito. Por ordens suas, os animais cavadores — puxados por milhares de tatu-bolas e canastras — começaram a cavar durante a noite, centenas de profundos buracos procurando minar o terreno por onde os lenhadores agiriam na parte da manhã. Em seguida todas as outras árvores também colaboraram jogando parte de seu galhos e folhas no chão, que os animais se encarregavam de espalhar sobre os inúmeros poços abertos, onde um homem ao cair não teria possibilidade de subir a superfície.

Ajudavam na operação — abertura, remoção de terra e disfarce — lobos-guará, lontras, doninhas, ariranhas, cotias, ratos, preás e formigas. Até os lentos preguiças-coleira e tamanduás-bandeira prontificaram-se a colaborar no que fosse possível.

Ao amanhecer os invasores começaram a cair nas armadilhas idealizadas por Da Vinci; única maneira que encontrara para conter a destruição considerando o pouco tempo que tinha e a imobilidade em que se encontrava.

Com a floresta minada os lenhadores encontraram dificuldades para prosseguir em seus trabalhos de irracional desmatamento. Quando homens não eram catapultados para longe ou levantados pelos pés e pescoço, por fortes cipós, passavam a ser jogados em buracos que surgiam a todo instante. Como se o terreno fosse transformado em imenso queijo mole, esburacado e lamacento, auxiliando no péssimo estado por forte aguaceiro que veio na hora para auxílio dos vegetais e desespero dos homens.

Várias pessoas desapareceram para sempre nos poços abertos com mato por cima, enquanto o que restou da equipe encarregada de destruir a mata sagrada fugiu para reclamar do terreno minado ao chefe "Mitzgaynor". Por algum tempo a "Ala dos Artistas" permaneceria livre dos invasores. Sorte das samambaias de belos desenhos. De arbustos, folhas, da selva que encerrava cem famílias diferentes de vegetais em metro quadrado. Mas por quanto tempo conseguiriam os gênios antigos derrotarem a moderna tecnologia dos homens maus, atuais?...

O INFINDÁVEL NÚMERO DE HÓSPEDES ILUSTRES DA SELVA.

O trabalho inicial, o desbravamento, era executado por turmas de picadas que partiam para a mata, em helicópteros; único meio de transporte pois os rios não permitiam a navegação. Os lenhadores portando como "rancho", carne enlatada, **bacon, hamburger,** salsicha e linguiça, deram uma parada no serviço diante do adiantado da hora e a fome que já os atormentava.

O vento proporcionado pelo movimento das hélices dos helicópteros espalhava a semente totalmente alada. Pareciam pedaços de papéis de seda voando para todos os lados, característica que favorecia a disseminação da espécie pelo vento. Assim os galhos das candeias do cerrado, árvore não muito comum na selva fechada, preferindo cerrados e cerradões, de madeira de ótima qualidade e notável resistência no solo, soltavam seus frutos na forma de vagens com vários compartimentos. Cada um contendo uma única semente envolta em pergaminho.

A araponga alertou estridentemente, parecia martelar numa lata, quando os derrubadores da mata sagrada chegaram no pedaço escalado entre a planta aquática vitória-régia cercada de balsedos e canaredos. Devido aos solapões abertos misteriosamente no trecho anteriormente vasculhado pelos homens-serras, e que havia ocasionado o desaparecimento de alguns deles, resolveram contornar, esperar as chuvas pararem e reiniciar a derrubada por ali.

Na missão destruidora iniciada deram com a maior árvore até então aparecida. A sumaumeira guardava com muita cautela o espírito de Homero. O poeta grego que havia vivido entre o X ou IX do século a.C.

Os dados referentes ao seu nascimento e morte ainda estavam e talvez permanecessem na obscuridade. Tão antigos os detalhes que nem mesmo o velho espírito lembraria por mais esforço que fizesse. O que importava mesmo eram os fatos ocorridos durante sua vida entre nós.

Apesar dos anos, a imponente árvore permanecia intacta, como símbolo da importante "Floresta Encantada" a desafiar os homens do ruivo homossexual "Mitzgaynor", cada vez mais assustados com os obstáculos oferecidos pela fechada selva.

Tinha sido Homero o mais festejado poeta da antiguidade. Sete cidades disputam-lhe o berço. Através dos séculos, seu nome tem se cercado de uma auréola de misticismo e de lenda. Diziam os gregos, que ele havia nascido na Jônia e era filho de Moeone e de Apolo, tendo vindo ao mundo assistido por nove virgens, e seus vagidos infantis se assemelhavam ao gorgeio dos pássaros, no entanto, o que é certo, é ter o grande poeta vivido em época posterior a guerra de Tróia e haver empreendido várias viagens com o fito de adquirir conhecimentos.

A origem de seu próprio nome, é discutida. Para uns, Homero quer dizer "cego"; para outros, "refém". Wolff, erudito filólogo alemão, precursor da corrente que nega a individualidade do vate grego, querendo ver em suas obras — "Ilíada" e a "Odisséia", nada menos que a compilação literária de vários autores pertencentes à escola Jônica acha que a palavra deriva do grego **Homereo** que quer dizer "reunir".

Atualmente, no entanto, isto não é mais aceitável, porque já se provou que estas duas obras — "Os mais perfeitos poemas épicos da humanidade", foram grafados por um único indivíduo. Por ter sido composto antes da existência da palavra escrita, só posteriormente, é que se eternizaram, tomando a forma atualmente conhecida, pelo trabalho de compilação de Pisistrato e seu filho Hipparco.

A "Ilíada", de Ilios Tróia, tem por assunto a guerra movida pelos gregos aos troianos por motivo do rapto de Helena, esposa de Menelau, seduzida por Páris, filho de Príamo, rei de Tróia. A "Odisséia", de Odisseus (Ulisses), narra a longa e acidentada viagem de regresso do astucioso herói grego à sua pátria, a ilha de Ítaca. Um e outro poema encerram as primeiras pinturas da civilização européia. O seu interesse humano é extraordinário pela verdade, naturalidade e vigor das descrições...

Quem ultrapassasse a enorme sumaumeira depararia com palmeiras de vários tamanhos na frente duas parecidíssimas até nas tonalidade e repletos de barulhentos pavis, chauás, chorões, anambés e pintores verdadeiros.

As duas palmeiras (carnaúbas) pareciam almas gêmeas. Iguais em tudo, na altura, grossura dos troncos e até no número de folhagens. Numa morava Alexandre Dumas, pai e na outra Alexandre Dumas, filho.

Romancistas e dramaturgos, na penúltima vez que habitaram o planeta.

O pai havia nascido aos 2 de junho de 1803 em Villers Cotterets e falecido aos 5 de dezembro de 1870 em Puys. Seine Inferieure. Em 1826 fez sua estréia literária com "Nouvelles". As representações teatrais de Shakespeare despertaram-lhe a vocação dramática. "Henrique III e sua Côrte", 1829, valeu-lhe não só a popularidade, mas a promoção para bibliotecário, na casa do Duque de Orléans, onde servia como ajudante de secretário, desde sua vinda para Paris quando ainda muito jovem ainda.

A seguir escreveu muito. Dumas em virtude da sua anormal produtividade intelectual, estabeleceu-se com o "Teatro Histórico", a fim de poder atender as representações de suas obras. Como político desde 1848, viu-se obrigado a expatriar-se para a Bélgica, após o golpe de Estado de 1852. Parte em 1860 para a Itália, onde foi companheiro e historiógrafo de Garibaldi, obtendo a nomeação de conservador dos museus napolitanos. Regressando à França continuou escrevendo mais romances, não conseguindo, entretanto o sucesso dos antecedentes. Sua produção literária atinge cerca de 300 obras. Dumas viveu exclusivamente da literatura. Foi o mais popular do seu tempo e um dos mais fecundos até hoje. Os mais famosos de seus livros foram "Os Três Mosqueteiros" e "O Conde de Monte Cristo"...

Alexandre Dumas Filho, nasceu a 29 de julho de 1824 em Paris e faleceu em 27 de novembro de 1895, em Marly-le-Roy. Era filho natural do escritor francês do mesmo nome. Iniciou seus estudos com Goubaux, um dos auxiliares de seu pai, passando depois para o Colégio Bourbon.

Em 1839, foi reconhecido por seu progenitor, continuando seu curso em 1841, no Colégio de M. Henon. Com 18 anos, abandonou a família e começou a viver por seu próprio esforço, como modesto funcionário de uma repartição ministerial. Tenta, em 1842, as letras, tendo feito publicar seus primeiros versos no "Cronicle". Estes, enfeixados a mais outros, aparecem mais tarde em um volume que recebeu o nome de "Princípios da Vida".

Durante alguns anos viu-se completamente desamparado, não sabendo que caminho seguir, até que em 1847, resolveu-se definitivamente pela literatura, escrevendo um livro que não logrou o menor êxito. Sendo seu pai designado para historiógrafo do casamento do Duque de Montpensier, acompanhou-o em sua viagem à Espanha, onde passou à Algeria, retornando, finalmente, à França.

É desta época em diante, que seu verdadeiro gênio literário se manifesta, tornando-se um dos maiores e mais conhecidos romancistas da atualidade. É de 1848, a sua obra-prima — "A Dama das Camélias" mundialmente famosa e traduzida em quase todos os idiomas do globo inclusive o japonês, o que era difícil de acontecer naquele tempo. Degrau a degrau ascendeu ao alto da glória, ocupando em 1875, um lugar na Academia Francesa de Letras, mas, desde o ano anterior, já era membro da Legião de Honra. Sempre foi muito amigo dos artistas, seus contemporâneos. Deixou também como o pai, boa bagagem literária...

Outras palmeiras representavam nomes importantes. Atrás daquelas que habitavam os espíritos dos Dumas (pai e filho), vinha a do autor da obra que o tornou célebre "Arithmetica Universal". Isaac Newton, físico, matemático e astrônomo inglês.

Além desse livro, publicado em 1707, em 1683 já havia composto os seus "Princípios Matemáticos de Filosofia Natural", onde apresentou pela primeira vez, a teoria da Atração Universal. Aí explicou a maior parte dos fenômenos do mundo, como são as marés, a precisão dos equinócios etc. Como base de todos os processos de movimentos, estabeleceu as leis básicas do mesmo, chamadas "Axiomas Newtorianas".

A sua lei da Gravitação Universal data pois, de 1666. Foi

o autor do cálculo diferencial e integral, Newton, que sempre havia feito leis teóricas, começou a realizar experiências com grande sucesso. Demonstrou com ensaios que as cores podiam formar-se da luz branca por refração e que, da mistura de todas as cores se obtem a cor branca. Foi o expoente da teoria da emissão aplicada à luz. Escreveu "O Tratado da Quadradura das Curvas".

Isaac Newton havia nascido a 25 de dezembro de 1642 e morrera no dia 28 de março de 1727. Estava agora na forma de palmeira, na mata sagrada. Nome que honra a humanidade e o mundo científico pelo valor do seu trabalho e pelo intenso aproveitamento da sua inteligência privilegiada. Newton nascera exatamente no mesmo dia em que Galileu deixara o mundo...

Todas aquelas inteligências do passado seriam destruídas pelos broncos lenhadores, por ordens superiores de quem queria se apoderar da Amazônia. No machado, na foice, serra-elétrica; através de veneno, do fogo e até da dinamite. Qualquer método valia para os ignorantes demolidores do verde, acabarem com a mata sagrada, que encerrava o que o mundo havia dado de mais importante em todos os tempos.

Os homens do homossexual "Mitzgaynor" que só paravam um pouco com a destruição quando faziam sexo entre eles ou iam pescar alguns pintados e tucunarés, estavam próximos daquelas figuras que tantos benefícios prestaram ao mundo. E destruiriam mais. A próxima palmeira era **habitat** nada menos que do fundador do Protestantismo Luterano. O vizinho agora na mata sagrada, o reformador religioso alemão, Martinho Lutero.

Lutero havia passado no planeta, quando nascera a 10 de novembro de 1483, em Eisleben, na Turingia e faleceu a 18 de fevereiro de 1546, nessa mesma cidade. Aos 14 anos, matriculou-se na Escola Latina de Magdeburgo, de onde, em 1498, passou para a de Eisenach. Ingressando em 1501, na Universidade de Erfurt, aí diplomou-se em Filosofia. Abandonou, nesse mesmo ano, os estudos de Direito e entrou para a Ordem de Santo Agostinho, sagrando-se sacerdote em 1507. Encarregou-se da Cátedra de Teologia, de sua confraria religiosa, em Erfurt.

Empreendeu viagem à Roma, em 1511, recebendo má impressão dos costumes reinantes no seio do catolicismo. Doutorou-se em 1512, em Teologia e substituiu a Staupitz, na Cátedra de Exegesse Bíblica. Formulou princípios religiosos, dos quais deduziu consequências, negando a autoridade do Papa, a hierarquia eclesiástica, o celibato dos padres, os votos monásticos, o culto dos santos, o purgatório e a missa.

Propôs 95 teses, as quais, afixadas em Wittenberg, a 31 de dezembro de 1517, foram matéria de discussões públicas entre teólogos. Roma iniciou processo em 1518, concluído com a bula "Exurge, Domines", de 15 de junho de 1520, que o excomungava.

Lutero recebeu a bula de Leão X, e queimou-a, diante de numerosa multidão. A Dieta de Worms citou-o em 1521. Recusando submeter-se, desterraram-no do Império. Frederico, eleitor do Saxe, seu protetor, num simulacro de prisão, deu-lhe asilo, por 10 meses, no castelo de Warburgo. Em seguida, até 1526, pregou sua reforma. Em 1525, tinha já casado-se com a ex-religiosa Catarina de Bore.

De 1526 a 1529, ajudado por Melanchton, compôs a liturgia de sua nova Igreja. Bateu-se até o fim de sua vida pelos princípios que formulou. Escreveu inúmeras obras a respeito...

Outra palmeira (carnaúba), abrigava o espírito do notável criador da literatura científica e consequentemente um grande vulgarizador do progresso técnico.

Um homem que nunca havia viajado longamente, jamais se afastou de seu país mas que possuia uma mente criativa como poucos. Seu nome aqui na Terra: Julio Verne.

O escritor francês havia nascido em Nantes a 18 de fevereiro de 1828 e falecido a 24 de março de 1905, em Amiens. Terminado os estudos secundários em sua cidade natal, partiu para Paris a fim de cursar advocacia. Estreou-se na carreira literária com "Os Contratos Desfeitos" e logo lançou alguns libretos de óperas-cômicas. Em 1863 aparece "Cinco Semanas em Balão", novo gênero de literatura de ficção baseado em invenções e aperfeiçoamentos científicos e técnicos, onde o engenho prodigioso e previdente de Verne antecipa as realizações do século XX.

Publicou depois: "Viagem ao Centro da Terra", 1864; "Da Terra à Lua", 1865; "O Deserto de Gelo, aventuras do capitão Hatteras", 1868; "Os Filhos do Capitão Grant", "Vinte Mil Léguas Submarinas", "A Ilha Misteriosa", "Os Ingleses no Polo Norte", "Os Náufragos do Ar" e "A Roda da Lua", 1870; "A Cidade Flutuante", 1871; "A Volta ao Mundo em 80 Dias" e outros, como o famoso clássico "Miguel Strogoff".

Suas obras foram apresentadas no teatro, alcançando ruidoso sucesso. Seus livros, todos foram muito procurados pelo público do mundo inteiro. O trabalho literário de Verne obteve tal popularidade que chegou a ser traduzido em quase todas as línguas, inclusive árabe e japonês. Inúmeros de seus livros foram premiados pela Academia Francesa de Letras...

Os lenhadores espantaram alguns beija-flores-de-rabo redondo e beija-flores-de-orelha azul, que batiam as asas, parados no ar com a invasão dos intrusos. Acharam uma picada natural e por elas um por um dos dez homens abaixavam-se para melhor penetração na mata fechada de buçús e paxiúbas. Em consequência disso todos eles eram obrigados a esfregar-se num pé de urtiga, habilmente preparado para isso. Caíam assim os homens de "Mitzgaynor" na armadilha preparada por Cervantes, como única maneira de vingança.

O novelista, dramaturgo e poeta espanhol Miguel Cervantes de Saavedra não podia impedir de que os lenhadores invadissem a "Floresta Encantada" mas iria atrapalhá-los ao máximo, agora que estava transformado num pé de urtiga, Espanhol teimoso estava ali. Os inimigos iam ver novamente o valor do homem nascido em 9 de outubro de 1547, em Alcalá de Henares e que havia falecido a 23 de abril de 1616, em Madrid, na penúltima vez que estivera entre nós.

Filho de fidalgos empobrecidos levou uma vida aventurosa, tendo se alistado no exército em 1570. Tomou parte em várias batalhas, ficando sem sua mão esquerda em Lepanto. Apesar disso combateu os turcos em Navarino, na captura de Tunis e na malograda expedição à Galeta. Seguiu depois, ainda como militar, para Palermo e Nápoles. Retorna então à Espanha, mas tem a infelicidade de cair prisioneiro dos mouros, sendo vendido mais tarde, em Argel, como escravo, a um grego. É finalmente resgatado por uma mínima quantidade de dinheiro.

Cansado se submete a um emprego público, levando desde então uma vida de privações. Seu espírito irrequieto não descansa e escreve uma pastoral em versos — "Galatéia", 1584. Logo a seguir, recordando-se de seu cativeiro, escreveu a peça teatral — "A Vida em Argel". Seguiram-se mais vinte produções cênicas. Tendo sido preso novamente por dívidas, iniciou no cárcere a obra que o haveria de imortalizar — "El Ingenioso Hidalgo Don Quijote de la Mancha", cuja primeira parte surgiu, em 1605, quando seu nome ainda estava longe da celebridade.

Sátira tremenda e genial dos costumes decadentes dc sua época, não foi, no entanto acolhida no seu real valor, cabendo à posteridade, colocá-lo em seu devido lugar. Escreveu ainda novelas e comédias diversas. Apesar de se haver elevado à categoria dos maiores escritores mundiais, morreu pobre e ignorado, perdendo-se em meio à indiferência um dos gênios da literatura universal.

Como iria sucumbir mais uma vez, na forma de simples vegetal que nem ao menos bonita e imponente aparência possuia. Agora que um dos invasores com a dor pela queimação da urtiga já havia cortado um de seus maiores galhos com o facão. Da mesma maneira que Cervantes havia perdido a mão esquerda quando da forma humana.

Todos os homens que foram atingidos pelo pé de urtiga, raivosos pela dor avançaram de armas em punho. Em pouco tempo nada mais existia, de Miguel Cervantes de Saavedra...

A DESTRUIÇÃO PROSSEGUIA.

Um dos lenhadores norte-americanos atirou num cervo, animal em extinção, e matou-o apenas para fazer um cinto com pedaço de seu couro. Questão de capricho porque material **made in USA** de primeira não faltava no acampamento. Animal morto, que vivo num zoológico de qualquer país civilizado deveria valer uns dez mil dólares pelos poucos exemplares que ainda existiam.

Naquele pedaço da "Floresta Encantada" por onde corriam rios que abrigavam peixes-boi, jandiás, aruanãs e a canarana protegia as cobras, residiam também os espíritos de Edmond Rostand, dramaturgo francês, do sociólogo inglês Spencer, do comediógrafo espanhol Lope de Vega, do contista dinamarquês Hans Cristian Andersen, do poeta escocês Walter Scott, do filósofo holandês Spinoza, do filósofo norte-americano Emerson, do militar brasileiro Duque de Caxias.

E ia prolongando-se a lista de moradores importantes que gostavam de ouvir do pintassilgo ao azulão: o teatrólogo italiano

Alfieri, o bispo e filósofo irlandês Berkeley, o militar chileno O'Higgins, o papa Bonifácio II, o dramaturgo francês Delavigne, o poeta alemão Heine. D. João VI, rei de Portugal, o músico alemão Weber, Smolet, literato escocês, George Washington, estadista e militar norte-americano.

A relação, imensa a maneira que ia se desenrolando pela selva de verde paisagem composta de várias tonalidades, onde viviam pacificamente a onça feroz e a pomba-rola.

Assim, a troca de idéias não parava. Informações atravessavam rochas, cortavam matas sombrias, percorriam os rios, cruzavam o espaço em todas as direções. Ora, a voz do compositor alemão Offenbach, ora do filósofo moralista francês Montaigne. Ou então do filósofo holandês Erasmo. Almeida Garret, romancista, orador; escritor Abade Prevost e também do poeta de Minas Gerais mas nascido na verdade em Portugal, Tomaz Antonio Gonzaga.

Do educador francês Fenelon, ao filósofo inglês Francis Bacon. Todos tinham o direito de opinar na mata sagrada. Parecia não ter fim a corrente de ex-humanos importantes. Do literato e filósofo francês Helvetius, aos conterrâneos, o poeta Lamartine e o historiador Michelet...

A maneira que a selva se prolongava através de galhos, ramos, raízes, folhas, cipós, iam se encontrando o físico e químico inglês John Dalton, agora na forma da guaxinguba, e que em convívio com o filósofo John Gough passou a estudar a natureza diretamente. Em 1787 iniciou um diário metereológico, que manteve pelo espaço de 52 anos consecutivos fazendo mais de duzentas mil observações. Em 1804, publicou "Meteorological Observations an Essays". Dalton sofria de cegueira das cores. Dessa descoberta da sua própria deficiência, surgiu o conhecimento sobre o "daltonismo".

Em 1822 John Dalton visitou Paris, tendo oportunidade de entrevistar-se com Laplace, Berthollet, Gay-Lussac e Humboldt. Os habitantes de Manchester, em vida erigiram-lhe, uma estátua de mármore em reconhecimento e gratidão. Esse estudioso da meteorologia, botânica, matemática, hidráulica, entomologia, navegação, geografia, gramática, o gênio Dalton, exerceu perpetuadora influência na vida da humanidade...

Daniel Defoe (agora transformado em vistosa e enramada andiroba) era outro ilustre morador da mata sagrada. Escritor, político e romancista inglês, autor de "Aventuras de Robinson Crusoe" e outras obras. E que não obstante imensa produção literária, morreu em completa miséria.

Charles Perrault, literato e poeta francês que alegrou tanta criança do mundo inteiro, com as histórias de "O Gato de Botas", "A Gata Borralheira", "A Bela Adormecida", "Os Contos da Carochinha", as quais por seu engenho e graças resistem ao tempo, popularizando-lhe o nome. Ninguém o conhecia na forma de ingazeira onde morava também o ganso-cor-de-rosa. Jonathan Swift, escritor inglês autor de "Gulliver", de infância triste e enfêrmica, dentro da imponente sucuuba a contrastar com a mocidade, fraca quando humano.

Baden-Powel (grande cedro dava guarida à seu espírito), oficial do exército britânico e fundador do escoteirismo, organização mundialmente conhecida. Robert Stephenson Smyth Baden-Powel, que passou a general por bravura nos campos de batalha, e elevado em 1929 à dignidade de Barão Baden-Powel.

Emil von Behring, objeto das maiores distinções por parte de seu país e de todos os seres humanos, pois dedicou toda uma vida para o bem de seus semelhantes. Bacteriologista alemão verdadeiro apaixonado do laboratório, realizou longas e importantes investigações sobre antisséticos e desinfetantes, principalmente o iodofórmio. Estava protegido dentro de uma carapanaúba na "Floresta Encantada".

Demonstrou, Behring, experimentalmente, que o soro sanguíneo de uma pessoa imunizada contra uma enfermidade infecciosa, tem a propriedade de igualmente imunizar outra pessoa em cujo sangue se inocula. Era a moderna soroterapia, que serviu de base a Roux na cura da difteria. Graças ao soro anti-diftérico, milhares de pessoas, principalmente crianças, tem sido salvas. Em 1901 Emil von Behring foi laureado com o Prêmio Nobel.

Até sua morte, não descansou com seus trabalhos de laboratórios, sempre investigando e estudando novos sôros que servissem para curar os males da humanidade...

Enquanto isso, como paga aos esforços de muita gente que habitava a mata sagrada, os lenhadores punham a selva abaixo prejudicando com isso os espíritos-vegetais que ali formavam vastíssima colonia, em grande parte composta de salvadores. E que agora protegiam araras, periquitos, morcegos, antas, tamanduás, ratos.

Rabelais também fazia da selva, seus descanso. Humorista, monge e médico francês, François Rabelais, ordenou-se em 1524 sacerdote e sentindo que ereara de vocação, abandonou a carreira, tendo levado uma vida aventureira durante anos. Sua aparência era das mais simpáticas, encantador pela conversação, e sempre demonstrando considerável erudição e vastos conhecimentos de latim e grego.

Médico. No fim da vida, François Rabelais tornou-se cura de Meuden, e sendo atacado pela Sorbone, que o suspeitava de heresia, abandona o curato e morre no esquecimento. Tornou-se conhecido na posteridade, através de sua genial obra satírica, um dos fabulosos livros escritos até nossos dias, "Vida de Gargantua e Pantagruel", composto de 5 volumes, escritos entre os anos de 1533 até 1564. Além desta, escreveu outras obras, menos conhecidas, mas absolutamente não destituídas de grande valor, quer literário, quer científico ou erudito.

Entre as histórias fantásticas e gracejos de Rabelais, se encontram pensamentos elevados e idéias de grande senso. Trabalho desigual confuso, porém, farto em ensinamentos, através das suas narrativas cômicas, onde se avulta um profundo conhecimento da alma humana...

Mais para a frente encontrava-se na "Floresta Encantada", Francesco Petrarca, poeta e humanista italiano. Como poeta de talento invulgar, grangeou renome na côrte de D. João XXII lá pelos idos de 1330. Escreveu durante anos sonetos e canções. A popularidade de Petrarca foi incomensurável, entretanto, tornou-se famoso como sábio.

Homenageado solenemente no Capitólio, em Roma, a 8 de abril de 1341, dia da Páscoa, com a coroa de louros, depõe esse laurel ao pé do altar de São Pedro, com oferenda renda religiosa. Escreveu "África" sobre a guerra e outras obras. Inclusive "Trionfi", poesias inspiradas nos seus amores platônicos por Laura de Noves. Petrarca se situou eminentemente na história da literatura. Foi ele, o primeiro dos grandes humanistas e o primeiro dos grandes literatos da Renascença...

Ao penetrar nos meandros daquela selva importante novos vultos surgiam, como Montigny, que havia estado no Brasil, em 1816, integrando a Missão Artística Francesa. Missão essa contratada pelo Marquês de Marialva, representante de Portugal na França. Constiuída por professores de pintura, escultura e arquitetura. Sua influência arquitetônica e pedagógica se fez sentir logo que aqui chegou...

Uma simples árvores sucupira preferida de bicudos e mutuns, daquela selva misteriosa podia estar abrigando Justus von Liebig, considerado o criador da química orgânica. Químico alemão que entre as suas descobertas destacam-se o método de pratear o vidro; a preparação artificial dos ácidos tartárico e hipúrico; a aplicação do ozono no branqueamento dos tecidos vegetais; a transformação do álcool em ácido acético etc...

Ou então cruzar com uma andiroba tendo em cima o cuxiu-de-nariz branco; morada de James Watt, engenheiro escocês, que apesar de família muito pobre, aproveitou desde cedo suas aptidões para a mecânica. Em 1769 já obtivera cinco patentes por suas invenções e montou uma indústria de máquinas a vapor. Além de várias invenções relacionadas com a máquina a vapor, devem-se a ele, ainda as de uma prensa para copiar cartas, um aparelho para secar tecidos etc. Tendo ainda participado das pesquisas para descobrimento da composição da água...

De uma lado poderia numa singela árvore pau-amarelo que abrigava um sagui-da-serra, conter o espírito de Johann Friedrich Theodor Muller — O Fritz Muller, famoso naturalista alemão, também conhecido nos meios científicos, por Muller-Desterro, que acabou falecendo em Santa Catarina, aqui mesmo no Brasil.

Especialista em botânica, antes de terminar o curso, envolveu-se nas lutas políticas que convulsionavam a Prússia. Descontente com os acontecimentos políticos, e desejoso de aperfeiçoar seus estudos da natureza, por meio do conhecimento de novas terras, resolveu-se a emigrar, embarcando com sua família para o Brasil, em maio de 1852, vindo a estabelecer-se na então colônia de Blumenau. Viajou muito por nossa terra.

O valor de seus estudos sobre zoologia e botânica granjeou-lhe renome internacional. Entre seus livros, o mais importante é "Fuer Darwin", editado em 1864. São de sua autoria a enunciação aperfeiçoada da ontogênese (série de transformações sofridas pelo indivíduo desde a fecundação do ovo até o ser perfeito) e a teoria do mimetismo que tem seu nome...

Ou de outro lado da mata sagrada onde a cerração cobria um vale florido tendo no alto observando o movimento, o atento gavião-real, ainda se esbarrar no arbusto em que abrigava o espírito de Alfredo de Escragnolle Taunay, escritor, militar e político brasileiro. Que fez parte do corpo de engenharia da expedição enviada a Mato Grosso para invadir o Paraguai pelo norte. Depois de marchas e contra marchas, entrou a coluna em país inimigo, mas foi a mesma forçada a empreender a retirada, de Laguna ao Aquidauana. Dizimado pela peste e pelos incêndios ateados nos campos, falho de víveres e sem rumo, esse punhado de homens suportou galhardamente a dolorosa odisséia.

Narrou Taunay esse glorioso feito na "A Retirada da Laguna" em 1871. O imperador nomeou-o Visconde. Visconde de Taunay é uma das eternas expressões da literatura brasileira...

Tanto podia surgir a voz de Damião de Góis de dentro da macaúba onde se protegia o mico-leão-da cara dourada, como a de Miguel Hidalgo Y Costilla de uma acuúba contendo, também o mico-leão preto e o calimico. Conversando entre os vegetais, já que os humanos não ouviam o precioso som das figuras do passado que tanto tinham lutado para o engrandecimento da humanidade.

O escritor português Damião de Góis, que auxiliou em sua obra de conciliação entre católicos e protestantes. E que por intrigas de inimigos levaram-no aos tribunais da Inquisição, sob a acusação de antiga adesão à doutrina de Lutero e outros reformadores alemães. Sofreu a pena de reclusão no mosteiro de Batalha, tendo sido confiscados todos os seus bens. Sua prisão durou cerca de dois anos, ao fim dos quais foi-lhe restituída uma liberdade relativa.

No entanto foi encontrado morto em sua casa, pouco depois, talvez assassinado. Seus trabalhos foram reunidos num volume que faz parte da "Coleção das Obras de Autores Clássicos Portugueses que Escreveram em Latim", publicado em 1791. Dele também é a tradução do "Livro de Marco Túlio Cicero chamado Catão Maior ou da Velhice" impresso em Veneza, no ano de 1534...

Quanto a Miguel Hidalgo Y Costilla, sacerdote e revolucionário mexicano, descansava agora na "Floresta Encantada" — dentro de um formoso mogno, casa também do sagui-piranga — depois de uma vida inteira de lutas. Planejou em companhia de diversas pessoas revoltadas contra o regime existente, derrubar o poder constituído e convocar um Congresso que governasse em nome de Fernando VII. O movimento que devia estourar em dezembro de 1809, foi descoberto. Nova conspiração foi iniciada em Queretaro e como a primeira, descoberta pelo governo.

Hidalgo reuniu o regimento local e numerosos índios, rudimentarmente armados. A medida que avançavam, viam-se engrossar-se suas fileiras por contínuas adesões. Ao passar pelo santuário de Atotomilco, fez Hidalgo fixar na ponta de uma lança a imagem de Nossa Senhora de Guadalupe, ali venerada, proclamando-a emblema de seu exército.

Hidalgo foi nomeado generalíssimo das forças revolucionárias. Tempos depois houve grande reviravolta e Hidalgo tentou fugir para os Estados Unidos, mas foi preso em Acotita del Bajan, juntamente com muitos outros chefes. Levados à Chihuahua, foram ali fuzilados...

Nomes ilustres é que não faltavam naquela galeria da selva. Todos agora transformados em simples vegetais e madeiras de leis que os lenhadores estavam dispostos a colocar no chão.

A suindára— também conhecida por "coruja das torres", rondava a árvore freijó ocupada por Manuel Maria Barbosa Du Bocage, outro nome famoso. Poeta português autor de "papéis críticos, sediosos e ímpios", é recolhido em 1707 ao Limoeiro. Após três meses de reclusão passa-se para o cárcere do Santo Ofício. Valendo-se do seu talento e da influência do ministro José Seabra da Silva consegue sua transferência para o Mosteiro das Necessidades até a sua liberdade. Durante o encarceramento traduz obras de Dellile, Florian, Rosset, Castel, Lacroix e outros, e as "Metamorfoses" de Ovídio, que lhe valem renome entre os eruditos.

Suas melhores produções: "Pavorosa Ilusão"; "A Gratidão"; "A Morte de Ines de Castro"; "A Pena do Talião"; "Rimas". As suas fábulas são consideradas como modelos de naturalidade. Dotado de um talento invulgar não era homem de grande cultura nem de grandes idéias, mas possuidor de viva imaginação e aguda sensibilidade.

Sua principal qualidade, era a espontaneidade e a facilidade no manejo da versificação que esbanjava em improvisações. Em 1853, a cidade de Setubal perpetou no bronze a memória do mais ilustre dos seus filhos.

O poeta baiano Castro Alves surgia imponente como um esguio tronco de castanheiro que espantava pelo tamanho e a quantidade de araras, papagaios e tucanos nele pousada. Formoso como no tempo em que mantinha um romance com a atriz portuguesa Eugênia Câmara. Quando compôs os primeiros poemas abolicionistas "Os Escravos" e "A Cachoeira de Paulo Afonso", declamando-os em comícios cívicos.

É o rival de Tobias Barreto, com quem divide o entusiasmo dos acadêmicos. Em 1867 deixa Recife, indo para a Bahia, onde faz representar ali o seu drama "Gonzaga". Segue depois para o Rio de Janeiro recebendo aí incentivos promissores de José de Alencar, Francisco Otaviano e Machado de Assis.

Em São Paulo, encontra nas Arcadas a mais brilhante das gerações, na qual se contavam Ruy Barbosa, Joaquim Nabuco, Rodrigues Alves, Afonso Pena, Bias Fortes e tantos outros. Vive então, os seus dias de maior glória. A 11 de novembro de 1868, caçando em bairro de São Paulo, feriu o calcanhar esquerdo com um tiro de espinguarda, resultando a amputação do pé. Sobreveio-lhe em seguida a tuberculose, sendo obrigado a voltar para a Bahia, onde faleceu.

Morreu muito moço e deixou respeitável bagagem literária: "Espumas Flutuantes", 1870; "Gonzaga ou A Revolução em Minas", 1875; "Cachoeira de Paulo Afonso", 1876; "Vozes D'África" e "Navio Negreiro", 1880; "Os Escravos", 1883 etc...

Antonio Carlos Gomes também tinha moradia na "Floresta Encantada" da enorme sucuriju ao jacamim ventríloquo. O maior compositor brasileiro e uma das maiores consagrações internacionais da música, morava numa itaúba, base de onde o gavião-macaco alçava vôo. Tocando vários instrumentos, Carlos Gomes já compositor muito jovem realiza uma fuga da casa materna, em Belém do Pará, para o Rio de Janeiro, onde é apresentado ao Imperador D. Pedro II. Na festa anual do Conservatório a 15 de março de 1860, Carlos Gomes tiunfa com a apresentação do seu primeiro trabalho escolar, uma "Cantata", recebendo medalha de ouro oferecida por D. Pedro II.

Em 1861 foi cantada a sua primeira ópera "A Noite do Castelo" e regida pelo autor. Nessa memorável noite D. Pedro II confere-lhe a condecoração da Ordem da Rosa, em pleno espetáculo, colocando-a pessoalmente, no peito do maestro. "Joana de Flandres" é a sua segunda ópera levada em cena em 1863. O seu sucesso mereceu do Imperador uma bolsa de estudos na Europa.

Na Itália, Carlos Gomes recebe o diploma de maestro-compositor (1866) pelo Conservatório de Milão. Em 1867 estréia em Milão com "Se Sa Minga". Segue-se em 1868 "Nella Luna". No Scala de Milão, Carlos Gomes apresenta vitoriosamente "Il Guarany" (1870), extraída do romance de José de Alencar.

Em pleno teatro, Verdi exclama: — "Este jovem começa por onde eu acabo".

Gounod felicita-o também, num abraço carinhoso. Em 1870 volta ao Brasil, regressando novamente à Itália. Estréia em Gênova com "Fosca". 1873. Seguem-lhe "Salvador Rosa", 1874; "Maria Tudor", 1879; "Loschiavo", 1889 e "Condor"; 1891...

Enrico Caruso habitando grande e velha peroba, cercada de borboletas e colibris, era vizinho de Carlos Gomes na selva. Ambos conversavam muito sobre o que tinham sido suas vidas tão repletas de lutas e glórias. O pai de Caruso queria que o filho se tornasse um mecânico como ele. Não obstante sofresse os mais severos castigos Caruso jamais teve a menor inclinação para o ofício. Sua mãe, entretanto, descobrindo-lhe desde cedo a vocação para o canto, sempre o estimulava como antevendo o seu futuro brilhante.

Sua primeira audição frente a um professor de canto, no entretanto, foi um verdadeiro fracasso, pois o mesmo — Guglielmo Vergine — afirmou-lhe a semelhança da sua voz à uma autêntica "gaita rachada".

Apesar disso, o jovem não desanima e se entrega mais valentemente aos seus estudos. Após esforços e sacrifícios conseguiu um lugar de substituto em uma companhia de segunda ordem. Nessa mesma **troupe** fez a sua estréia, em virtude de ter adoecido o tenor principal. A platéia ovacionou-o delirantemente.

E daí por diante sua fama crescia cada vez mais no conceito público até culminar com sua apresentação ante às mais cultas platéias do mundo. Até hoje muito dos seus recordes de bilheterias e salários continuam insuperáveis. Homem de nobres sentimentos filantrópicos, em todas as cidades que visitava, costumava distribuir cheques de variadas importâncias às criaturas desamparadas.

Foi o artista mais querido que o mundo já conheceu e, até hoje raramente deixa de ser lembrado. Seu repertório constava de 50 óperas, na sua maioria italianas. Aos 48 anos, quando após submeter-se a uma série de operações de abcessos nos pulmões veio a encontrar a morte em pequeno hotel às margens da baia de Nápoles, dessa mesma Nápoles que lhe escutou os primeiros vagidos, que ele tanto amou e tanto cantou pelos quatro cantos do mundo.

Foi a última árvore a tombar naquele pedaço de mato, onde o cair nos rios, dos frutos javaris, e catauaris, atraiam peixes pelo baque de um corpo na água. E também onde muitas plantas (milhares) desapareciam serradas antes mesmo de ser conhecidas, catalogadas no mundo...

Na floresta mágica, o canto de Caruso parecia um lamento. Todos os seus companheiros já tinham sido derrubados. A bela voz foi cortada e no lugar das palmas das platéias que sempre o ovacionaram deliberantemente eram agora substituidas pelos enlouquecedores roncos das moto-serras, gritos e xingamentos dos rudes lenhadores, tentando ao mesmo tempo se esquivar das moscas que picavam e empolavam a pele na hora.

Enquanto insuportáveis abelhas-de-suor, desprovidas de ferrão, mas que se introduziam entre os cabelos, por baixo da roupa e penetravam pelo nariz e ouvido dos homens destruidores do verde...

A TRÉGUA.

Os homens ficariam livres das formigas-de-fogo pelo menos por uns momentos.

Houve uma trégua na guerra homens versus floresta. Ambas as partes dariam folga aos combates. Até os animais pareciam entender. Nos rios pulavam alegres mandubés, surubins, curimatãs. Peixes e jacarés pareciam também ter feito as pazes. Até o peixe-elétrico, poraquê, tinha reduzido seu choque. Maguaris, jaburus, colhereiros, marrecos cantavam, gritavam mais alto. Piaçocas, guarás, saracuras, voavam de um lado para outro sobre pés de ábios e biribás. Iam do abacateiro à mangueira. Da laranjeira ao cajueiro, atingindo o mais alto da jaqueira numa alegre comemoração da paz ainda que não duradoura.

Ordens recebidas dos Estados Unidos, através do rádio davam conta de que o serviço estava atrasado na destruição da selva. Por mais que "Mitzgaynor" alegasse se tratar de mata nunca enfrentada, as dificuldades encontradas por seus homens, os poderosos chefes norte-americanos não aceitavam desculpas.

Nenhum problema ambiental a nível mundial era tão grave quanto a devastação da floresta tropical amazônica.

Mas para alguns isso nada significava. Se foices, machados, moto-serras, grossas correntes colocadas entre dois tratores para arrasar, não estavam obtendo o êxito esperado na mata quase sempre de seringueiras e castanheiras, o jeito seria usar perigosíssimos venenos, outras fórmulas. Alegou "Mitzgaynor". Poderiam iniciar com o **napalm** — gasolina gelatinosa e até apelar para o desfolhante "agente laranja", apesar do perigo. Químicas muito usadas no Vietnã pelas tropas norte-americanas.

Uma equipe foi convocada às pressas para cuidar do caso e imediatamente mobilizada para saber da possibilidade de ser empregada droga equivalente. Com a tecnologia adiantada que possuiam e organização, não demorou muito para o pessoal especializado chegar dos Estados Unidos. Quase que no dia seguinte estavam pisando na "Floresta Encantada".

As tropas, formadas por destruidores em guerra contra a natureza, com o objetivo de transformá-la em lucro onde quer que pusessem os pés. Como os homens de Átila, nem grama crescia após a sua passagem.

As mesmas figuras do terror; quadrilha composta dos mesmos especialistas causadores de grandes desastres ecológicos como o de Bhopal na Índia quando um dos produtos potencialmente mais letais existentes na indústria química, escapou da fábrica ocasionando a desgraça. O isocianato de metila — que na forma de gás causou a tragédia indiana matando por asfixia milhares de pessoas.

Destinado à fabricação de defensivos agrícolas, o isocianato de metila, tem que ser mantido, obrigatoriamente, no seu estado líquido única forma em que pode ser manuseado, armazenado e transportado. Caso se transforme em gás, torna-se fulminante veneno.

O isocianato de metila fabricado pela Union Carbide é um desastre e seus efeitos comparáveis aos gases de combate que nenhum exército teve a coragem de usar contra seus inimigos. Mata por sufocamento. Reage rapidamente com água tendo efeitos desastrosos nas áreas mais lubrificadas do corpo humano — os olhos, as mucosas do nariz, a garganta e os pulmões. Ao penetrar nos pulmões faz entupir os alvéolos, impedindo a passagem do oxigênio para a corrente sanguínea. As vítimas morrem com a sensação de afogamento. De nada adiantando dar oxigênio extra, pois os alvéolos mantém-se bloqueados.

Trata-se de mais um fruto do insano desenvolvimento científico da desmensurada ambição norte-americana. Mais uma obra do capitalismo selvagem usando povos inocentes em suas pesquisas e corroendo as nações pobres...

Quando a natureza parece vingar-se.

Nos Estados Unidos, 16 000 veteranos norte-americanos, da guerra do Vietnã, moveram ação judicial contra a Dow Chemical e outras seis empresas fabricantes do "agente laranja" (também usado na Amazônia, em testes de desmatamento) por terem sofrido lesões decorrentes do contágio com o produto. Inúmeros foram os casos de câncer, esterilidade e deformações físicas em filhos dos soldados. Os mesmos males constatados em populações de aldeias vietnamitas por equipe médica dos Estados Unidos que visitou o país anos depois da guerra.

O "agente laranja", desfolhante químico usado largamente nessa guerra, anos depois surgiu novamente como causador de tragédias. Agora, na forma de pesadelo de uma importante família norte-americana. No auge da guerra o almirante dos Estados Unidos, Elmo Zumwalt ordenou que aviões sob seu comando jogassem toneladas do agente químico na selva vietnamita, enquanto lá embaixo seu filho, o jovem oficial Elmo Junior caçava guerrilheiros e atravessava as nuvens de **spray** laranja. Hoje, passados alguns anos, Elmo Junior possui dois tipos de câncer contraídos na guerra química e a tendência da desgraça é atravessar gerações: seu filho nasceu com uma disfunção cerebral.

Tanto a doença de um, como o retardamento mental do outro, são consequências dos efeitos das 50 000 toneladas do "agente laranja" despejados no Vietnã, a que o moço esteve exposto seguidamente. Enquanto os laboratórios fabricantes, nos Estados Unidos, mentiam que a droga não era tóxica nem seus efeitos duradouros.

O jovem oficial comandava um dos barcos que patrulhavam os rios e canais do Vietnã do Sul em cujas margens o pai, Almirante Zumwalt mandava sistematicamente aspergir com desfolhantes como única forma de reduzir o risco de emboscadas armadas pelo inimigo, aproveitando-se da espessa mata.

O "agente laranja", fatal também para o organismo humano (possui a terrível dioxina), nas mãos de um dos maiores incentivadores da prática de usar desfolhante químicos nas florestas do

Vietnã do Sul para destruir os abrigos naturais do inimigo, transformava florestas em desertos, reduzia selvas fechadas a gravetos. Afetou praticamente 15% de toda a área do Vietnã, e vai ainda oferecer perigo latente durante vinte ou trinta anos após a sua aplicação, tanto para populações inocentes, quanto para soldados e seus descendentes de um lado e de outro...

Se os homens alegavam demora para por abaixo a mata sagrada, pedindo com urgência um agente químico que destruísse folhas, cipós, troncos, matando toda forma de vida vegetal, para facilitar o trabalho de desmate, por outro lado, os espíritos-vegetais achavam que estavam perdendo terreno rapidamente e trocavam idéias entre si, estudando novos planos para conter a invasão. Açaizeiros conversavam com sumaumeiras.

Mas que resistência poderiam oferecer os gênios do passado agora totalmente imobilizados na forma de simples árvores? Mulilando-se para dar pedaços de paus na cabeça dos lenhadores, numa guerra primitiva como até ali tinham feito, assistidos por acauãs, caraxoés e outras aves assustadas?

E ainda mais considerando que os destruidores norte-americanos vinham munidos do que havia de mais moderno em tecnologia para a derrubada geral.

Teriam que apelar para os animais cujos **habitats** ficavam na "Floresta Encantada", afinal a destruição também os prejudicariam. Mas isso significaria muito pouco como contribuição. Enfrentariam juntos bichos e árvores, a inteligência, a mobilidade e as armas modernas a serviço da catastrófica mudança do verde mundo para o deserto vermelho?

Que poderiam fazer os moradores daquelas poéticas paragens onde nas noites de luar o boto se transformava em príncipe encantado, conquistando o coração das moças? Onde a borboleta se confundia, durante o dia, com a folha; o inseto com o ramo seco, o camaleão com o galho, o sapo e a cobra com o chão?

Ou haveria outra saída que eles ignoravam?...

O conselho daquela área prestes a ser destruída foi acionado.

Composto de nove membros dos mais importantes enquanto tiveram vidas humanas: Balzac, o mestre do realismo. Platão, filósofo grego cuja obra serviu de molde a Santo Agostinho para a elaboração de sua "Cidade de Deus". Savonarola, pregador italiano. Henrique VIII, rei da Inglaterra. Vitor Hugo, considerado o maior poeta francês do século XIX. O historiador grego Heródoto, cognominado de "Pai da História". Richelieu, estadista francês. Emile Zola, romancista francês. E o missionário jesuíta espanhol, Anchieta.

Os currículos foram apresentados. Norma dentro da "Floresta Encantada" que ninguém podia fugir. Valia o trabalho feito na encarnação anterior na Terra. O primeiro a apresentar o seu foi Honoré de Balzac, escritor e romancista francês, que morava agora dentro do cacaui.

Sua chegada entre os humanos tinha sido no dia 20 de maio de 1799 em Tours e havia deixado a vida a 18 de agosto de 1850 em Paris. Aos sete anos de idade ingressou no Colégio de Vendôme até 1813. Terminados os seus estudos colegiais em Paris, matriculou-se na Universidade de Sorbonne, recebendo em 1821 o título de advogado. Quando estudante não se cansava de dizer a todos que ainda seria um homem célebre, o que sempre provocava a hilaridade entre os seus colegas em virtude da sua pregressa vida estudantil.

Realmente, Balzac estava fadado a ser um dos representantes lídimos da literatura mundial. O montante das suas publicações atingiu cerca de 90 obras, das quais 47 foram reunidas em "La Comédie Humaine". Balzac ensaiou também o teatro, e foi criador da novela psicológica e transcedental e pioneira da escola realista dos romancistas franceses. Balzac é hoje um dos maiores valores da literatura de ficção...

Platão, filósofo grego tinha nascido no ano 427 a.C. em Atenas e falecido em 347 a.C. na mesma cidade. Eis um dos mais famosos gregos de todos os tempos, morrendo numa sucupira da selva.

Descendia, pelo lado materno, de Solon, o grande legislador, e pelo paterno, dos reis Codridas. A posteridade não o conheceu por Aristocles, seu verdadeiro nome, mas por Platão, alcunha recebida devido ao seu físico atlético.

Jovem ainda, dedicou-se à poesia e a cultura de todas a artes, aprofundando-se sobretudo nos conhecimentos de música e matemática. Atribuiam-lhe o método analítico e a teoria das secções cônicas. Quando se fez discípulo de Sócrates, já havia tido notícias das lições do pitagórico Philolau e das dos sofistas.

Com a morte do mestre, Platão procurou o convívio de Euclides, em Megara. Dali empreendeu uma série de viagens pelo Egito e Itália meridional. O Oriente e o Ocidente ofereceram-lhe o essencial para a ampliação das doutrinas do mestre, dilatando-as em todas as regiões do saber humano.

De regresso à pátria, no ano de 389 a.C., fundou a escola

"Academia". Mais tarde voltou novamente à Sicília com o intuito de converter o tirano Dionísio. Essa pretensão motivou o seu encarceramento e a sua venda como escravo em Egina. Segundo a tradição resgatou-o Anicerio de Cirene. Cultura profunda e variada, na geometria fundara-se a concepção de todas as suas idéias matemáticas.

Escreveu: "Apologia de Sócrates"; "Diálogos" catalogação de quase todas as suas obras, tais como: "Georgias", "O Banquete", "Fedro" etc...

Girolamo Savonarola, pregador e escritor italiano, promotor de uma reforma político-eclesiástica, nasceu em Ferrara a 11 de setembro de 1452 e morreu queimado vivo em Florença a 23 de maio de 1498.

Habitava na maçaranduba, da "Floresta Encantada", cercado de figuras importantes, na penúltima forma de vida, quando gente, desde tenra idade foi educado pelo avô. Aos 17 anos, abandonou as doutrinas humanísticas, para dedicar-se à medicina, à logica e à filosofia. Estudou com afinco os mestres Platão e Aristóteles, mas se dedicou, sobremaneira, a Thomaz de Aquino.

Aos 20 anos, publica a canção "De Ruina Mundi" crítica acerba aos costumes corruptos da época. "De Ruina Ecclesia" apareceu três anos depois. Em 1475 dirigiu-se a Bolonha, ingressando no convento de San Domênico.

Depois de um ano de noviciado, professou os votos solenes e preparou-se para o púlpito. Em 1479, foi-lhe permitido aperfeiçoar seus estudos teológicos, na Universidade de Ferrara, como prêmio à sua conduta e inteligência. Orador sacro veemente impulsivo, dedicou-se à exposição da Sagrada Escritura, ajustando a época as profecias bíblicas, o que provocava extraordinária impressão no auditório.

Foi elevado a prior do convento de San Marco, em 1491. No decênio 1482 a 92, fez inúmeras profecias e pronunciou notáveis sermões. Dedicou parte de seu tempo à varias obras, e outros tantos trabalhos de lógica e filosofia.

Em 1492, chamado ao leito de morte de Lorenzo de Médice, deu os últimos sacramentos ao moribundo. Em 1494, profetizou do púlpito a queda dos Médices e a invasão da Itália por Carlos VIII. Pretendeu converter Florença, numa democracia, inspirada nos princípios religiosos. Crítico audaz, pregou contra os maus costumes da Corte Pontifícia, o que lhe atraiu as iras das autoridades eclesiásticas, com a consequente proibição de falar ao povo, nas igrejas.

Não obedeceu às ordens superiores, o que lhe valeu a excomunhão, em 1497. Ainda assim Savonarola não se submeteu. Foi preso, levado a tormento e condenado a morte pelo fogo...

Henrique VIII, outro morador no pau-amarelo da "Floresta Encantada". Famoso rei da Inglaterra que havia nascido a 28 de junho de 1491 em Greenwich e falecido a 28 de janeiro de 1547 em Londres, na penúltima passagem pelo planeta.

Tinha sido filho de Henrique VII e Elizabeth York. Com a morte de seu irmão mais velho, subiu ao trono em 1502. A educação do jovem monarca fôra das mais esmeradas. O mundo dessa época estava em pleno fastígio da Renascença, o que contribuiu sobremodo para a formação artística do seu espírito.

O seu nome passou à História mais principalmente pelas lutas travadas com a Igreja Romana na condenação do vínculo indissolúvel do casamento. Combateu e venceu os franceses em várias batalhas, notadamente na de Guineegatte, onde firmou a supremacia inglesa no Continente. Outro tanto fez dom Jaime IV, da Escócia, derrotando-o em Floden. Tencionando divorciar-se de sua esposa Catarina de Aragão e como não tivesse obtido consentimento do Papa, nomeou Thomaz Cromer arcebispo de Canterbury, que abençoou o seu casamento com Ana Bolena. Este fato valeu-lhe a excomunhão papal.

Apoiado pelos seus parlamentares, rompeu definitivamente com o Vaticano, declarando-se "Chefe Supremo da Igreja Anglicana". Desde então, perseguiu impiedosamente os católicos ingleses, destruindo e expoliando os conventos. Para justificar essa atitude, declarou os seus bens pertencentes ao Estado. Organizou o "Estatuto dos Seis Artigos", não admitindo o culto das imagens nas igrejas, esmolas e romarias.

Casou-se posteriormente com Jane Seymour e depois com Ana Claves, da qual se divorciou para contrair matrimônio com Catarina Howard. Atribuindo o crime de infidelidade à sua quinta esposa, decapitou-a, casando-se pela sexta vez com Catarine Parr. A morte surpreendeu-o quando fazia um tratado que lhe facultava o domínio sobre o território conquistado à Bolonha...

Victor Marie Hugo (confortavelmente instalado dentro da cajazeira), romancista, poeta, dramaturgo, ensaista e político francês tinha nascido a 26 de fevereiro de 1802 em Besançon e falecido a 22 de maio de 1855 em Paris.

Em 1815 passou a preparar-se para a Escola Politécnica. Publicou as suas primeiras obras em 1822. Em 1829, apresentou uma coletânea de colorido intenso e, adquirindo forma de pureza clássica, publicou sucessivamente quatro volumes de versos que o impuseram definitivamente entre os gênios culminantes da lírica francesa.

Seus dramas, são copiosas evocações históricas. Nos romances, inclusive "Os Miseráveis", 1862, todos de um profundo cunho humanitário, temos um movimentador de massas e retratador de caracteres singulares. Membro da Academia Francêsa de Letras em 1841 e par do Reino em 1845. Como Constituinte em 1848, distingue-se pela veemência de suas doutrinas. Após o golpe de Estado em 1851, refugia-se em Bruxelas, e a seguir nas ilhas Jersey e Guvarnesey, regressando em 1870. Victor Hugo é considerado o maior poeta francês do século XIX...

Na ficha do historiador grego Heródoto, morando num simples pau de freijó, que constava no currículo dos membros do conselho, era das mais antigas existentes na mata sagrada. Daí algumas falhas, por exemplo não aparecia o dia de seu nascimento só o ano que tinha sido em 484 a.C., em Halicarnasso de Caria e constava também que ele havia falecido em 425 a.C., em Atenas ou Turum. Não havia muita certeza.

O que deveriam constar eram os fatos principais da existência dos componentes. Se possível data do nascimento e morte, mas o que não faltavam mesmo, o que realmente valiam, as lutas e os trabalhos desempenhados, o que deixaram de negativo e positivo. A vida em si.

Desde muito cedo Heródoto dedicou-se inteiramente aos estudos de antiguidades históricas e à leitura de poemas. As lutas políticas em sua pátria, absorveram-lhe grande parte de suas atividades e preocupações no período acidentado de sua mocidade.

Pertencendo ao Partido Nacional, combateu obstinadamente o tirano Ligdamis, o que lhe valeu uma perseguição tenaz. Forçado a se refugiar em Samos, continuou ai a prestar os seus serviços à causa nacional. Em virtude da falta de cooperação dos seus compatriotas abandonou definitivamente a idéia de regressar à Halicarnasso, dirigindo-se para Atenas, de onde empreendeu uma série de viagens pelo Egito, Fenícia, Pérsia etc.

Nessas excursões adquiriu grande material de conhecimentos com que pôde enriquecer a "História da Grécia e do Oriente", onde focaliza precisamente, desde Ciro até Xerxes, os choques entre gregos e bárbaros e o espiritual sentido antagônico da Helade e do Oriente. As suas opiniões religiosas prejudicaram em certo ponto a objetividade de seu critério histórico.

O valor de sua obra não é apenas literário, pois que, recentes descobertas, evidenciaram a importância científica apresentada por suas afirmações que haviam sido postas em dúvida. Como historiador e geógrafo e, consequentemente iniciador de um grande acontecimento de interesse e repercussão mundiais, Heródoto colocou-se em primeiro plano entre os mais autorizados investigadores e pensadores de todos os tempos.

A "História da Grécia e do Oriente", lida em público nos Jogos Olímpicos ao povo grego, conseguiu entusiasticamente os maiores dos aplausos verificados até então. Em recompensa dos seus trabalhos históricos recebeu do Governo uma remuneração justa. Como fundação de um novo gênero de literatura e fonte inesgotável de informes preciosamente instrutivos, a obra de Heródoto mereceu-lhe o cognome de "Pai da História"...

Em seguida vinha o currículo de Armand Jean Du Plessis, Duque Cardeal de Richelieu. Incorporado na ingarana sobre a relva cheia de cascas e folhas.

Estadista francês nascido no Castelo de Richelieu, em Poitu a 5 de setembro de 1585 e falecido em Paris a 4 de dezembro de 1642. Aos 21 anos de idade era nomeado bispo e aos 33 recebia a púrpura cardinalícia, graças a proteção de Maria de Médices, de quem fôra secretário e conselheiro.

Combateu implacavelmente os protestantes, vencendo-os finalmente, após 14 meses de cerco, na batalha decisiva de La Rochelle. Assumindo o governo na qualidade de ministro do rei, orientou sua política num sentido rigoroso para com os seus adversários. Foi por isso talvez que fosse visado constantemente com vários atentados, saindo sempre ileso e punindo severamente os seu autores.

O despotismo de Richelieu atingiu até a própria Rainha-Mãe, Maria de Médices e seu filho Gastão de Orleans, que foram obrigados a se exilarem para fugirem as perseguições do Cardeal Ministro. Sua têmpera de aço aliado a uma força de vontade incomum, foram os predicados principais da sua manutenção no poder. Tanto assim, que nos últimos anos de seu governo, já atacado de paralisia total, percorria os campos de batalha, deitado numa liteira carregado por quatro homens, a fim de se inteirar de perto do andamento das operações de guerra.

Não sabia o que significava medo e contornava sempre com

sucesso as mais difíceis situações criadas em tono de sua política. Diplomaticamente manteve contra a Áustria uma luta incessante. Interveio na "Guerra dos Trinta Anos". Conquistou a Alsácia, Artois e Roussillon. Readiquiriu o Canadá, Martiníca, Guadalupe e Santa Lúcia. Estabeleceu administração para São Domingos, Caiena, Madagascar e Senegal. Desenvolveu a marinha mercante e ampliou a frota de guerra francesa.

Proporcionou ao Estado um prestígio invulgar no exterior. Entretanto, internamente, eram más as condições financeiras do país. Abusos e mais abusos, acabaram por enfraquecer o poderio francês, cujo reflexo se acentuou notadamente após a sua morte...

Emile Zola era o penúltimo dos importante vultos do conselho daquele trecho da mata sagrada, agora habitando o pau-ferro.

O romancista francês tinha nascido a 2 de abril de 1840, em Paris e falecido a 29 de setembro de 1902, na mesma cidade. Passou toda a sua infância em Aix, voltando para Paris, somente aos 17 anos, vivendo ai sem nenhum recurso, até que encontrou emprego na secção de embalagens da livraria Hachette.

Durante os breves momentos de folga no trabalho, aproveitava para ler e assim se colocou em contato com os principais escritores da época. Animou-se a publicar alguns romances que não tiveram repercussão alguma. Não desanimou, e em 1864 e 1865 respectivamente com "Os Contos de Ninon" e "A Confissão de Cláudia", começa a despertar algum interesse. Seu espírito analítico e vivo, descobriu na literatura uma arma poderosa para criticar e ao mesmo tempo tentar modificar os costumes da sua época, a fim de solucionar o problema social.

Inicia uma série de romances realistas na qual descreve a vida de uma família no segundo império, sob o título de "Raugon-Macquart" composta de 20 volumes. Chefe da Escola Naturalista, em literatura, fixou-se entre os maiores escritores mundiais depois de 1871. Em 1898, um manifesto, no jornal "A Aurora" — "J'accuse", por ocasião do caso Dreyfus, em defesa do acusado, valeu-lhe o desterro para a Inglaterra, de onde só retornou em 1899, quando foi revisto o processo. Procurou sempre entrar para a Academia Francesa, sendo sistematicamente recusado. Morreu acidentalmente em seu quarto, durante o sono, intoxicado por gás carbônico...

José de Anchieta completava os 9 homens do conselho que procurariam solução contra a penetração dos lenhadores norte-americanos na "Floresta Encantada" e que a tudo destruiam.

Sua moradia na mata sagrada era cercada pelas salientes raízes da sapopema. Seu currículo trazia o nome completo: José de Anchieta. Missionário jesuíta espanhol. Tinha nascido a 19 de março do ano de 1534 em São Cristovão da Laguna, Ilha de Tenerife, Canárias e falecido a 9 de junho de 1597 em Anchieta, Estado do Espírito Santo, Brasil.

Aos 14 anos, feitos os estudos iniciais em Tenerife, seguiu para Coimbra, onde cursou a Universidade local até 1551, quando ingressou na Companhia de Jesus, recém-fundada por Santo Ignácio de Loiola. A 8 de julho de 1553 Anchieta chega a Salvador, Estado da Bahia, pondo-se em contato com os indígenas e aprendendo, com facilidade o tupi. O conhecimento dessa língua facultou-lhe a fundação de uma escola para os índios e filhos de colonos.

Enviado no ano seguinte a São Vicente, encontra-se com o padre Manuel da Nóbrega, e ambos dirigem-se a Piratininga. Aí recebe o encargo do 3º Colégio Regular do Brasil. A 25 de janeiro de 1554 diz a sua pirmeira missa. Aproveitando nessa data as comemorações da igreja à conversão de São Paulo, dá ao lugar o nome daquele apóstolo.

Na pacificação dos indígenas, várias vezes pôs em perigo a vida, culminando no episódio da Confederação dos Tamoios, em que se entregou como refém aos silvícolas, enquanto Nóbrega conseguia dos portugueses a paz por eles desejada. Escreveu ali o seu poema. "Em Louvor da Virgem".

Em 1567 cooperou com Estácio de Sá na expulsão dos franceses do Rio de Janeiro. Nomeado reitor do Colégio de São Vicente (1569) e elevado à dignidade de Provincial do Brasil (1578), Anchieta redobra a catequese e pacificação do gentio.

Deixou vários livros. Pela abnegação com que se votou ao santo e corajoso mister de catequisar os selvagens, ministrando-lhes ensino, religião e medicamentos, José de Anchieta foi cognominado o "Apóstolo do Brasil"...

O padre-sapopema ainda tentou, maneira de convencer os bárbaros modernos armados até os dentes. Inutilmente. Como vasto rolo compressor, as máquinas ceifadoras nas mãos não perdoaram ninguém naquele trecho...

A CONVOCAÇÃO.

O cauré voava bem mais alto que o urubu-rei. Enquanto no chão o anu preto vasculhava de um lado e o mutum de outro.

O chamamento dos espíritos, funcionava como os tambores dos nativos africanos, alcançava todos os cantos da selva cheia de lendas e mistérios. A convocação, para que todos os moradores que algum dia tinham passado pela Amazônia, ficassem de sobreaviso, iriam precisar de todo tipo de informação. Privilegiada região, como a Patagônia e outras, funcionavam como pulmões do mundo.

Por ali, terra do Matintapereira, de cobras e morcegos, passaram grandes sábios estudando sua flora, fauna etc. Examinaram, pesquisaram no recesso florestal de sombra e de silêncio. Entre as ramagens de cedros e sumaumeiras, nas serras, várzeas e florestas, nos pântanos, junto às formigas e entre mil perigos. Por onde as correntes aéreas espalhavam o pólem fecundante, as sementes germinativas. Estudaram o solo — os barreiros, onde os animais numa confraternização procuravam o cloreto de sódio. Os frutos e tubérculos pobres de sal faziam com que os bichos, todos eles, procurassem os barreiros. Pesquisaram rios, lagos e seus moradores, camorim, pescada, tucunaré, pirapitinga, pirarucu. Olharam vagens aromáticas e medicinais, tubérculos e raízes comestíveis — onde chegaram a conclusão de que o Vale Amazônico será o derradeiro refúgio do homem...

A região sempre atraiu homens importantes; etnógrafos, botânicos, escritores, cientistas do mundo inteiro. De La Condamine a Humboldt, Bompland, Darwin, von Martius, von Spix, Poppig, Castelnau e Spruce que em 1849 havia organizado em poucos meses uma coleção de 2 000 plantas diferentes.

Estes já haviam atendido a convocação da comissão de salvamento da mata sagrada amazônica.

Responderam afirmativamente ao chamado e se colocaram logo a disposição também as importantes figuras de Herndon, d'Orbigny, Gibbon, Chandles, Couto de Magalhães, Crevaux, von den Steine, Baena e Estevão Pinto. Outros velhos conhecidos das matas.

Ninguém queria ficar fora da salvação da importante floresta. Todos queriam colaborar com informações por mais simples que fossem, até as mais importantes. Cada um no seu setor. Homens que sofreram na selva bruta em busca de uma erva salvadora para a humanidade ou estudo relativo ao planeta.

Cada vez chegando mais. Agora apresentavam-se Coudreau, Hartt. E mais Kratzer, Branner, Huber, Ladário, Herbert Smith, Orvile Derby, Alexandre Rodrigues Ferreira, Maximiliano e o príncipe Adalberto, ambos da Prússia.

Os convocados adoravam a região em que Bates havia discriminado 8 000 espécies completamente novas de insetos. E onde Agassiz tinha encontrado 2 000 tipos de peixes, número superior aos conhecidos no Atlântico. Na Amazônia, Emília Snethlage registrou 118 gêneros de beija-flores. Walace colecionou ali 500 famílias de pássaros e foram catalogadas 700 variedades de borboletas nos arredores de Belém, em 1 hora, quando a Europa toda possuia 390...

Manifestaram-se em prol da salvação da "Floresta Encantada", Walace, Klark, Rathbun, Ferreira Pena, Bates, Candido Rondon, Ehrenreich, Koch-Grunberg, Elisée Reclus, Saint-Hilaire, Herbert

Baldus, Santa Rosa etc.

Três dos espíritos nas formas de itaubas, que se apresentaram tinham estado também na amazônia de maneiras diferentes: Gonçalves Dias, José do Patrocínio e Barão do Rio Branco.

O notável poeta lírico brasileiro, Antonio Gonçalves Dias, tinha nascido no Sítio da Boa Vista, em Caxias, Estado do Maranhão, a 10 de agosto de 1823 e morrido a 3 de novembro de 1864 no naufrágio do "Ville de Bologne", nos baixios de Atins.

Estudou primeiras letras na província natal. Em 1838 passou a frequentar a Universidade de Coimbra, onde cursou Direito, formando-se em 1845. Findo o curso acadêmico, voltou ao Brasil, fixou-se no Rio de Janeiro e publicou os "Primeiros Cantos" (1846), acolhidos com entusiasmo por Alexandre Herculano, que o colocou entre os poetas mais ilustres de sua geração.

Em 1851 incumbido pelo Governo Imperial, partiu em visita de inspeção escolar ao Norte, passando para a Europa com a tarefa de reunir, mormente em Portugal, documentos históricos relativos ao Brasil. Começou nessa época a compor "Os Timbiras", 1848, poema épico de que nos restam apenas fragmentos.

Em 1857, em Lepzig, publicou "Novos Contos" e reeditou toda a sua obra poética, escrevendo ainda o "Dicionário da Língua Tupi". Partiu do Ceará em 1859 como vogal de comissão exploradora, subindo o Amazonas (1860), onde colheu elementos para a exposição de 1861.

Sentindo-se enfermo, foi a Europa, frequentando várias estações termais e climáticas, mas, falho de recursos, retornou em navio cargueiro, morrendo tragado pelo mar à vista da terra natal.

Gonçalves Dias é o patrono da cadeira nº 15 da Academia Brasileira de Letras. No consenso de críticos valiosos, de José Veríssimo a Olavo Bilac, é Gonçalves Dias o maior dos poetas brasileiros...

José Carlos do Patrocínio, jornalista, orador, publicista, político e romancista brasileiro, nasceu a 8 de outubro de 1854 em Campos, Estado do Rio de Janeiro e faleceu a 30 de janeiro de 1905, na antiga capital federal.

Aos 14 anos de idade foi para o Rio de Janeiro, onde pôde cursar o colégio Aquino. Em 1872 matriculou-se na faculdade de Medicina local, não conseguindo completar o curso em virtude da falta de meios. Contudo, chegou a se formar em farmácia em 1874.

Iniciou sua carreira jornalística na "Gazeta de Notícias". Com a morte de Ferreira de Menezes, diretor proprietário da "Gazeta da Tarde", Patrocínio assumiu a direção deste jornal até 1887, quando fundou a "Cidade do Rio de Janeiro". Ainda estudante dirigiu a revista mensal "Os Ferrões", de sua propriedade.

Acusado como conspirador na revolta de 10 de abril de 1892 contra as autoridades constituídas da época,· foi deportado para Cacuhy, no Amazonas. Figura simbólica do movimento abolicionista e das conquistas liberais, o seu nome ficou sempre ligado à essas duas fases da história do Brasil.

Membro fundador da Academia Brasileira de Letras, ocupou a cadeira nº 21, (patrono Joaquim Serra). Escreveu muito e traduziu obras francesas. Deixou ótimos livros. Nos últimos anos de sua vida dedicou-se ao problema da navegação aérea, construindo o aerostato "Santa Cruz", que nunca subiu aos ares. Morreu pauperrimamente.

Entretanto, cerca de 10 000 pessoas de todas as classes sociais acompanharam até a sua última morada os restos do "O gigante negro da abolição". Bilac escreveu: — "Há homens que não podem desaparecer da vida sem nenhum abalo profundo e um desequilíbrio geral: o seu desaparecimento é, na ordem moral, o que seria, na ordem física, o desaparecimento de um continente tragado pelas águas"...

José Maria da Silva Paranhos, o Barão do Rio Branco. Estadista, historiador e diplomata brasileiro tinha nascido no Rio de Janeiro a 20 de abril de 1845 e falecido na mesma cidade a 10 de fevereiro de 1912.

Fez seus preparatórios no Colégio Pedro II, ingressando logo após na faculdade de Direito de São Paulo, concluindo entretanto esse curso em Recife. Por essa época apareceu seu primeiro trabalho histórico: "Episódios da Guerra do Prata". Viajou depois pela Europa, e de regresso lecionou história no Colégio Pedro II, onde fizera seu curso de humanidades. Serviu como promotor público em Nova Friburgo. Esteve com seu pai, Visconde do Rio Branco, em missão especial no Paraguai.

De 1871 a 1875, representou Mato Grosso como deputado. Em 1876 era nomeado cônsul do Brasil em Liverpool. Durante alguns anos esteve elaborando a "História Militar do Brasil". Em 1884, representou o governo brasileiro, na qualidade de comissário, durante a Exposição Internacional de Petrogrado. Com o advento da República era nomeado superintendente dos serviços de imigração para a Europa, com sede em Paris. Em 1888, ainda residente nesta cidade, recebe o título de Barão.

A 5 de novembro de 1895 por decisão arbitral, do presidente Cleveland, dos Estados Unidos, ganha o Brasil e litígio do "Térritório das Missões", decisão que se deve quase que exclusivamente a inteligência e diplomacia desse grande brasileiro.

Logo depois, decide a favor do Brasil a questão do "Amapá", pendência da qual funcionou cono árbitro o presidente Hauser, da Suiça. Ocupava o cargo de ministro brasileiro em Berlim, quando em 1902 Rodrigues Alves, então presidente da República, o convidou para a pasta das Relações Exteriores.

Neste ponto, esteve Rio Branco até a morte, servindo respectivamente a quatro presidentes: Rodrigues Alves, Afonso Pena, Nilo Peçanha e Hermes da Fonseca. A 21 de novembro de 1903, resolvia definitivamente a rumorosa questão do "Terrítorio do Acre". Outros tantos litígios tiveram desfechos favoráveis ao Brasil, sempre em consequência da extraordinária ação diplomática do grande Rio Branco, um dos maiores vultos da história brasileira...

O baiano Ruy Barbosa, transformado em simples **palo de vaca** da Amazônia espanhola e árvore de vaca naquele trecho da mata sagrada, que fornecia um líquido com as mesmas características do leite de vaca, tanto no aspecto como no sabor, nada tinha com a Região Norte, mas solidário com a causa que afinal pertencia a todos os moradores, também atendeu ao chamamento da salvação. Ele liderava um grupo de intelectuais residentes na "Floresta Encantada" onde fazim parte poetas que falavam em "Pátria Brasileira", "O Caçador de Esmeraldas", como Olavo Bilac. "Pendão Auriverde", "Anchieta e o Evangelho das Selvas", de Fagundes Varela. E "Uma tragédia no Amazonas" de Raul Pompéia...

Ruy Barbosa pretendia de qualquer maneira com sua privilegiada inteligência salvar aquele trecho da mata sagrada que ficava dentro da Amazônia Continental. Esta cobrindo 1/3 da América do Sul, correspondente a 6,5 milhões de Km^2, dos quais 60% em território brasileiro e os demais 40% divididos por oito países.

O escritor, parlamentar, jurisconsulto, político e jornalista brasileiro, Ruy Barbosa tinha nascido em Salvador, Estado da Bahia, a 5 de novembro de 1849 e falecido em Petrópolis, Estado do Rio de Janeiro, a 1 de março de 1923.

Fez os estudos primários no Ginásio Baiano. Entrou para a Faculdade de Direito de Recife (1866), concluindo o seu curso na Faculdade de São Paulo, em 1871. Regressando à cidade natal, estabeleceu-se como advogado. Em 1878 foi eleito deputado provincial da Bahia. Entrou em 1879 para a Câmara dos Deputados do Império, até 1884.

Quatro anos depois deixou o Partido Liberal, passando a propagar a República. Em 1889 ocupou a pasta das finanças e de Vice-Chefe do Governo Provisório. Coube-lhe redigir o projeto da Carta Constitucional da República. Discordâncias com o Marechal Deodoro levaram-no a renunciar o seu posto e passar às fileiras da oposição.

Estalando a revolta da Armada, foi constrangido a exilar-se, primeiro na Argentina e depois na Inglaterra. Iniciara em 1872 a sua carreira jornalística no "Diário da Bahia", passando depois ao "Jornal do Comércio" e "Diário de Notícias". Redigiu a "Lei Saraiva" (28 de janeiro de 1880) e o famoso parecer concedendo alforria aos escravos sexagenários (1884).

Voltando do exílio é eleito senador pela Bahia (1895), tendo o mandato renovado até a morte. Em 1896 publicou as "Cartas da Inglaterra". De 1902 a 1904 polemizou com Carneiro Ribeiro sobre a redação do projeto do Código civil, onde resultou a famosa Réplica. Em 1907 enviado como representante do Brasil à Conferência Internacional de Haia, impressionou o mundo. Candidato à presidencia da República (1910), arrebatou as multidões na Campanha Civilista, renovada em 1919. A sua obra é imensa sobretudo no setor jurídico. Dono de assombrosa cultura é considerado o maior jurista do Brasil e um de seus mais insignes filhos...

Olavo Brás Martins dos Guimarães Bilac. O poeta brasileiro transformado em piaçaba naquele lote de palmeiras de vários tipos, tinha vindo ao mundo na forma humana em 16 de dezembro de 1865, no Rio de Janeiro e falecido a 28 de dezembro de 1918, na mesma cidade. Fez seu curso de humanidade no Colégio do Padre Belmonte. Cursou a contra gosto, a Faculdade de Medicina, que abandonou, no 5º ano, para matricular-se na Faculdade de Direito de São Paulo, onde esteve somente por um ano.

Foi jornalista, poeta, crítico, orador, ocupando ainda o honroso cargo de secretário do Congresso Pan-Americano em Bueno Aires. Durante toda sua vida, foi um boêmio inveterado, não se responsabilizando de forma alguma, pelos encargos fixos que conseguia. Como poeta é que se notabilizou, pois, filiando-se a Escola Parnasiana que então começava a se esboçar, soube se tornar um de seus principais vates, dada a impecabilidade da forma de seus versos, aliada à "efusiva comoção da sensualidade tropical" conforme atestou Afranio Peixoto.

Versejou por necessidade de alma e espírito, saindo suas composições literárias expontaneamente de sua pena. Todos os críticos são acordes em que Bilac é o verdadeiro poeta da raça, e dele, disse Saúl de Navarro: — "A graça sensual de um sátiro, cantando na selva lírica de nossa alma de gigante adolescente. Pássaro do Idioma. Gorgeio da raça. Príncipe dos poetas".

Além de poeta, escreveu contos, crônicas e críticas para revistas e jornais, e ainda professor, tendo lecionado durante algum tempo no "Pedagogium", do Distrito Federal, e também Escolar. Consagrou os últimos anos de sua vida à propaganda do serviço militar obrigatório, realizando uma série de conferências em várias capitais do país.

A primeira edição de suas poesias, compreendia três partes: "Panoplias"; "Via-Lactea" e "Sarças de Fogo". Numa edição posterior, apareceram mais as seguintes partes: "Alma Inquieta"; "As Viagens"; "O Caçador de Esmeraldas". Bilac foi autor da letra do "Hino à Bandeira", extraordinária peça de exaltação nacionalista musicada pelo grande maestro Francisco Braga. Quando a morte se aproximava, na manhã do dia 28, exclamou agonizante: — "Amanhece... Vou escrever!"...

Manoel Antonio Alvares de Azevedo, também palmeira; esguia muriti na selva sagrada, balançando ao vento tinha sido outro grande poeta romântico brasileiro. Repousava juntamente com outros felizes moradores da "Floresta Encantada" ameaçada pelos invasores norte-americanos de serra em punho. Sua penúltima passagem pelo nosso mundo tinha acontecido em São Paulo a 12 de setembro de 1831 e havia deixado o planeta a 25 de abril de 1852, no Rio de Janeiro.

Aprendeu as primeiras letras no Colégio Stoll, da antiga capital federal, e no Colégio Pedro II onde fez o curso de humanidades. Foi sempre o último aluno em ginástica, porém o primeiro em todas as outras aulas. Já então era um menino profundamente debilitado. De volta em 1848 à São Paulo ingressou no 4º ano da Faculdade de Direito. Talento precoce, ai ganhou grande notoriedade por admiráveis produções literárias.

Viveu a vida acadêmica, integrando-se na boêmia da época e dela recebendo o indispensável estímulo para a feitura de seus ultra-românticos versos. Não chegou a bacharelar-se, pois morreu prematuramente com menos de vinte e um anos.

Celebrizaram-se suas últimas palavras: "Que fatalidade, meu pai!". Ao escrever os versos "Si eu morresse amanhã" — composição que simboliza a poesia da dúvida no Brasil — pressentira fatidicamente a aproximação da morte. Previsão que não demorou em se tornar angustiosa realidade.

Toda a sua bagagem literária escreveu no período de 4 anos. Alvares de Azevedo não era um depravado como muitos publicaram maldosamente, levou apenas, a vida própria de acadêmico da época. Deixou as obras: "Poesias Diversas"; "Lira dos Vinte Anos", sua obra de maior mérito; "Noite na Taberna", fantasia literária onde predomina o byronismo; além de outros estudos críticos. "Foi um imaginoso — diz o crítico sergipano Sílvio Romero — um triste, um lírico que enfraqueceu as energias da vontade e os fortes impulsos da vida no estudo e enfermou o espírito na leitura tulmutuária dos românticos à Byron, Shelley, Heine, Musset e Sand. Quanto ao valor de sua obra, deve-se dizer que nele temos um poeta lírico e o esboço de um **conteur** , de um dramatista e de um crítico; o poeta é superior a "todas as manifestações de seu talento".

No poema "Tristeza" em fecho de ouro, sintetizou a sua biografia: "Foi poeta, sonhou e amou a vida"...

Raul D'Avila Pompéia e Fagundes Varela, também palmeiras no meio de tantas cajuaçus, abiuras e cacuís, fechavam o círculo de intelectuais cujo líder era Ruy Barbosa, na "Floresta Encantada", naquela área onde quase todos eram poetas brasileiros.

O romancista, poeta, jornalista e político, Raul Pompéia passara pela Terra em 12 de abril de 1863 em Jacuacanga, Angra dos Reis, Estado do Rio de Janeiro e suicidou-se a 25 de dezembro de 1895 na antiga capital Federal. Fez os seus estudos de humanidades no Colégio D. Pedro II, diplomando-se em 1880.

Iniciando o curso acadêmico na Faculdade de Direito de São Paulo, Estado de São Paulo, ultimou-o em 1886 na Faculdade de Direito do Recife, Estado de Pernambuco. Desde muito cedo emprestou a sua fecunda e valiosa colaboração a vários órgãos da imprensa nacional. Incansável trabalhador, exerceu, na sua vida prática, as funções de diretor do Departamento de Estatística do Rio de Janeiro, do "Diário Oficial", da Biblioteca Nacional e secretário da Escola Nacional de Belas Artes.

É patrono da cadeira nº 33 da Academia Brasileira de Letras, escolhido pelo sócio fundador Domício da Gama. Aos 17 anos de idade, já se revelara um escritor de qualidades promissoras com a publicação do seu livro de estréia "Uma Tragédia no Amazonas". Nesse mesmo ano apareceu "Pompeo Stell" 1880, seguindo-se

"Canções sem Metro", 1881, imitação dos poemas em prosa de Beaudelaire.

"O Ateneu", 1888, escrito em três meses, estudo psicológico de alto valor imaginativo finamente ilustrado pelo próprio autor e considerado sua obra prima. "As Jóias da Coroa" e "Agonia", romances, este último não concluído, e inúmeros contos, crônicas, folhetins, artigos de crítica etc., em jornais e revistas.

Prefaciou ainda as "Festas Nacionais", de Rodrigo Octavio. Artista, Raul Pompéia cultivou também o desenho, a pintura e a escultura. Batalhou sistemática e ardorosamente pela abolição da escravatura e pela causa republicana, apoiando a corrente política "Florianista". Estilista vibrátil e conciencioso, Raul Pompéia ocupa um lugar de proeminente destaque na literatura brasileira do século passado...

Luiz Nicolau Fagundes Varela completava o quadro da ala dos intelectuais brasileiros da mata sagrada entre os galhos floridos da mongubeira em que morava, cercado de alvas plumas do vizinho ubá.

Entre flores da ingazeira, do juazeiro e da paineira, que davam abrigo a macucos e arapongas a árvore protegia também o atormentado Fagundes Varela, de tantos sofrimentos passados na Terra. O poeta brasileiro tinha nascido a 17 de julho de 1841 em Rio Claro, Estado do Rio de Janeiro e falecido a 18 de fevereiro de 1875 em Niterói, no mesmo Estado.

Aos 19 anos de idade transfere-se para São Paulo, Estado de São Paulo. Concluindo ai os preparatórios. Em 1865 matricula-se na Faculdade de Direito local, abandonando esse curso dois anos depois com a morte do filho, para reiniciá-lo em 1866 na Faculdade de Direito do Recife, Estado de Pernambuco. Com o falecimento da esposa em Rio Claro, Fagundes Varela deixa o Recife para ingressar novamente na Faculdade de Direito de São Paulo, onde perde o ano por excesso de faltas. Renuncia então os estudos, definitivamente. De regresso à casa paterna, entrega-se às incertezas de uma vida nômade, embrenhando-se mais das vezes em caminhadas longas pelos sertões.

Esse hábito, conservou-o ainda após contrair segundas núpcias. É patrono da cadeira nº 11 dos Sócios Efetivos da Academia Brasileira de Letras. Autor de "Noturnos", 1861, primeiros versos; "Pendão Auriverde", 1862; "Vozes da América", 1864; "Cantos e Fantasia". Lança ainda "Anchieta e o Evangelho das Selvas", 1875; "Cantos Religiosos", 1878; "Diário de Lázaro", 1880; "A Fundação de Piratininga", "Ponto Negro" e "O Demônio do Jogo", dramas.

Poeta inspiradíssimo, redigia quase sempre de improviso. Como Edgar Poe, Fagundes Varela foi um inveterado alcoólatra. Era expontâneo nos versos, seguro nas descrições e exuberante nas imagens.

Analisando a obra do poeta, José Veríssimo escreveu: — "O que há de bom, às vezes mesmo excelente em Varela é o seu lirismo sentimental, as suas manifestações de dor de pai ou de amante, os seus lamentos de poeta infeliz, ou que, por amor ao romantismo, se fez infeliz!"...

A máquina ceifadora dos lenhadores se aproximava do bosque calmo, onde os bichos já tinham abandonado assustados com o barulho característico da serra enquanto alguns poucos animais e aves retardatários escondiam-se nos ocos dos paus. Quadrúpedes e ofídios que passavam o tempo devorando-se pela vida, largavam a área infestada pelos civilizados. Reinando um silêncio misterioso na mata. As folhas já não mais se moviam nos pés de bacuri, bacaba, ingá, tucumã. Nos charcos, lagos e córregos de águas claras, cercadas de miriti, marajá, uxi, patauá, os únicos que pareciam não ligar muito eram os matrinchãos, curimatás, mandis, caratais jejus.

Queixadas e tatus, não ficaram nenhum. Quem tinha perna corria, aqueles que possuiam asas voavam para bem longe do barulho da moto-serra. Raul Pompéia repetia o mesmo gesto quando em vida. Todos viram a frágil árvore onde o espírito do poeta habitava, partir-se sozinha antes dos invasores a atingir. Matava-se novamente o intelectual autor de "Uma Tragédia no Amazonas".

Quando a tropa da destruição das matas sagradas acabou de passar cortando tudo, por entre penachos multiformes, em pendões, plumas coloridas, palmas e cipós, um lamento ficou no ar, mais uma vez. A mesma exclamação do agonizante Olavo Bilac — o "Príncipe dos Poetas":

— Amanhece... Vou escrever...

O ESTUDO DO CONSELHO DE DEFESA.

O Camaleão "papa-vento", à aproximação do perigo com a chegada dos invasores tomou a cor exata do ambiente. Metade do corpo ficou da cor da forquilha seca e a outra metade, verde como a folha, mas de nada adiantou sua estratégia porque a árvore caiu com ele...

No princípio até Benjamin Franklin foi convocado pelo Conselho de Defesa da área que abrigava da ave cigana à orquídea orelha-de-burro, morando num pau-ferro, casa também de um mutum-piranga solitário. O trecho estava prestes a ser destruído e precisavam urgentemente dar um basta no desmatamento. Inventar algo que pusesse os invasores para fora da mata sagrada. Por isso lembraram do espírito que havia feito preciosas descobertas no domínio da eletricidade, cabendo-lhe a glória de inventar em 1752 o pára-raios, que há mais de dois séculos, vem prestando inestimáveis serviços à humanidade.

Ele não se conformava que até o meio do século XVIII, o

grande remédio contra as tempestades era tocar os sinos das igrejas. Não é preciso dizer que esses tocadores foram com frequência atingidos pelos raios. Depois que surgiu o pára-raios foi proibido que se badalassem os pesados objetos de bronze durante os temporais. Houve quem protestasse — como sempre — acostumados que estavam com as tradições. O famoso Robespierre quando advogado em Arras, defendeu um camponês que se opusera à instalação de pára-raios. Obviamente ele preferia continuar a correr e a tocar sinos para parar com os raios. Quanto mais se movimentava com peças de metais, mais raios atraía...

Benjamin Franklin fazia parte dos moradores próximos de onde os serradores de paus já estavam quase alcançando dentro da Amazônia — obra prima da criação. Mas o comando que seria seu foi esfriando e quase descartado, quando apresentado sua ficha, lembraram que sua nacionalidade na Terra, como humano, tinha sido norte-americana. O fato poderia fazer com que ele fosse brando para com os conterrâneos. A situação estava crítica — de guerra — e precisavam agir com pulso forte. Da mesma maneira que os invasores estavam tratando os espíritos da floresta. Eliminando seus corpos.

Ouviram também outros residentes do trecho. O número como sempre grande e variado. Dele faziam parte o compositor italiano Leoncavalo, o romancista alemão Richter, o economista inglês Maltus, o compositor italiano Cherubini, o historiador alemão Leibniz, o historiador e catedrático alemão, Leon von Ranke, o poeta norte-americano Longfellow, o compositor alemão Meyerbeer, o literato francês Lebreton.

O escritor português Eça de Queiroz que viveu no planeta de 1843 a 1900. José Maria Eça de Queiros, autor dos trabalhos "O Crime do Padre Amaro", 1876; "O Primo Basílio", 1878; "Os Maias", 1888 e outras páginas inesquecíveis. Foi Eça de Queiroz um dos maiores, senão o maior dos romancistas portugueses, cabendo-lhe a glória de ter sido o criador do realismo nacional. Suas obras foram traduzidas para quase todas as línguas e é ainda o grande literato lusitano um dos escritores mais lidos no mundo.

Logo após o seu falecimento (16 de agosto de 1900), Emílio Zola dizia: "Um grande romancista. Considero-o superior a Flaubert, que foi no entanto, o meu mestre". E Mendes dos Remédios escreveu: "Na história do romance nacional o seu nome, independentemente do juízo que venha a fixar-se a respeito da obra, ficará para sempre perdurável pelo caminho novo que rasgou no campo do naturalismo e pela influência decisiva que a sua maneira criou e exerceu"...

Jules Bordet também estava lá. O cientista belga que indo à França, praticar no Instituto Pasteur de Paris, realizou importantes pesquisas sobre o cólera e sobre a capacidade de reação do organismo humano contra diversas moléstias. Voltando à Bruxelas em 1901, passou a dirigir o Instituto Pasteur local, dedicando-se então a estudos sobre a sífilis. Deixou inúmeros escritos sobre moléstias infecciosas...

Wilhelm Konrad Rontgen, físico alemão que esteve na Terra, de 1845 a 1923. A sua fama firmou-se quando verificando certas radiações que se produziam nos tubos de Hittorf e Crookes, notou em alguns cristais uma fluorescência inesperada, dando-lhe o nome de "raios X". Por não ter requerido patentes desse invento e devido a sua extraordinária importância, o mesmo pôde ser explorado livremente. Essa descoberta valeu a Rontgen a medalha Rumford da Real Sociedade de Londres, 1900 e em 1901, o prêmio Nobel.

Continuou porém o estudo dessas radiações e destacou-se em outros variados campos da física. Devem-se a ele importantes e inúmeros trabalhos sobre o calor específico dos gases, compressibilidade dos líquidos e as notáveis experiências sobre a ação magnética dos isoladores dielétricos em movimento no campo de um condensador. Regeu com dedicação e sabedoria a cadeira de física em Munich...

Vizinho de Rontgen vivia Cícero Romão Batista, o eclesiástico e político brasileiro. Mais conhecido por "Padim Ciço" no Nordeste brasileiro. Havia nascido em 1844 em Crato, Estado do Ceará e falecido no ano de 1934 em Joazeiro, no mesmo Estado. Humilde e virtuoso, o jovem sacerdote pôde conseguir facilmente a simpatia e a confiança religiosa dos paroquianos. Em pouco tempo o seu prestígio estendeu-se por toda a região do vale do Cariri e ultrapassou as fronteiras do seu Estado natal e as dos demais circunvizinhos.

Culminou-se, entretanto, a sua personalidade histórica quando, ao ministrar a eucaristia a uma de suas devotas, tornara-se a hóstia cor de sangue. Esse fenômeno, reputado como um autêntico milagre, espalhou-se rápido por toda parte, firmando-se então, mais positivamente, o fanatismo religioso do sertanejo nordestino pelo pároco de Joazeiro.

A propalação desse estranho acontecimento fez atrair para o povoado inumeráveis caravanas de fiéis e curiosos, transformando-o vertiginosamente em uma das maiores cidades do interior daquele Estado. Combatido e, posteriormente, suspenso das ordens sacras pelas altas autoridades eclesiásticas, padre Cícero, desobedecendo as decisões da igreja, continuou os seus mistéres sacerdotais no pequenino templo católico que ele próprio construira, sem que se desfizesse o misticismo das lendas e santidade que se criaram em torno do seu nome.

A sua influência religiosa muito contribuiu para o seu destaque no cenário político nacional. Atacado por numerosos contingentes da força policial cearense, inflinge-lhe, à frente dos seus fanáticos, consideráveis perdas. Intervindo o governo federal, só pôde conciliar a sangrenta campanha com a deposição do então presidente do Estado. Como chefe político elegeu Floro Bartolomeu várias vezes deputado federal. Joazeiro ergueu um monumento para cultuar eternamente a memória de padre Cícero...

Tantas pessoas ouvidas e muito mais ainda por ouvir. O Conselho de Defesa resolveu, devido a urgência e a gravidade do fato, prosseguir então reunindo em especial os espíritos de pessoas que haviam passado pela região amazônica; talvez estivesse ali o caminho da solução. Gente que conhecesse bem a selva. Chamaram os espíritos de José Veríssimo, Rondon, Barbosa Rodrigues, Agassiz, Emilio Goeldi e de quebra ainda o higienista e sábio Oswaldo Cruz que poderia inverter seu papel. De sanitarista que havia salvo seu país, a criador de alguma forma que liquidasse de vez os lenhadores invasores da "Floresta Encantada", repleta de palmeiras naquele trecho.

A escolha da chefia no entanto, dias depois de reuniões, recaiu sobre Orville Derby que havia feito a melhor proposta. Os espíritos-vegetais mantinham-na quase em sigilo como se os humanos fossem capazes de descobrir seus projetos...

José Veríssimo Dias de Matos, professor, jornalista, historiador, novelista e crítico brasileiro, tinha nascido a 8 de abril de 1857 em Obidos. Estado do Pará e falecido a 2 de fevereiro de 1916, no Rio de Janeiro.

Iniciou seus estudos primários em Manaus, completando-os em Belém em 1868. Transferindo-se para o Rio de Janeiro em 1869, estudou humanidades no internato do Colégio Pedro II e no Colégio Vitória. Matriculou-se depois na antiga Escola Central, transformada nesse ano em Escola Politécnica.

Devido ao estado precário de sua saúde, teve que abandonar o curso, voltando para sua cidade e logo seguindo para a Europa.

Convidado em 1889 a assistir ao 10º Congresso Antropológico, em Paris, apresentou erudita memória sobre o "Homem de Marajó e a antiga civilização amazônica".

Das suas obras se destacam "Primeiras Páginas", 1878; "Cenas da Vida Amazônica", 1886; "Estudos Brasileiros", 1889-1894; "A Educação Nacional", 1908; "História da Literatura Brasileira" e "História Geral da Civilização", 1916 etc. Veríssimo pertencia a uma classe de homens raros no país: tinha a capacidade de iniciativa e a coragem da continuidade...

Cândido Mariano da Silva Rondon, engenheiro-militar brasileiro, tinha nascido a 5 de maio de 1865, em Mimosa, Estado de Mato Grosso. Concluindo estudos primários em Cuiabá ingressou no Liceu Cuiabano, onde fez o curso secundário. Seguiu para a Escola Militar do Rio de Janeiro, cursando ai, Infantaria, Cavalaria, Artilharia e Estado Maior. Estudou engenharia-militar e obteve o título de bacharel em Matemática e Ciências Físicas e Naturais.

Em 1888 era alferes-aluno; 2º tenente de Artilharia e tenente do Estado-Maior de 1º classe, em 1890. Nesse mesmo ano, nomearam-no ajudante da comissão construtora da linha telegráfica Cuiabá-Araguaia. Dois anos depois era capitão de engenharia e em 1903 major da mesma arma. Desempenhou funções de lente substituto da 1ª seção da Escola Militar e de suplente da Cadeira de Mecânica e Astronomia, da mesma escola.

Ocupou o cargo de engenheiro-chefe do Distrito Telegráfico da Intendência Geral, do Rio de Janeiro, e foi capitão-chefe da Comissão de Linhas Telegráficas de Mato Grosso e depois chefe das Linhas Telegráficas Estratégicas de Mato Grosso-Amazonas. Elevado em 1908 ao posto de tenente-coronel e em 1913 a coronel de Engenharia. Atingiu o generalato de brigada em 1919, sendo nomeado diretor de Engenharia Militar. General de Divisão em 1924, comandou as tropas legalistas em operações no Paraná e Santa Catarina, na revolução daquele ano.

Rondon, foi um dos mais brilhantes oficiais, de que se orgulha possuir o Exército brasileiro. Grande conhecedor dos problemas indígenas, seu lema era com relação aos silvícolas: Morrer se preciso for, matar nunca...

João Barbosa Rodrigues, botânico brasileiro, tinha nascido em São Gonçalo de Capivari, Estado de Minas Gerais, a 22 de julho de 1842 e faleceu no Rio de Janeiro a 6 de março de 1909. Fez seus primeiros estudos no Internato Pedro II, entrando depois para a Escola Central, hoje Politécnica, onde se formou. Efetuou profundos estudos sobre Botânica, Antropologia e Etnografia.

Em 1868, iniciou, em colaboração com o cientista austríaco Riechenbach, uma monografia sobre as orquídeas do Brasil, obra em dezessete volumes. Em 1871 foi encarregado pelo governo de uma exploração na Amazônia. Permaneceu nessa região durante três anos e meio, tendo oportunidade de fazer importantes descobertas. Como fruto dessas observações, publicou vários livros. Após terminar essa tarefa, realizou, em companhia de James Trail, um estudo sobre plantas brasileiras.

Em 1878, em missão de pesquisas sobre o curare, realizou diversas conferências a respeito do uso do sal comum como antídoto daquele veneno. Fundou, no ano de 1884, o Jardim Botânico do Amazonas. Em 1890 passou a dirigir o Jardim Botânico do Rio de Janeiro. Em 1901 viajou à Europa para fazer séries de conferências. Deixou inúmeras obras sobre a região amazônica...

Jean Louiz Rodolphe Agassiz, naturalista suiço, tinha nascido no dia 28 de maio de 1807 em Motiers e faleceu a 14 de dezembro de 1873 em Cambridge, Massachussetts, Estados Unidos da América do Norte. Concluidos os estudos ginasiais doutorou-se respectivamente em filosofia e medicina em 1829 e 1830 nas universidades de Slanger e Munich. Ainda estudante, Marcius, o grande botânico alemão, escolheu-o para auxiliar a classificação dos espécimes animais na parte referente à ictiologia, colhidos na sua excursão científica com Spix ao Brasil. Com a morte de Spix em 1827, Agassiz substituiu-o.

De sua viagem à Paris, manteve-se em contato com Humboldt e Cuvier. As expensas de Frederico Guilherme, da Prússia, partiu para missão científica, fixando-se nos Estados Unidos onde ocupou a cadeira de zoologia e geologia da Universidade de Harvar, a de história natural do Instituto Lowell da Universidade de Cambridge, e fundou o Museu de Zoologia Comparada, de Harvar. Foi um dos naturalistas que seguiram precisamente as pegadas de Cuvier.

Em 1837 esteve no Brasil e, das suas observações geográficas, geológicas, etnográficas, paleontológicas, botânicas e zoológicas, resultaram a grande obra "Viagem Pelo Brasil". Escreveu ainda inúmeros livros importantes. Naturalizou-se cidadão norte-americano. A inteligência prodigiosa e sobretudo sua dedicação à ciência, conquistaram-lhe um lugar de destaque entre os sábios naturalistas de sua época...

Emil August Goldi (Emílio Goeldi), naturalista suiço, nasceu em Cantão de St. Gall, a 28 de agosto de 1859, e faleceu em Berna, a 10 de julho de 1917. Realizou seus estudos no país natal, vindo para o Brasil no ano de 1884. Prestou relevantes serviços à nação quer trabalhando para o Museu Nacional, quer na direção do Museu Paraense, ou em outros empreendimentos, entre eles notando-se o de ter colaborado com o Barão do Rio Branco nos trabalhos pela solução do problema dos limites com a Guiana Francesa.

Realizou estudos sobre botânica, zoologia, arqueologia, etnografia etc. Publicou a respeito diversos livros. Em 1886 foi comissionado pelo Museu Nacional, cuja direção geral era ocupada na ocasião por Ladislau Neto, para estudar as pragas que então atacavam os cafezais, causando vultuosos prejuízos. Durante catorze meses realizou pesquisas em plantações das fazendas de diversos municípios da Província do Rio de Janeiro.

Por vários anos dirigiu o Museu Paraense, tendo empreendido expedições de estudo à divisa da Região Norte; pesquisas sobre os índios da Amazônia, conseguindo efetuar nesse campo importantes descobertas, e muitas outras obras.

Em sinal de agradecimento pela grande obra realizada em benefício do Brasil, foi dado ao "Museu Paraense" em 1902, o nome de "Emílio Goeldi". Regressando à patria, ocupou até a morte uma cátedra na Universidade de Berna...

Oswaldo Gonçalves Cruz — o higienista e sábio brasileiro, na verdade nada tinha com a Amazônia. Apenas havia sido convocado pelos espíritos-vegetais para ver se era viável a criação de algum vírus, forma de enfermidade, para acabar de vez com a invasão.

Oswaldo Cruz tinha nascido em São Luiz do Paraitinga, Estado de São Paulo, a 5 de agosto de 1872 e faleceu em Petrópolis, Estado do Rio de Janeiro, a 11 de fevereiro de 1917. Aos vinte anos concluiu seus estudos na Faculdade de Medicina do Rio de Janeiro, defendendo a tese "A Água como Veículo dos Micróbios". No Instituto Pasteur, em Paris, de 1896 a 1899, aperfeiçoou seus conhecimentos, apresentando esplêndidos trabalhos sobre toxicologia, que mereceram de Metchnicoff, Roux e Nebert, as mais elogiosas referências. Nessa mesma época, sustentou com o sábio alemão Hater, uma acirrada polêmica sobre os efeitos venenosos do rícino, concluindo o cientista germânico em dar ganho de causa ao jovem brasileiro.

Em 1903 uma terrível epidemia de febre amarela assola o

Rio de Janeiro, Rodrigues Alves, então presidente da República, confia-lhe a direção do Serviço de Saúde Pública. Com a organização de uma poderosa brigada sanitária, procedeu-se à desinfecção geral de todas as casas e logradouros públicos, incineração completa dos detritos entulhados nos arredores da capital, escoamento de águas estagnadas, vacinação obrigatória etc.

Apesar da ignorância do povo naquela época, quanto aos métodos profiláticos impostos com energia pelo grande cientista, foi possível a extinção completa do flagelo.

Oswaldo Cruz foi Cavalheiro da Legião de Honra da França. A bagagem de serviços prestados à sua pátria, coloca-o no primeiro plano dos grandes vultos da história brasileira...

Mas a cabeça da missão de salvamento do que restava da selva cheia de mistério havia recaído sobre Orvillie Adalbert Derby, geólogo, paleontólogo e geógrafo norte-americano, apesar da mesma nacionalidade dos homens que estavam invadindo e destruindo tudo na "Floresta Encantada". O homem prometeu se empenhar a fundo na missão destinada a ele.

Orville Derby havia, na penúltima vez em que passara pelo planeta, na forma humana, nascido a 2 de julho de 1851 em Kellegville, Estado de Nova York, e suicidou-se a 27 de novembro de 1915, no Rio de Janeiro.

Em 1869 ingressou na Universidade de Cornell, salientando-se no estudo de geologia. O professor dessa matéria, Charles Frederic Hart, sabendo a dedicação e o adiantamento de Orville Derby, escolheu-o para uma excursão ao Brasil, em 1870. Os resultados colhidos nessa viagem de pesquisas, foram os fósseis de Pernambuco. No ano seguinte ambos voltaram ao Brasil, escolhendo o vale do Amazonas para objeto de seus estudos. Retornando à Universidade de Cornell, diplomou-se em 1873, sendo nomeado instrutor de geologia de Cornell. Doutorou-se em 1874 com a tese: "Braquiapodos Carboniferos de Itaituba, Rio Tapajós". O valor desse trabalho está não só no fato de ser a primeira publicação sobre a geologia no Brasil, como por ser sugerido estudos e descobertas subsequentes.

Em 1875 o governo brasileiro contatou Orville Derby para executar o mapa geológico do império. Em 1877 era diretor de geologia do Museu Nacional do Rio de Janeiro. Apresentou, em 1891, o primeiro mapa topográfico da América do Sul. Publicou cerca de 125 trabalhos sobre geologia e congêneres do Brasil.

Foi agraciado em 1892 com o prêmio Wollaston, da Geological

Society of London. Alguns meses antes de morrer, naturalizou-se cidadão brasileiro...

Dessa forma os espíritos-vegetais da comissão de defesa tinham optado pela tese de Orville Derby e a colocariam em breve para funcionar. Mais uma obra do homem que dedicou toda a sua vida ao estudo da geologia do Brasil, tendo feito mais do que qualquer outro geólogo para resolver os vários problemas.

A forma idealizada pelo famoso paleontológico passou a ser a esperança de salvação da mata sagrada naquele pedaço composto quase que somente de palmeiras. De folhagem verde-musgo e lustrosa, das palmeiras, coqueiros, árvores que forneciam frutos da pupunha, inajá, taberebá, cajui, capuaçu. Todos os outros espíritos moradores nos vegetais, confiavam na viabilidade do projeto...

NOVO PLANO DE SALVAÇÃO.

Uma das árvores daquela parte da Amazônia de riqueza natural sem igual — um dom de Deus — observava o leve vôo das garças, enquanto a comissão composta do conselho de defesa da mata sagrada punha seu plano em ação. Milhares de árvores da umari, genipapo, mucajá e outros frutos (contendo importantes personalidades que modificaram o mundo) já tinham sido destruídas. Machados, foices, correntes colocadas entre dois tratores gigantescos, moto-serras, fogo, veneno, cargas de dinamite; toda forma imaginada para colocar a selva abaixo. Com prejuízo também para os animais, pois destruiam seus **habitats** , suas fonte de alimentação; os ninhais das aves; prejudicando tremendamente os peixes que mansamente viviam por ali, como o tambaqui, o tamuatá, o acari, a traira, a jandiá.

Os animais pareciam adivinhar, simplesmente desapareciam em agitada correria, enquanto as aves batiam asas para bem longe, quando os lenhadores propuseram usar desfolhantes para arrasar de uma vez com tudo rapidamente. Alegaram que estavam cansados de derrubar árvores da centenária selva, com métodos que eles achavam primitivos, derrubando pau por pau como faziam os homens das cavernas. — E a tecnologia súper moderna desenvolvida por nossos cientistas, para que serve? — Justificavam os derrubadores de matas.

Os troncos cada vez mais fortes e as galharias acabavam com as mãos, estragavam as serras-elétricas, cegavam o fio dos machados com facilidade. Se os aviões e helicópteros jogassem o veneno em pouco tempo as florestas estariam arrasadas, secas, mortas, sem muito esforço humano. No Vietnã tinham agido assim usando o **napalm** e o "agente laranja" — insistiam os lenhadores. Alguns deles foram testemunhas vivas; ignorantes que ainda receberiam o troco, pois a natureza não se defende mas se vinga...

Os homens de "Mitzgaynor", talvez cansados daquela orgia desenfreada em que haviam transformado suas vidas, insistiam:

— No Vietnã não fizemos assim, para descobrir os inimigos debaixo das folhas? E mesmo na região amazônica, onde os desfolhantes químicos tinham sido testados antes, não aconteceu a mesma coisa?

Realmente na área não havia ficado uma folha com vida, no imenso laboratório de provas, que sempre fôra a região amazônica para os homens dos Estado Unidos...

A associação do Tordon 155 da criminosa empresa Dow, com o "agente laranja", contendo a fulminante dioxina TCDD, com alto poder cancerígeno, aplicado ao longo da linha de transmissão da Eletronorte, no Pará (1980-1981), foi responsável pela intoxicação de dezenas de pessoas, provocação de abortos e pela morte de milhares de animais. E tudo havia se passado há poucos anos atrás...

O chefe dos lenhadores, o homossexual ruivo de físico avantajado "Mitzgaynor" foi logo esfriando as pretensões de seus comandados. A idéia não tinha sido aprovada nos Estados Unidos. Por uma única razão: causaria os mesmos problemas seríssimos, ou piores pois haviam aperfeiçoado ainda mais a química para uma eventual guerra futura. E seu uso naquelas condições seria arrasador; de efeito nunca imaginado. Viriam a tona problemas colaterais observados e comprovados num passado não muito remoto, quando o mundo inteiro criticou e condenou os norte-americanos, por terem praticado enorme crime contra a humanidade. O veneno lançado no Vietnã acabou atingindo também as populações, com consequências de deformações físicas conhecidas...

A decepção foi grande entre os lenhadores, afinal os Estados Unidos nunca tiveram escrúpulos em usar mercúrio para matar os rios. Derrubavam ou queimavam as florestas tropicais; espalhavam pesticidas a vontade; matavam os nativos; arrasavam com tudo em volta quando queriam atingir seu objetivo. As multinacionais sob o comando de Washington sempre se infiltraram na Amazônia para extrair minérios e espalhar bois. Com a ajuda norte-americana a mata da Região Norte brasileira estava sendo destroçada por mineradores, **cow-boys** criadores de gado, garimpeiros, indústrias pesadas, contrabandistas de peles e couros, além de cocaína; gananciosos empreiteiros, desmatadores ignorantes ávidos pelo lucro fácil, que transformariam a bela área verde privilegiada, num deserto vermelho...

E o chefe "Mitzgaynor" que não escondia seus trejeitos femininos em seu porte avantajado de quase dois metros de altura, ia expondo o plano aos seus homens. Os Estados Unidos queriam tomar posse da Amazônia, conforme o projeto inicial, através de invasão pacífica entre gramíneas e arbustos, lentamente, sem causar muito alarde, principalmente da imprensa mundial. Mesmo que seus lenhadores fossem picados continuamente por formigas-de-fogo — praga da região em que estavam operando, cuja picada inflamava a pele na hora.

Portanto seus homens deveriam prosseguir com o desmatamento brando, na serra e no machado, lento. Ainda a melhor maneira e mais segura forma de passar despercebida a ocupação. No momento oportuno, ai sim os Estados Unidos dariam a arrancada final, o golpe definitivo, tomando posse de toda a região amazônica conforme interesses ditados por Washington.

"As autoridades brasileiras; políticos e militares, já estavam comprados. Bastava só depositar os dólares em suas contas na Suiça" — afirmavam com muita convicção os chefes norte-americanos. O que não podiam era despertar a atenção dos jornalistas com algo fora do comum como a aplicação do **napalm** ou do "agente laranja" que abreviaria mas também estragaria o projeto. Os planos de posse definitiva da Amazônia iriam por água abaixo...

Se bem que os incêndios que as multinacionais faziam na região despertavam atenção até dos satélites, como sendo queima de imensa parte do planeta Terra, sem que as autoridades brasileiras tomassem qualquer tipo de providência para conter a destruição. Afinal, elas viviam em Brasília na "Ilha da Fantasia" — um mundo a parte, isolado do resto da população e de seus reais problemas...

Na mata sagrada a vida dura deveria continuar. Os lenhadores inutilmente davam tapas na pele tentando se livrar das picadas dos insuportáveis mosquitos e formigas que subiam pelas botas, já que não conseguiram uma nova forma de facilitar seus trabalhos que deveriam prosseguir na serra-elétrica como até ali vinham fazendo. Aproveitaram a trégua para uma outra reivindicação. Apenas uma: queriam pelo menos a entrada de mulheres nos acampamentos, agora que o serviço de desmatamento havia destruido uma parte da selva, julgada até pouco tempo como impenetrável.

Pediam que fosse dada licença para trazerem mulheres dos Estados Unidos ou que a direção da companhia permitisse pelo menos a visita de mulheres da região amazônica. O que foi prontamente negado pelo chefe "Mitzgaynor", brutamontes afeminado.

Os lenhadores enfrentavam moscas, mosquitos, bernes, bichos-de-pé, lacraias, aranhas caranguejeiras, grandes vespas, abelhas, escorpiões, formigas de todos os tipos e sangue-sugas nos pantanais, além de potós e mamangabas. Cobras venenosíssimas como cascavéis, urutus, jararacussus, surucucus; feras como onças e até mesmo índios ferozes, que encontravam exporadicamente e para tudo isso queriam apenas uma compensação, além dos dólares que recebiam; apenas mulheres. Só isso, nada mais...

Assim como vinham moto-serras, machados, foices, facões, espingardas, revolvers e metralhadoras; deveriam chegar também razoável estoque de ruivas, loiras, morenas, negras e mulatas...

Mais uma vez o chefe foi curto e grosso com seus subordinados. Taxativo e rude:

— Mulher aqui não, Zefir! — Gritou histérico "Mitzgaynor", o homossexual que não admitia concorrência na sua área. — Isto é como garimpo, mulher não combina com o serviço. Só vai gerar encrencas entre o pessoal, e ai sim é que o serviço não acaba mais...

Zefirelli (também tentando fugir dos indesejáveis mosquitos) que pilotava helicóptero, vestido de **cow-boy** (dois revolvers dependurados na cinta) com o capacete da Força Aérea dos Estados Unidos apareceu no acampamento para dar a má notícia ao pessoal. A sua volta jaziam milhares de espécies de palmeiras. Somente do babaçu dominante em mais de 10% da Amazônia era possível extrair 64 diferentes produtos, se cultivado racionalmente. Como o babaçu existiam também grandes possibilidades de utilização da carnaúba, do tucum, do bacuri e do açai, abrindo novas oportunidades à indústria química. Mas não derrubando tudo sem replantio como demonstravam os norte-americanos fazedores de deserto.

Zefirelli avisou aos lenhadores que deveriam prosseguir com a derrubada como até ali vinham fazendo. Nada mais poderosa em matéria de armas, do que a moto-serra. Apenas com rapidez, pois o chefe achava que os homens estavam fazendo corpo mole. Nem mulheres e nem armas destruidoras apropriadas. Apenas trabalho nas condições horríveis naquela mata espinhenta e hostil.

O barulho estridente que competia com os sapos coaxando em desarmonia cantoria destacando-se o urro do sapo-boi no oco do pau, prosseguia mesmo contra o gosto dos lenhadores. O máximo que o chefe forneceria estava previsto para um aumento de cotas para outras necessidades, tais como cigarros, bebidas, tóxicos, alimentos.

Foram providenciados aumentos nos estoques de sacos plásticos contra a umidade da selva, contendo bolachas, pacotes de cigarros e fósforos, uisque com fartura, maconha, cocaína, LSD (ácido lisérgico), carnes enlatadas — os lenhadores apreciavam os peixes pescados mas detestavam as carnes das caças...

Os conselhos de defesa se reuniram para salvar o que restava da mata sagrada. Os lenhadores achavam que não estavam progredindo na derrubada e os habitantes da "Floresta Encantada" sentiam que os lenhadores já tinham ido longe demais.

Foi quando o novo plano entrou em ação. Por ordem do iluminado espírito de Orville Derby, apelaram para a Paleontologia — ciência que estuda os fósseis. Vasculharam as dúvidas que tinham ficado sobre a fauna e a flora antigas do Brasil. Fizeram um mapeamento das jazidas fossilíferas da Amazônia, onde pacas e capivaras roiam tranquilamente e que abrigaram dinossáuros de até quinze metros de comprimento, que faziam o mesmo há cem milhões de anos atrás.

Pretendiam os espíritos através do mapeamento paleontológico, dar vida novamente aos dinossáuros para conter a invasão dos lenhadores. Imediatamente foram levantados dados. Não havia assunto que não existisse um especialista na mata sagrada. Logo já se sabia entre os espíritos-vegetais convocados por Orville Derby, a relação dos maiores monstros pré-históricos que viviam no Brasil e em especial na região amazônica, pertencente ao grupo dos saurópodes, animais quadrúpedes e herbívoros.

O maior deles, no país, o titanossáuro (não confundir com

o tiranossáuro carnívoro que não habitou o Brasil) semelhante aos mais conhecidos brontossáuros, mas bem menor. Entre dez e quinze metros de comprimento comparados a vinte e quatro metros dos brontossáuros.

Estes animais viviam perto da água. Habitavam por entre acapus e sapucaias, na Amazônia, onde até hoje é pouco explorado o seu estudo. A não ser a descoberta de répteis de período recentes, como possíveis ancestrais dos jacarés.

Os Conselhos que davam proteção às sagradas florestas, pretendiam criar ali o "Vale dos Dinossáuros", conforme projeto do paleontólogo Orville Derby, composto de formas vivas das mais distintas de monstros, para afugentar de vez os invasores.

E os gênios que ali habitavam iam muito mais além. A paleontologia que estudavam abrangia todos os tipos de vida. Que podia ser dividida em micropaleontologia — estudo de fósseis que necessitam de microscópios para serem analisados — e macropaleontologia, que trata de animais e plantas de maiores dimensões.

A equipe comandada por Orville Derby teve que reestudar os mamíferos primitivos da América do Sul, porque durante perto de 65 milhões de anos o continente esteve separado da América do Norte. Este isolamento propiciou a existência de uma fauna típica, já que a ligação via istmo do Panamá só reapareceu há cerca de um milhão de anos...

Para observar a reação dos lenhadores, o comportamento em relação ao avistarem um animal há muito extinto, lançariam o xenungulado. Para testar, o animal que vivia há setenta milhões de anos, estava ótimo — Pensou Orville Derby, dentro da caoba, cercada de caviunas, sapupiras, quarubas e embiras.

De tamanho pequeno em proporção, aos seus irmãos gigantescos, não passava das medidas de uma anta. Porém mais forte e de parentesco distante com ungulados modernos como os elefantes.

— É, para começar está bem o xenungulado, realmente. — Confirmou um dos assistentes depois da obra prima pronta, achando que deviam mesmo começar pelos menores exemplares. Conforme a reação dos humanos, soltariam feras bem maiores, do tamanho de uma casa.

Tinham reanimado o mais antigo fóssil mamífero do continente. Um deles, somente um, deveria ser suficiente para por a correr todos os lenhadores invasores.

Mas não pararam ai os espíritos-vegetais. Além do xenungulado, já estavam preparando voltar a vida a ungulados primitivos. Por enquanto os humanos somente haviam encontrado restos de marsupiais, uma ordem de animais sem placenta, que deveriam ter sido os primeiros mamíferos. Logo iriam conhecê-los ao vivo.

Marsupiais como gambás, tatus, preguiças e macacos são exemplos da fauna mais antiga da América do Sul. Grande número tinha sido extinto — principalmente as formas maiores — depois que se refez a ligação com as Américas do Norte e Central. Pela ligação, vieram animais que, ao concorrer na obtenção de alimentos com os mais antigos ou por serem predadores destes, terminaram por extingui-los. Nessa "invasão" do norte chegaram as onças, porcos, camelos, ursos, mastodontes, tigres-de-dentes de sabre, cavalos, ratos, veados etc.

Vários desses animais tinham se extinguido antes mesmo da ocupação do continente pelo ser humano. A presença do homem no Brasil ainda não tem data precisa e é motivo de polêmica entre os pré-historiadores. Existem aqueles que afirmam que o homem só surgiu nas Américas vindo da Ásia, há quarenta mil anos e portanto só chegou ao Brasil bem mais tarde. Outros dizem que o homem apareceu no país há muito mais tempo.

Mas os espíritos-vegetais sabiam agora de coisas que desconheciam em seu tempo de humanos. Tanto que haviam dado à vida ao xenungulado, de setenta mil anos atrás, só para começar...

Os lenhadores reiniciariam o desmatamento mesmo sem as mulheres que pretendiam. Aumentaram as rações, quantidades de tóxicos e bebidas alcoólicas em contra-partida, porém sexo, só entre eles mesmo, que naquela altura já não faziam muita questão de esconder os encontros.

Os jipões foram descarregando as tralhas dos invasores, compostas de serras, machados, foices. Um dos homens tentou experimentar a moto-serra numa maparajuba, cercada de perobeiras, camarás e canafístulas, e nem ouviu quando da árvore saiu um lamento:

— Um imperador dever morrer de pé!...

Mais uma vez repetida a história na mata sagrada. Pressentindo sua morte, Vespasiano gritou. Mas sua voz não ecoou na "Floresta Encantada". A primeira vítima depois da trégua de alguns dias havia sido atingida. Ainda gritaram seus colegas avisando que aquela árvore maparajuba era Titus Flavius Vespasianus e os surdos lenhadores nem ligaram...

O imperador romano, Vespasiano, tinha nascido no ano 7

da nossa era, em Reate, no país dos Sabinos e falecera em Cutilies a 23 de junho de 79. No reinado de Calígula foi tribuno militar na Trácia, depois questor em Creta e Cirene, e mais tarde edil e pretor.

Ao tempo de Cláudio distingui-se à frente de uma legião na Germânia e na Bretanha. Cônsul durante o império de Nero, este confia-lhe a administração da Judéia. No reinado de Vitélio, é aclamado imperador de Roma pela suas legiões, pelos exércitos do Egito e de Muciano, mais as legiões da Moésia, da Panônia e da Dalmácia.

Derrotado, Aulo Vitélio é assassinado pelos soldados e seu cadáver atirado ao Tibre. Deixando seu filho Tito em Jerusalém, a manter o cerco daquela cidade rebelada, regressou Vespasiano à Itália para assumir a administração geral do Império.

Restaurou as finanças, restabeleceu a disciplina militar, reformou o Senado e a Justiça, edificou o Arco de Tito, o Coliseu e o Templo da Paz. Construiu aquedutos, rasgou novas ruas e avenidas, protegeu as letras e as artes.

Na vigência de seu governo teve fim a guerra da Judéia, vencida por seu filho Tito. Verificaram-se também, por esse tempo, as revoltas dos batavos, dos gauleses e a expedição de Agrícola na Bretanha. Imperador simples, vivia como um soldado e era avesso a pompas e ostentações, tão a gosto de seus antecessores.

Teve algumas falhas censuráveis que, porém, não chegaram a ofuscar o mérito de sua administração. Deixou dois filhos Tito e Domiciano, os quais, o sucederam no Império Romano.

Pressentindo sua morte, não perdeu sequer um instante a serenidade. Levantou-se e disse aos presentes:

— Um imperador dever morrer de pé!...

Do templo que lhe foi consagrado ainda restam as ruínas de algumas colunas, como persistindo em rememorar através dos séculos a grandiosidade de um império extinto...

O lamento da árvore-Vespasiano agora sob aspecto da simples maparajuba não comoveu o lenhador. Nem poderia ser de outra maneira, todos os homens ali pareciam surdos. Os vegetais gemiam e se contorciam, gritavam e balançavam inutilmente. O diálogo entre vegetais e humanos, era impossível na selva sagrada, como o homem não poderia se comunicar com abelhas e formigas.

O lenhador ajeitou mais uma vez a moto-serra como se fosse a derradeira e a maparajuba de tronco forte e cheia de vida que sustentava milhões e milhões de folhas, caiu num gemido surdo.

Um baque, o único ruido que os ouvidos dos seres humanos destruidores conseguiam captar...

Em seguida o serrador partiu em direção da massaranduba que continha dentro o espírito de Júlio Cesar...

Caius Julius Cesar, ditador romano tinha passado pela penúltima vez na Terra, na forma de gente, em Roma no ano de 100 a. C., e ai falecido em 44 a. C. Sobrinho de Mário. Em sua juventude, foi perseguido por Sila, sendo forçado a deixar Roma, para onde voltou após a morte daquele ditador.

Ai chegando passou a exercer a advocacia. Em 74 foi eleito membro do colégio dos pontífices. Foi também militar, questor, edil e pretor, quando da conspiração de Catilina. Em 61, coube-lhe o governo da Espanha ulterior, que administrou de maneira, enriquecendo não só a província, como também a si próprio. De volta à Roma, aliou-se a Pompeu, que chegara da Ásia, e a Crasso, formando o triunvirato.

Em 59 foi nomeado cônsul, juntamente com Bibulo. Fez leis de interesse geral e ratificou os atos de Pompeu na Ásia, mas em compensação obteve o governo das Gálias Cisalpina e Transalpina. Partiu então em busca de vitórias militares que o glorificassem. Submeteu a Gália em 51. O senado, temendo a sua crescente popularidade, tramou e conseguiu indispô-lo com Pompeu.

Júlio César marchou com sua forças sobre Roma, sendo bem recebido em todas as localidades por onde passava. Pompeu deixou precipitadamente a metrópole dirigindo-se ao Oriente. Após submeter as legiões pompeanas da Espanha, vai César ao seu encalço, vencendo-o em Pharsalia.

Pompeu fugiu, sendo assassinado a mandado de Ptolomeu Aulete (48). Depois dessa vitória, foi César proclamado ditador. Vários meses ficou ainda no Oriente, solucionando diversos problemas. Nesse ínterim organizaram-se os seus inimigos. Volta então o ditador e derrota-os em Thapsus (45). No mesmo ano, vence César, em Munda, os filhos de Pompeu, que se conservavam na Espanha.

Ao título de ditador por dez anos obtido depois de Thapsus, acresceu, depois de Munda, o de ditador em vida. E a estes juntou sucessivamente o consulado, a censura e o grande pontificado, tendo sido declarado inviolável. Senhor de todos esses poderes, ocupou-se de uma reforma legislativa. No dia dos idos de março de 44, foi assassinado no senado por um grupo de conspiradores, a frente dos quais se achavam Bruto e Cassio. Deixou inúmeros escritos...

Só que agora seus assassinos chamavam Benson e Clark. Passaram por cima do tronco de Cesar e partiram para ceifar também Tibério, enquanto o novo projeto dos espíritos-vegetais não surgia em ação...

Tiberius Claudius Nero, dos mais famosos imperadores romanos tinha nascido em Roma, no ano de 42 a. C., e havia falecido em Capri, a 13 de março de 37 da era atual. Estava ali na "Floresta Encantada", há anos, na forma de antiga embira-branca, cercada de tamanqueiras, quarubas, perobeiras e paus-darco.

Antigamente, ele era filho de Tibério Nero e de Lívia, a qual se divorciou para se casar com Otávio, mais tarde imperador Augusto. Revelou desde cedo talento invulgar. Com a morte de seu pai, ocorrida em 34, foi levado para a companhia de sua mãe, sendo assim educado sob a tutela do imperador. Feito questor em 24, progrediu rapidamente recebendo em 20 a. C., uma missão na Armênia, onde restaurou os Tigranes no trono.

Nomeado governador da Galia em 15, em 13 foi eleito cônsul. Por ordem de Augusto, abandonou sua primeira esposa, Agripina, para casar-se com Júlia, filha do imperador e viúva de Agripa. Enviado à Ilíria e a Panônia, a fim de sufocar as revoltas que ai haviam, conseguiu-o, mercê de enérgica ação.

A seguir obteve novos triunfos na Germânia. Após receber diversas recompensas por essas vitórias, isolou-se em Rodes durante sete anos. Voltando à Roma foi adotado por Augusto, que lhe concedeu o poder tribunício por dez anos. No ano 4 foi nomeado general em chefe do exército da Germânia, onde conseguiu consolidar o poderio romano.

Morrendo Augusto, subiu Tibério ao trono em 14. Malgrado as sobejas provas de valor pessoal que já havia dado, desapontou desde logo por diversos assassínios de que foi mandatário, entre eles os de Agripa Póstumo, de quem temia o prestígio, e de Júlia, por sua má conduta.

Fixou residência em Capri e, daí enviava Tibério as instruções necessárias para a direção dos negócios da nação, levando, entrementes, uma vida de orgias. As maquinações de Sejano para apossar-se do poder terminaram por seu assassinato. O imperador, a fim de sufocar revoltas — verdadeiras algumas, outras apenas suspeitas — ordenava execuções em massa, o que trazia em sobressalto os nobres romanos.

A 16 de março do ano 37, caiu Tibério em um letargo; dado

como morto, foi elevado ao trono Calígula; ao voltar a si foi então estrangulado por Macrônio. Apesar de suas violências, teve Roma sob Tibério uma época de prosperidade...

Da mesma maneira que o tratorista MacClark fez com o tronco da embira-branca. Não estava totalmente cortado pela moto-serra do lenhador e o outro norte-americano amarrou num cabo de aço e passou a arrastá-lo. O trator saiu enforcando a árvore que mal havia caído na "Floresta Encantada"...

A FERA.

O canto onomatopáico do "por-aqui-há-de-vir" anunciava novidades; o vôo planado da saracura e o piar do acauã significavam morte certa, em pouco tempo.

— Quero ter o prazer de soltar a fera! — Gritou o espírito de Hugo Capeto. — E irá ter o meu nome! Vamos acabar de vez com os nojentos invasores da mata sagrada!...

O primeiro rei da terceira dinastia dos príncipes franceses, chamada a dinastia dos capetas — agora um majestoso cedro-vermelho bem encorpado — estava se referindo a soltura do xenungulado para assustar os lenhadores, invadir os acampamentos sem nunca ultrapassar a "Floresta Encantada". O animal extinto há milhares de anos e colocado novamente para a luta, estava programado para essa missão. E tinha sido solto ao pé da grande árvore que hospedava o espírito de Hugo Capeto.

Filho de Hugo, o grande, tinha nascido pelo ano de 938 e havia morrido em 996. Já era Duque de França e Conde de Paris, quando em 987, depois da morte prematura de Luiz V, se fez proclamar rei.

Assegurou a sua elevação ao trono o apoio do feudalismo eclesiástico e principalmente a influência de Adalberon, arcebispo de Reims. A ambos, entretanto, se fizeram posteriormente grandes concessões em troca do apoio concedido.

Paris foi escolhida para sede do seu governo, tendo associado ao mesmo o seu filho Roberto, o qual lhe sucedeu no trono. Durante o seu reinado procurou fortalecer a realeza, então debilitada pelo regime feudal, que dividia o poder entre o rei e fidalgos possuidores de Feudos, conseguindo realizar esse seu intento.

A dinastia Capeto prolonga-se até o ano 1848, fim do reinado de Luiz Felipe, com trinta e quatro representantes, cuja raça dividia-se em cinco grupos, assim discriminados: Capeto diretos — desde Hugo Capeto (987-996) a Carlos V (1322-1328) Capeto Valois — de Filipe IV (1328-1350) a Luiz XI (1461-1483). Capeto Valois-Orleans — (1498-1515) Capeto Valois-Angouleme de Francisco I (1515-1547) a Henrique II (1574-1589) e Capeto Borbons — de Henrique IV (1589-1610) a Luiz Felipe (1830-1848).

Dão-se ao cognome de Capeto diversas etimologias: segundo **Pasquier**, seria uma corruptela de **Caput** (chefe). Outros admitem que a palavra deriva de **Capito** (cabeça grande). A mais provável origem é do latim **Chappotus** (capote). Esta última hipótese é a mais aproximada, pois Hugo Capeto e seus descendentes levaram o título de Abades, como proprietários que eram de muitas abadias, notadamente a de St. Martin de Tours, o que adveio o seu cognome de Capa de Abade...

Num passe de mágica, o pesado xenungulado caiu com as vigorosas patas sobre a relva como se houvesse pulado da árvore onde morava o espírito de Hugo Capeto; voltado do passado para entrar no presente.

— Este é seu nome, vai Capeto! Segue cumprir o seu destino, a missão de afugentar os invasores!...

O animal pré-histórico deu um urro de estremecer, que assustou toda a floresta. Dos paus que forneciam óleos essenciais (patchouli e pau-rosa) às gomas não elásticas (uruquirana, maçaranduba e sorva) bem como as elásticas, em especial a seringueira que ocupava lugar de destaque na mata amazônica. O som inimaginável vindo da fera estranha abalou até velhos troncos centenários, habituados com estrondos dos raios das tempestades tropicais, que estavam distraídos embora sabedores do plano. Um dos fortes paus, que abrigava o espírito de Pedro, o eremita, das grandes sumaumeiras da mata sagrada.

Também chamado Pedro de Amiens ou Petrus ad Cucullum. Pregador francês, cuja passagem pela Terra na forma humana havia sido em Amiens, no ano de 1050 tendo falecido no convento de Neufmoustier, nas cercanias de Huy, a 7 de julho de 1115. Os fatos de sua vida foram sendo alterados com o correr dos anos, ao ponto de não se poder hoje distinguir com certeza, a realidade da fantasia.

O que há de inegável em sua história é o ter estado na Ásia com a primeira cruzada. Contudo, narra a lenda que Pedro, realizando uma expedição à Terra Santa, sentiu-se chocado com a precária situação dos cristãos que ali viviam, oprimidos como estavam os maometanos. Concedeu então um plano de libertá-los por meio das cruzadas. Tendo antes se avistado com o patriarca Simão, preparou-se para ir ter com o Papa, a fim de conseguir aprovação para as suas idéias.

Na véspera da partida, quando em oração na igreja do Santo Sepulcro, teve uma visão em que lhe apareceu S. Pedro ou Jesus Cristo, que o incitou a prosseguir em sua obra. Obtendo audiência com Urbano II, pôde Pedro convencê-lo, recebendo dele a ordem de sair a pregar pela Europa, em busca de adesões para a formação da primeira cruzada.

Vestido pobremente e montado em uma mula, percorreu grande parte do continente, logrando reunir milhares de fiéis. Após os tremendos fracassos sofridos pelos cristãos na Ásia Menor, intentou Pedro abandonar em meio a obra começada, no que foi obstado pelos demais chefes da expedição.

Depois da tomada de Antioquia, foi enviado como embaixador ao sultão, mas não obteve nenhum sucesso. Conquistada Jerusalém, ocupou durante algum tempo o cargo de vigário geral nessa cidade. Regressando à Europa pelo ano de 1100, fundou perto de Huy, na França um convento, que governaria como prior até a morte. Segundo algumas versões, foi soldado no começo da vida, e como tal teria servido nas guerras de Flandres, até 1070; casando-se mais tarde com Ana de Roussi, a qual veio a falecer em breve. Mas parece certo ter sido sempre monge...

A ala onde a fera "Capeto" foi solta representava espíritos dos mais antigos. Naquele trecho de centenas e centenas de anos, as mais novas passagens pela Terra tinham sido a de Rochefoucauld, no ano de 1613 onde o escritor e moralista francês tinha nascido e a de Huygens, matemático, físico e astrônomo holandês que havia vindo no ano de 1629. Eram agora ingazeiras, guaxiubas, sucuúbas.

O restante se perdia pelo tempo, na mata sagrada, como o caso de Harun Al Raschid Ibn Mahdi, protegido pela imbúia das mais antigas...

Califa abasida de Bagdá e 5º de sua dinastia. Filho segundo do califa El Mahdi e da sultã Jesuiran. Tinha aparecido no mundo a 763 de nossa era, segundo Tabari, em Rei, na Média e falecido a 23 de março de 803, em Tus, no Khorassan.

Predileto do pai, foi-lhe sucessor, com o nome de Al Raschid (O Ortodoxo ou O Justo), em detrimento de El-Hâdi. Este, mandou-o assassinar a mãe, a 15 de setembro.de 786. Uma vez, no trono, nomeou vizir ao persa Yahia, da casa dos barmecidas, que fôra seu preceptor.

Em seguida mandou executar ou encarcerar as personalidades de evidência do regime anterior e, então, entregou-se à consolidação da obra dos antecessores. Seus Estados, dos confins da Índia e China ao Atlântico — prosperaram e viveram em paz até 791. Ai começaram as perturbações. Yahia ibn Abdallah, da dinastia dos Alidas, rebelou-se ao Norte da Pérsia e proclamou-se califa. Um corpo do exército marchou contra ele, sob as ordens de Fadhl. Não houve resistência e aquele se entregou. Harum o recebeu, prazeirosamente, e depois o mandou decapitar.

Na planície de Damasco, em 792, os beduinos das tribos dos modharitas e dos yemenitas promoveram uma guerra civil, que se extendeu por toda a Síria e durou 4 anos. Em 749, sublevaram-se os egípcios; em Mosul, foi sufocada uma revolta e a Mesopotâmia rebelou-se. Irene, imperatriz do Oriente, rompeu, em 798, o pacto com o Sultão. Este, então, invadiu a Frígia, devastou as ilhas gregas e destruiu a frota bizantina. Penetrou na Cilícia, em 797, e simultaneamente, outro exército se apoderou de Ancira e chegou até Efeso.

Marchando através da Ásia Menor, três corpos de exército, conquistaram, em 798, o Bósforo, Helesponto e Lídia. As tribos bérberes inquietaram-no em 800. Em 805, em represália às hostilidades reiniciadas por Nicéforo, substituto de Irene, invadiu a Ásia Menor. Tomou Heraclea, devastou Chipre e Rodes, com 135 000 soldados. Arremetendo contra Jorasan, deteve-se em Tus, enfermo e lá morreu. A Carlos Magno, enviou, em 807, explendorosa embaixada. Sua côrte foi retratada nas célebres Mil e uma noites...

A vida agitada de Harun Al Raschid Ibn Mahdi, o famoso Al Raschid, estava reduzida a simples agitação de seus galhos mais finos e folhas. Plantado no solo há muito tempo, tendo milhares de diversas vegetações cimentando suas raízes e por volta cipós e mais cipós de todos os comprimentos e grossuras.

A seu lado como outro guardião da "Floresta Encantada", imponente árvore sumaumeira continha o espírito de Othon I, o grande.

Famoso nome, mas infelizmente os lenhadores eram iletrados. Mesmo que constasse no tronco, permaneceria desconhecido. Os invasores norte-americanos só aprendiam na sua pátria o que tinha relação com eles. Conheciam História a sua maneira. A Grande Caminhada para o Oeste, A Guerra da Sesseção. Conhecimento geral limitadíssimo, Geografia nula, sabiam quem eram os ganhadores de Oscar no cinema, conheciam os nomes das Miss Universo, e seu heróis de guerras. Algumas figuras de presidentes do passado e mal sabiam os nomes das capitais de seu país. Estavam mesmo interessados nos jogadores de basebol. Aprenderam espanhol para vir à Amazônia brasileira, certos de que estariam desembarcando na Bolívia cuja capital era para eles, Buenos Aires...

Além do que aqueles brutamontes que faziam sexo entre si, nas moitas das matas de marupá e morrãozeiro ou dentro dos rústicos acampamentos pareciam surdos, não ouviam os gritos de alerta dos importantes homens do passado e nem se comoviam com os lamentos antes da serra funcionar e gemidos na derrubada da selva.

De qualquer maneira alí estava o espírito do imperador germânico que nascera presumivelmente em Quedlinburgo em 912 e morreu em 973, em Munleben, (Thuringia), sendo sepultado na Basílica de S. Maurício. Foi o terceiro rei da casa da Saxônia, e era filho de Henrique I "O fundador de cidades".

Subindo ao poder em 936, por morte de seu pai, aumentou extraordinariamente o seu reino, dando-lhe uma amplitude jamais igualada. Durante os 36 anos de seu reinado, teve que combater ininterruptamente, pois nessa época, a Alemanha estava se organizando. Manteve os ducados já existentes, e criou outros para beneficiar a todos aqueles que haviam prestado serviços criando uma aristocracia até então desarticulada.

As ciências e as artes começaram a progredir, se bem que o Estado estivesse em efervecência. O seu espírito de justiça e ombridade lhe granjeou fama de sábio. Introduziu a religião cristã, nos Estados do Reno, transformando-a em religião oficial.

A veneração e admiração que lhe consagra a posteridade são a prova mais evidente da verdadeira grandeza deste imperador. Fazia uma idéia exagerada da sua dignidade real, e considerava a coroa como um dom particular de Deus, nunca a colocando sobre a cabeça, sem jejuar primeiramente, e considerava, como sacrilégios, a todos aqueles que ousavam se revoltar contra a sua majestade.

Conseguiu, durante seu reinado, debelar todas as conspirações que foi sujeito, tendo sempre sabido perdoar os seus inimigos e lhes esquecer as ofensas. Conquistou mais territórios do que qualquer outro seu antecessor estendendo para além do rio Elba, os limites de seu reino, e no entanto, esta não era a preocupação máxima de seu espírito.

Devem os alemães a ele, todo o poderio de que gozam, pois foi este, o verdadeiro unificador do povo germânico. Othon I foi o fundador do Santo Império Romano-germânico, que se estendeu por muito tempo, tendo sido coroado imperador pelo Papa João XII em 962...

O monstrinho pré-histórico de tamanho pouco mais avantajado que uma robusta anta, saiu desembestado pela mata, como programado para fazer estrepolias sem sair dos limites da "Floresta Encantada". O "Capeto" que passou a ser conhecido como "Capeta", re-batizado pelos espíritos-vegetais, corria meio desajeitado mas num galope aterrador suficiente para fazer estrago entre os lenhadores.

Passou por um deles tão rápido que levou-o ao alto, fazendo com que o homem se espatifasse com moto-serra e tudo mais que carregava de parafernália para o desmatamento. Foi o início. O lenhador bateu com o crâneo na forte árvore maçaranduba que abrigava o espírito do Duque de La Rochefoucauld, Francisco VI, príncipe de Marsillac.

Escritor e moralista francês, nascera La Rochefoucauld, a 15 de dezembro de 1613, em Paris e havia falecido a 17 de março de 1680 nessa mesma cidade. Ingressou, desde logo, na carreira militar, à qual o pai destinou. Seus estudos fundamentais, incompletos, foram supridos por abundantes leituras posteriores. Aos 16 anos, prestava serviços na Itália, salientando-se também nas campanhas de Flandres, e, em 1635, na de Avelin.

Talhado para a vida da côrte, não conservou, contudo, as graças de Richelieu e Mazarin. Gozava porém, dos favores de algumas das mais altas damas do país. Aliou-se à Rainha e suas amigas, madame de Chevreuse e madamoisele de Hautefort, nas intrigas dirigidas contra o Cardeal. Isso lhe valeu prisão na Bastilha, por alguns dias, e exílio em Verteuil, por dois anos. De regresso à côrte, em 1642, tomou parte na Cabala dos Importantes. Começou, em 1646, célebres ligações com madame de Longueville.

Acompanhou o duque de Enghien à guerra, sendo ferido em Mardick. Retira-se para o Poiteau, por algum tempo. Acompanhou a Condé numa campanha através da França. Luiz XIV tratou-o com benevolência e carinho. Sua vida não passou de uma sequência de intrigas, conspirações e violências.

Tenta assassinar em 1651, o cardeal Retz, no Parlamento. Recebeu fortes queimaduras no combate da Porta de Santo Antonio. Tudo faz por amor à duquesa de Longueville. Retira-se da política, afinal para uma vida de filosofia e meditação, convivendo com mulheres de espírito forte como madame Sablé, madame de Sevigné e principalmente, a madame de La Fayatte. Deixou inúmeras obras, algumas de 1665, que teriam originado nas reuniões jansenistas de madame de Sablé. Delas publicou sucessivas edições, sempre aperfeiçoando "Reflexões", uma das obras-primas da literatura francesa...

O xenungulado programado pelos espíritos-vegetais prosseguia a corrida pelo meio da mata sagrada derrubando touceiras de taquaruçu, atropelando todos que encontrava pela frente. O "Capeta" parecia ter fôlego de sete gatos; não só disparava como uma bala, considerando seu corpo pesado, como agia feito um trator pelo estrago causado em cada encontro com os lenhadores. Tal era sua rapidez a cada vez que surgia, que por um instante os homens pensaram tratar-se de um furacão em plena "Floresta Encantada" de colossais sapopemas centenárias.

Um dos lenhadores correu subir sobre a primeira árvore na sua frente. Ali estaria livre pelo menos por enquanto daquilo que parecia ser máquina a ceifar tudo que era humano. Subiu o mais que pôde para observar o movimento do xenungulado. A árvore, um pau-rosa, tentou jogá-lo para baixo. O lenhador sem saber estava nos braços de Huygens, mais uma árvore a ser destruída.

Cristian Huygens o renomado matemático, físico e astrônomo holandês, nascido em Haia, em 1629 e ai falecido em 1695.

Dedicou-se primeiramente ao curso de direito, começando seus estudos em Leyden, no ano de 1645. Desde logo, porém interessou-se pela matemática e pela física. Visitou seguidamente a França e a Inglaterra.

Tendo recebido do ministro Colbert uma pensão anual, fixou residência em Paris. Em 1651, publicou um trabalho sob o título de "Theoremata de Quadratura Hyperboles, Ellipsis Et Circulli". Em 1655, utilizando-se de uma luneta por ele mesmo construida, descobriu o maior satélite de Saturno e efetuou importantes cálculos sobre o tempo de revolução do mesmo.

No ano seguinte apresentou o primeiro trabalho regular sobre probabilidade: "De Ratiociniis In Ludo Aleae". Por essa mesma ocasião, iniciou seus estudos sobre a aplicação do pêndulo como regulador, nos relógios. Como fruto dessas investigações, veio a publicar um tratado descritivo do relógio de pêndulo.

A esse trabalho segui-se outro mais importante. Em 1659, publicou "Systema Saturnium". No ano seguinte visitou a França e a Inglaterra, ocasião em que elaborou a sua teoria sobre os choques elásticos. Em 1663, foi nomeado membro da Sociedade Real de Londres. Publicou em 1673 "Horologium Oscillatorium", sua obra mais importante é "Machinae Quaedam Et Variacirca Mechanicam", em que se apresenta, entre outras invenções, a da mola em espiral para substituir o pêndulo nos relógios e a de um nível de luneta.

Esteve na França até 1681. No ano seguinte apresentou a conclusão de suas pesquisas para a construção de um planetário. Foi também Huygens quem propôs a teoria ondulatória da luz e deu uma explicação à dupla refração no espato de Islândia. Apresentou, além disso, numerosos trabalhos contendo estudos de geometria.

Após sua morte, apareceram ainda: "Cosmotheorus", uma fantasia sobre os habitantes da lua e de outros planetas; "Dioptrica" contendo estudos sobre o coeficiente de refração e sobre a construção de óculos; e "Opuscula Posthuma"...

O xenungulado como que guiado por um raio, tal a velocidade, voltou correndo em direção da árvore-Huygens onde o lenhador permanecia trepado para se safar do perigo que representava o bicho pré-histórico. Levantou o focinho para melhor identificar sua vítima. Sem trombar com a árvore o forte animal que parecia blindado, deu um salto felino e ágil demais para seu peso, e derrubou o homem dos galhos do pau-rosa, espalhando serra, bolsa, cantil e garrafa de uisque que todos eles usavam desregradamente.

Em seguida pisoteou o invasor norte-americano, terminando por levantar o corpo já sem vida para cima. O homem foi parar de bruço sobre enorme cupinzeiro que beirava o barranco. Um de seus braços caiu dentro do rio, cujas águas placidamente corriam pela selva misteriosa e tão cheia de lendas.

Seu óculos escuro espatifou-se e o relógio japonês, de pulso e de quartzo, saltando com o impacto ficou dependurado na árvore que abrigava o espírito do passado. Parecia que Cristian Huygens queria examinar de perto o que existia de moderno na peça que ele tanto havia colaborado pelos idos de 1600...

OUTROS PROJETOS.

Na noite quente e úmida de lua nova, centenas de cupinzeiros luminescentes pareciam uma cidade iluminada devido as larvas fluorescentes de besouros. O espetáculo natural era completado pela claridade geral com milhares de vagalumes voando a esmo, por entre as folhas verdes.

Enquanto esperavam o resultado com o xenungulado solto espalhando a morte pela selva sagrada, os espíritos-vegetais não descansavam, tantas as propostas de salvação do que ainda restava de madeira em pé. Talves usassem paralelamente ao xenungulado, também os rios como veículos em seus próximos experimentos, tanto que pediram sugestões a quatro dos mais experientes navegadores do passado: Fernão de Magalhães, Vasco da Gama, Américo Vespúcio e Henry Hudson. Além do marinheiro Lord Cochrane que estava fixo nas vizinhanças.

Consultariam mais dois **experts** em Amazônia, que demoraram para ser localizados na "Floresta Encantada", a fim de melhor garantir seus planos: Couto de Magalhães e Hartt.

E até Faraday, o físico e químico inglês. Não havia ele no passado auxiliado em grandes progressos para o mundo? Famosas foram suas descobertas no campo da eletricidade. Os estudos dos fenômenos eletro-magnéticos levaram Faraday a estabelecer a indução da corrente elétrica e a lei da ação eletrolítica da corrente.

Os espíritos habitantes da selva sagrada pretendiam em último caso eletrificar os rios. Precisavam estudar a maneira da corrente elétrica ao passar pelas águas não danificar animais inferiores. O castigo teria que ser somente para os intrusos humanos; invasores e destruidores. Tranquilos poderiam ficar aves e animais que esporadicamente procuravam as águas bem como seus moradores, pirarucus e pirambóias. Nada sofreriam tucunarés e acarás, o mesmo aconteceria para tracajás e jabutis.

Cada espírito-vegetal tinha direito a propor quantas soluções quisesse. Tudo válido, desde que salvasse o paraíso terrestre já em estado avançado de destruição. A sobrevivência da coletividade estava em jogo. Não do espírito, imortal, mas do jardim onde todos estavam muito bem instalados.

Seus corpos, as árvores, eram muito queridos. Estavam contentíssimos em ter voltado ao planeta na forma de vegetais. Haviam gostado da experiência, apenas os tornava um "pouco imóveis" para seus gostos. Mas como descanso, não havia nada melhor. Afinal ser morador da "Floresta Encantada" significava um prêmio pelas suas vidas atribuladas; de lutas e conquistas.

Na calmaria da mata podiam se reunir para passar suas importantes vidas em revista. Seus fracassos mas também suas grandes vitórias, entre canto de pássaros e murmúrios de cascatas. Refrescantes ventos, sol não muito forte e água em abundância onde a ramaria crescia por toda parte...

Faraday apresentou-se primeiro. Sua ficha na Terra automaticamente o acompanhava. Assim a lei ali reinante. Sabiam tudo sobre todos. Na mata sagrada nada era escondido...

Michael Faraday, morando no tronco da mongubeira — acima de açacus e cunambis — físico e químico inglês, tinha nascido em Newington Butts a 22 de setembro de 1791 e falecido a 25 de agosto de 1867 em Hampton Court. Michael tornou-se aprendiz de encadernador. Em 1812, um dos fregueses de seu patrão, levou-o a ouvir quatro conferências de Hunfry Davy. Anotou-as e mais tarde desenvolveu-as na íntegra.

" A resposta foi imediata, cortês e encorajadora" disse o próprio Faraday. Em 1813 foi nomeado assistente de laboratório na

"Royal Institution of Great Britain", por recomendação de Davy, a quem acompanhou numa excursão pela França, Itália e Suiça, até abril de 1815. De volta à Inglaterra, realizou inúmeras experiências, que lhe valeram ser nomeado diretor do laboratório em 1825.

Em 1835 foi finalmente nomeado professor de química, em caráter vitalício, porém, sem a obrigação de dar aulas. Permaneceu na mesma instituição por 54 anos. Os primeiros trabalhos químicos de Faraday seguiram as diretrizes de Davy. Descobriu dois compostos de cloro e carbono. Iniciou as pesquisas sobre a difusão dos gases, e conseguiu liquefazer vários deles.

Produziu muitas variedades de vidros e lentes óticas. No campo da química, tentou com algum sucesso, fazer os métodos químicos objetos de estudos especiais, independentes dos resultados obtidos. Sobre isso escreveu o trabalho "Manipulações Químicas". Não obstante a importância desses trabalhos, foram logo ultrapassados pelas suas descobertas no campo da eletricidade.

Já em 1812 conseguira obter uma pilha voltáica. Os estudos dos fenômenos eletromagnéticos levaram Faraday a estabelecer a indução da corrente elétrica e a lei da ação eletrolítica da corrente. Os seus estudos sobre a eletricidade em relação com o calor e a luz levaram-no a conclusão de que não passam de agentes naturais de uma mesma força, variando nos efeitos.

Alguns de seus trabalhos deixados: "Pesquisas Experimentais de Física e Química", "Preleções Sobre a História Química de Uma Vela", "As Várias Forças da Natureza" etc...

As informações de mais dois que haviam estado na Amazônia, no passado, foram registrados. Embora Couto de Magalhães e Hartt haviam se atrasado um pouco devido a distância que os separavam dos demais na mata sagrada.

A ficha de José Vieira Couto de Magalhães, na macaúba que nascera acima de raízes e folhas de timbó, foi apresentada como sempre se fazia entre os residentes da "Floresta Encantada". Nela os fatos principais da vida, suas lutas, vitórias e também fracassos; o que contava era a verdade. Ali ninguém podia mentir.

Os pontos importantes que não podiam deixar de constar (dentro do possível) eram as datas de nascimento e morte. E as épocas dos feitos mais importantes. Dados imprescindíveis, nas fichas do currículo de cada habitante da selva que procuravam salvar a todo custo. Orientavam a passagem pela Terra; algumas vidas tão antigas que quase se perdiam no tempo, outras recentes como se fossem passadas ontem...

Couto de Magalhães, político, militar, sertanista e escritor brasileiro. Havia nascido em Diamantina, Estado de Minas Gerais, a 1 de novembro de 1837 e tinha falecido no Rio de Janeiro, a 14 de setembro de 1898. Entrou para o seminário de Mariana no ano de 1837. Cursou depois a Faculdade de Direito de São Paulo, formando-se em 1859. Durante 1860 e 1861 esteve como secretário do governo de Minas Gerais. Foi presidente de Goiás de 1861 a 1864, do Pará de 1865 a 1866, de Mato Grosso até 1868 e finalmente de São Paulo, de junho a novembro de 1889.

Abandonou a política quando foi proclamada a República. Efetuou longas viagens pelo interior do Brasil, tendo visitado também o estrangeiro. Viveu cerca de doze anos entre os índios, o que lhe possibilitou adquirir sólidos conhecimentos a respeito de seus costumes.

Como frutos dessas observações, publicou vários livros dos quais o mais notável é o intitulado "O Selvagem", mandado compor por D. Pedro II, a fim de figurar na exposição universal de Filadelfia, realizada em 1876.

Quando presidente de Goiás, enviou à região do rio Araguaia uma expedição comandada pelo engenheiro Vallée. Na presidência de Mato Grosso, deu início às obras de união, pelo interior, das bacias do Prata e do Amazonas. Por ocasião da guerra do Paraguai, repeliu a invasão daquele Estado pelas forças de Lopez, assim como impediu que lhe chegassem reforços provenientes da Bolívia.

Por esses serviços, foram-lhe conferidos as honras de brigadeiro. Deve-se também a ele a organização da companhia de navegação do rio Araguaia, a colaboração no desenvolvimento da empresa de navegação de Marajó e o ter promovido a formação da "Minas and Rio Railway Company". Esteve algum tempo encarcerado durante o governo de Floriano Peixoto. Falava correntemente os idiomas francês, italiano, inglês, alemão, espanhol e tupi, além de vários dialetos indígenas.

Escreveu "Viagem ao Rio Araguaia"; "Dezoito Milhas no Interior do Brasil"; "Ensaio de Antropologia"; "Família e Religião entre os Selvagens"; "Anchieta" e outros livros importantes revelando fatos sobre suas viagens etc. Além de ter feito numerosas conferências...

Charles Frederick Hartt, geólogo canadense, que vivia dentro da pacaúba sobre um campo de mastruço — tinha nascido em Fredericton, New Brunswick, a 23 de agosto de 1840 e falecido no Rio de Janeiro, a 18 de março de 1878. Formou-se pela Academia University, de Wolfville, na Nova Escócia, no ano de 1866. Foi a seguir discípulo de Louis Agassiz, no Museu of Comparative Anatomy, de Harward. Integrou a comissão de inspeção geólogica de New Brunswick, em 1864.

Veio para o Brasil pela primeira vez em 1865, como geólogo da Expedição Thayer, a convite de Agassiz. Foram então pesquisadas a Amazônia e algumas regiões dos Estados do Rio de Janeiro, Espírito Santo e Bahia. Voltando à América do Norte no ano seguinte, lecionou Hartt no Cooper Institute de New York.

Em 1868 empreendeu à própria custa, nova viagem ao Brasil, tendo realizado estudos na Bahia e em Sergipe. De volta aos Estados Unidos, ocupou as cátedras de História Natural no Vasser College e de Geologia na Cornell University, publicado em 1870 um volume sob o título "Geology and Physical Geography of Brazil".

Com a organização, nesse ano, da Expedição Morgan, seguiu novamente Hartt para o Brasil. Nessa ocasião foram exploradas algumas localidades do Paraná e novamente regiões da Amazônia. Regressou em 1872 aos Estados Unidos, dedicando-se à manipulação do material dessas duas expedições e realizando diversas conferências sobre o Brasil.

A convite do governo brasileiro, voltou ao Rio de Janeiro em 1874, sendo nomeado em 1875 chefe da recém-criada "Comissão Geológica do Império do Brasil" e designado ainda para o cargo de diretor da secção de geologia e mineralogia do Museu Nacional, do qual se demitiu pouco depois. Os trabalhos daquela comissão estenderam-se por todo o país. Dos inúmeros escritos deixados por Hartt, que são de conteúdo geográfico, geológico, arqueológico, etnográfico ou linguístico, destacam-se "Account of a Lecture on the Glaciation of Brasil", 1868; "Amazonian Drift", 1871; "Theory of the Glacial Origin of the Amazonas Bassin", 1872; "On the Ocurrence of Face Urns in Brazil", 1872, e "Amazonian Tortoise Myths", 1875...

Os navegadores convocados atenderam prontamente o chamamento dos espíritos da selva. Fernão de Magalhães, Vasco da Gama, Américo Vespúcio, Henry Hudson, e até o marinheiro britânico, Lord Cochrane, que em 1843 apresentou sugestões no sentido de se empregar a hélice como propulsor, assim como, foi o primeiro a ter a iniciativa de empregar navios a motor nas operações de guerra.

Sugestões e guerras, eram com ele...

A ficha do navegador português Fernão de Magalhães, dentro da marupã, como a de todos os habitantes da floresta sagrada, era sempre do mesmo tamanho; reduzida para que coubessem apenas os fatos principais. Por um lapso desconhecido, não constavam data e o local de seu nascimento. Devia ter nascido pelo ano de 1480, no Porto, segundo alguns historiadores que preparavam as fichas, no plano espiritual, outros davam-no como nascido em Traz-os-Montes. Falecera na ilha de Mactan, do arquipélago das Filipinas a 27 de abril de 1521.

Pertenceu à côrte de D. João II, tendo estado também a serviço de D. Leonor e de D. Manuel. Tomou parte na defesa de Azamor. Devido a desentendimentos havidos, resolveu deixar a côrte de D. Manoel, indo residir em Sevilha, onde casou-se. Em 1518, apresentou-se ao rei Carlos V, de Espanha, com planos, que de há muito elaborava, para realizar uma viagem de circunavegação do globo.

O monarca recebeu bem a esses projetos, mandando que se aprontasse uma armada de cinco caravelas, com a qual partiu de Sevilha a 1 de agosto de 1519. Tripulavam-na duzentos e trinta e sete homens, tendo Magalhães, João de Cartagena, Gaspar de Quezada, Luiz de Mendoza e João Serrão, respectivamente o comando das naus "Trindade", "San Antonio", "Concepcion", "Victória" e "Santiago".

Parando primeiramente nas Canárias, seguiu para a América do Sul. Tocou em vários pontos da costa, penetrando pelos golfos e fozes dos rios do litoral sul, a procura de uma passagem para o Oceano Pacífico. Quando estava a frota no golfo de San Julian, viu-se Magalhães forçado a usar de medidas drásticas para sufocar uma rebelião. Foram mortos dois cabeças: Mendoza e Quezada, e abandonados em terra Cartagena um sacerdote que incentivara a revolta.

Logo a seguir, uma tempestade fez naufragar a "Santiago". Navegando sempre para o sul, encontrou enfim, em outubro de 1520, a passagem que tem hoje o nome de Estreito de Magalhães. Nova nau foi perdida: a "San Antonio", que desertou e voltou à Espanha. Após avançarem durante muito tempo através do pacífico, enfrentando privações de todas as espécies, atingiram os navegantes o arquipélago das Filipinas.

Ai pereceu Magalhães, em um combate com os selvagens. Serrão, vítima de uma cilada, foi também morto pelos nativos. Sebastião Elcano assumiu então o comando, logrando dificilmente terminar a viagem com um navio e dezoito tripulantes...

O navegador português Vasco da Gama, agora morando na macaúba que margeava um rio com muitos jaraquis, aruanãs e acaçus, tinha nascido presumivelmente em 1450, em Sines, Alemtejo, e falecido a 24 de dezembro de 1524 em Cochim, província de Madrasta, Índia Inglesa. Desde cedo, dedicou-se aos estudos da navegação. D. João II, estimando as possibilidades econômicas da Espanha com o feito de Cristovão Colombo, resolveu aparelhar uma expedição a fim de descobrir um novo caminho para as Índias.

Esta só se realizou no reinado de D. Manoel, o Venturoso, sob o comando de Vasco da Gama, que a 3 de julho de 1497 parte do porto de Belém em busca do lendário Oriente. Em Moçambique o Sultão cede-lhe um piloto incumbido secretamente de entregar as naus portuguesas aos mouros de Mombaça.

Vencido este obstáculo, chega a 24 de maio de 1498 em Calecut. De regresso à Lisboa, em março de 1499 é recebido festivamente com todas as honras compatíveis a tão faustoso acontecimento, concedendo-lhe El-rei os títulos de Dom, de Conde de Vidigueira e o de Almirante dos mares da Índia.

Organizada uma segunda expedição, Vasco da Gama volta novamente a Calecut. Retornando à pátria em novembro de 1503, é recebido com salvas de artilharia e grande contentamento popular. No reinado de D. João III, em virtude dos desatinos políticos de D. Duarte de Menezes, Vasco da Gama realiza a sua terceira viagem, mas desta vez na situação de Vice-rei das Índias. Aportou em Chaul, seguindo dias após para Goa e posteriormente para Cochim, onde estabeleceu a ordem.

Nesta última cidade, tempos depois, vítima de um tumor malígno na região cervical, veio a falecer o heróico navegador português. Os seus restos mortais foram trasladados para Portugal e em soberbo mausoléo, na capela-mór do convento das carmelitas de Vidigueira, Vila do Alemtejo, depositadas as cinzas do verdadeiro fundador do poderio colonial português na Índia...

Américo Vespúcio. O navegador e cosmógrafo italiano, tinha nascido em Florença, a 9 de março de 1451, e falecido em Sevilha a 22 de fevereiro de 1512. Seu verdadeiro nome era Amerrigo ou Amerigo Vespucci. Foi educado por frei Jorge Antonio Vespucio, tendo vindo para a Espanha pelo ano de 1493, passando antes por Portugal.

Na "Floresta Encantada" tomava a forma de imponente mogno.

Estabeleceu-se em Sevilha, onde trabalhou em companhia do seu patrício Juanoto Berardi, que se dedicava a negócios navais. Por morte deste, assumiu Vespúcio a direção da empresa. Muito se tem discutido a respeito dos locais e datas de suas navegações; contudo parece certo que realizou quatro, duas a serviço da Espanha e duas a serviço de Portugal.

Segundo alguns, a primeira delas se deu em 1497. Outros porém, contestam a existência dessa exploração, classificando como a primeira a que foi efetuada em 1499 e 1500 com a esquadra comandada por Alonso de Ojeda, a qual realizou uma expedição de reconhecimento às terras descobertas por Colombo.

Desde o regresso dessa exploração até o ano de 1505 pouco se sabe sobre as atividades de Vespúcio; possivelmente nesta época realizou as outras viagens que lhe são atribuidas, tendo sido duas delas ao Brasil, a mandado do rei de Portugal.

Em 1505 voltou a Espanha. Provavelmente por essa ocasião é que se casou com Maria Cerezo. Pretendeu organizar, com Vicente Yanes Pinzon, uma expedição à região das especiarias, que não se efetuou. Em 1508 foi nomeado, pelo soberano espanhol, piloto maior, percebendo a partir dai altos salários. Voltou então a estabelecer-se em Sevilha, onde veio a falecer no exercício daquelas funções.

Alguns historiadores atribuem-lhe ainda uma quinta viagem, efetuada com Juan de la Cosa à região de Darien. Escreveu várias cartas e relações de viagens, que são de grande interesse histórico. Quanto à denominação de América, dada ao Novo Continente, derivou do nome de montanhas da Nicarágua, segundo alguns historiadores, mas de acordo com a maioria deles, a sua origem é o nome do navegador florentino. Foi empregada pela primeira vez pelo Cartógrafo alemão Waldeseemuller, que ao publicar, em Saint-Dié, no ano de 1507, uma parte do roteiro de Vespúcio, sugeriu que seu nome fosse dado à nova terra...

A ficha do navegador inglês, Henry Hudson, dentro de um pau-ferro dos mais fortes, fugindo do inimigo apuí, vinha em seguida na ordem dos espíritos-vegetais nos projetos de salvação da mata sagrada. Também desconhecida a data de seu nascimento. Faleceu no ano de 1611. A primeira referência que a História lhe faz é a de que, em 1 de maio de 1607, partiu de Gravesend, a bordo do navio, "Hoperful", em busca de uma passagem para a China pelo Norte da América, Hudson foi encarregado desta viagem pela Companhia Moscovita. Chegando à Groenlândia, navegou até a ilha de Príncipe Carlos e ao longo da costa de Spitzberg; regressando daí para o Sul, descobriu ainda a ilha de Jan Mayen.

No ano seguinte, fez nova tentativa, ainda a mandado da Moscovita. Desta feita chegou até a Nova-Zembla. Em 1609 passou a prestar serviços à Companhia das Índias Orientais Holandesas; partindo para uma terceira viagem no dia 25 de março, a bordo do "Half Moon". Novamente chegou à Nova-Zembla, mas a tripulação amontinada, forçou-o a regressar, navegou então para o sul, passando pela Nova-Escócia e seguindo pela costa americana.

Veio desta forma a descobrir o rio que tem o seu nome. Chegou à Europa em novembro do mesmo ano. Desde aí, passou-se para a Companhia Inglesa, a serviço da qual realizou sua última viagem. A 17 de abril de 1610, partiu de Londres a bordo de um pequeno navio, o "Discovery". Atravessando o estreito de Hudson, chegou à baia do mesmo nome e dai à baía de James, onde foi forçado a passar o inverno, por ter sido bloqueado pelos gelos.

Os sofrimentos causados pelas privações e pelo frio exasperaram a tripulação, que se amotinou. Hudson e mais oito marinheiros fiéis foram forçados a deixar o navio em uma chalupa. Abandonados à sua sorte, desapareceram sem deixar vestígios. Esses acontecimentos se deram no dia 22 de junho de 1611. O restante da tripulação empreendeu viagem de volta, enfrentando numerosos contratempos. Somente uma parte dela conseguiu chegar a salvo à Inglaterra. Nada mais se soube do explorador e seus companheiros...

Para encerrar, a míni-biografia de Thomaz Cochrane, 10º Lorde de Dundonald era apresentada para completar o quadro de espíritos que deveriam opinar para a salvação da mata sagrada, onde avultavam as copas frondosas das sumaumeiras como gigantescos chapéu-de-sol verde.

Marinheiro, estadista e escritor inglês Lord Cochrane queria prestar também sua colaboração, como habitante da "Floresta Encantada". Nascera a 14 de dezembro de 1775, em Amnsfield, e falecera a 30 de outubro de 1860, em Londres, na penúltima vez em que estivera na Terra, na forma humana, data em que seus feitos passaram a ser contados.

Descendente de uma família nobre, modestamente vivia agora dentro da ingarana que não era das maiores. Como seu pai, também pertenceu ao Parlamento, mas por causa das especulações de dois indivíduos de seu conhecimento, e por ser contrário à política de Castlereagh, foi condenado por fraude. Tão clamorosa a injustiça que a opinião pública se revoltou, tendo sido feita uma subscrição para pagar-lhe a multa. Sua prisão ocasionou a expulsão da Câmara dos Comuns, mas nas eleições seguintes foi reeleito pelo Condado de Westminster.

Depois de todo esse escândalo, perdeu o seu lugar na Marinha Inglesa, o que o levou a procurar outro país que lhe permitisse viver como marinheiro.

Estando o Chile em luta pela sua independência, pôs-se a serviço dessa nação. Possuidor de grande audácia e sangue frio, venceu os espanhóis nas batalhas de Guaiaquil, Callao e Valdivia. Liberto o Chile, montou pequena esquadra, para combater ao lado de San Martin, pela independência do Peru. Ainda desta vez foi feliz, mas dado os parcos vencimentos que recebia, colocou-se sob as ordens do Imperador D. Pedro I, do Brasil, na luta contra os portugueses.

Em 1825, retornou à Inglaterra. Não podendo viver na ociosidade, alistou-se na esquadra grega, mas por causa da grande desorganização da mesma, regressou à Londres. Em 1828 com a morte de seu pai, voltou à pátria para tomar posse de seu título, sendo readmitido na Esquadra Inglesa. Desde então, sua vida foi um ininterrupto sucesso, chegando a Vice-Almirante em 1842 e a chefe da Frota Inglesa, na América do Norte e nas Índias Ocidentais, em 1847.

Como escritor, publicou em 1851 "Notas sobre a Mineralogia, o Governo e o Estado Atual das Ilhas Inglesas das Índias Ocidentais", e em 1859, "Resumo da Libertação do Chile, Peru e Brasil, dos Domínios, Espanhol e Português". Em 1843 apresentou sugestões no sentido de se empregar a hélice como propulsor, assim como, foi o primeiro a ter iniciativa de empregar navios a motor nas operações de guerra...

E naquela importante batalha da selva amazônica, o que o espírito do bravo lutador inglês poderia apresentar de positivo para conter o avanço das tropas destruidoras?...

O RETORNO DOS MONSTROS PRÉ-HISTÓRICOS.

Alguns dos invasores incendiavam a mata próxima da lagoa, para que o muçuã, pequeno quelônio raro, já em extinção, saisse para a clareira onde era caçado.

O xenungulado re-intitulado "Capeta" pelos espíritos-vegetais, tinha feito relativo estrago entre as tropas de lenhadores, mas não o suficiente para interromper o massacre das árvores pelos homens dos Estados Unidos, que pretendiam a ocupação da Amazônia.

Justamente pela falta de cultura dos lenhadores norte-americanos.

Depois de ter matado uns vinte homens — e o lema do chefe "Mitzgaynor": "cada homem desaparecido será substituido por dez" — não significou muito para a batalha. E o pior é que nem assustou como esperavam os cientistas do passado, que haviam dado a vida para um animal que fôra extinto há milhares de anos.

Na sua ignorância, os derrubadores de mata pouco aprenderam

na escola sobre animais a não ser os existentes nos Estados Unidos, lenhadores que seriam capazes de confundir piranhas com peixe-boi, a princípio julgaram ser trabalho de onças já que havia algumas ainda perdidas pela floresta um tanto devastada. Mas logo alguém viu o monstro atacando, e confundiram-no com a anta (**tapir brasiliensis**), maior animal da selva brasileira, pacato bicho que não ataca ninguém. Para os lenhadores, um pouco diferente e nada mais. Quando na verdade era completamente diferente. Bem maior e mais forte, com outro "desenho". Mas como não haviam estudado animais atuais (a não ser coelhos e ursinhos), e muito menos pré-históricos, tudo aquilo não passava de uma anta que tinha crescido um pouco além...

Uma sereia causaria maior impacto! A surpresa teria feito mais barulho nos acampamentos, já que mulheres ali eram proibidas e tinham os trabalhadores que se contentarem de ter homem com homem.

No fim, uma rajada de metralhadora pôs fim ao especial xenungulado quando o feroz bicho pré-histórico invadiu bufando um dos acampamentos numa madrugada sangrenta. Seu corpo foi simplesmente jogado em vala comum (os lenhadores não comiam carne de caça) e enterrado ao lado dos homens que o animal matara.

Ninguém no meio dos ignorantes e gananciosos derrubadores de floresta lembrou de tirar foto do monstro. Uma só fotografia mostrada ao mundo ou o corpo do animal extinto há milhares de anos, embalsamado, exposto em exposição, deixaria qualquer um rico...

Os espíritos-vegetais não desanimaram. A mesma equipe que havia criado o xenungulado "Capeta" daria continuidade ao projeto, usando algo muito mais potente, capaz de assustar de vez aqueles imbecis que nunca tinham passado por uma escola de verdade. Questão de ponto de honra. Afinal não morava ali já há bastante tempo uma porção de gente que havia frequentado as melhores universidades do mundo em todos os tempos? E mesmo aqueles que nem estudaram, não tinham adquirido experiência através dos anos vividos, suficientes para por a correr os invasores? Seus currículos mostravam seus valores nas lutas e pesquisas; através das invenções e descobertas, nos estudos e nas brigas do dia a dia...

Soltariam exemplares de toxodon, megatherium, haplomastodon, glyptodon, macraucheria. Cobririam a selva com animais nunca vistos. Chamaria a atenção e causaria pavor só ao vê-los. Todos os animais condicionados para que nunca abandonassem a mata sagrada. O suficiente, a fim de que os lenhadores fugissem assustados deixando o que restava da selva outrora respeitada e tão cheia de lendas e mistérios.

Há 65 milhões de anos, a América do Sul estava separada da América do Norte, o que ajudou a existência de uma fauna peculiar na região e havia um golfo marítimo na área do Nordeste brasileiro, onde hoje se encontram fósseis de peixes. Com o restabelecimento da ligação terrestre com o Norte, a fauna diversificou-se incluindo o toxodon e seus companheiros. Isso que os espíritos iam fazer; trazer para a Amazônia todos eles vivos de uma só vez. Nada de assustar aqueles ignorantes que não distinguiam um jacaré de uma lagartixa (talvez nem diferenciassem um sapo de uma rã ou um burro de um cavalo, pela cabeça). Se não conheciam pelo menos iam fugir só pelo tamanho das feras...

O titanossáuro, de quinze metros, o maior réptil brasileiro do passado já estava quase pronto para agir — não demoraram muito os espíritos para concretizar a segunda fase do projeto.

Como arma pesada para agir em terreno firme. Seu companheiro seria o **mesosaurus brasiliensis** com o corpo alongado e grande cauda, que vivia nas nossas águas em remotíssimo passado. Atacariam simultaneamente pelas matas e rios.

Animais que viveram no último milhão de anos, dentro da época geológica conhecida como Pleistoceno iam voltar.

Viriam em seguida os répteis do grupo dos rincossáuros, o **scaphonyx ficheri,** que chegava a atingir cinco metros de comprimento. Os tecondontes (grandes e carnívoros), cinodontes (considerados os ancestrais dos mamíferos) e dicinodontes (grandes herbívoros), entre outros.

Um brontossáuros de 25 metros também já havia sido providenciado, para um último recurso. Animal que vivia perto da água e costumava se encontrar em regiões de sedimentação fluvial.

Os famosos ancestrais dos jacarés da Amazônia poderiam ser colocados com vida rapidamente. Bem maiores, fortes e regressariam famintos, insaciáveis, com fome de milhares de anos...

A batalha na selva sagrada estava parecendo uma partida de xadrez. Só que a força bruta contra a inteligência. Os espíritos-vegetais encobertos pela flora; auxiliados pela fauna, água e solo, haviam descoberto que os humanos tinham descartados a possibilidade de fazerem a "guerra total", através de bombardeio de veneno que poderia liquidar o mato de uma vez, porque isso chamaria a atenção do mundo inteiro. Caso semelhante os norte-americanos haviam feito no Vietnã, com prejuízo ainda por muitos anos...

Por tudo isso os espíritos-vegetais a última hora (depois de quase concretizado o projeto) resolveram também mudar o jogo. A criação de monstros pré-históricos levaria à região um contingente muito maior de humanos, apenas pela curiosidade. Bastava que alguém fotografasse um dos gigantescos e diferentes bichos, tomasse o avião e saisse da selva, pronto. Logo teria gente do mundo inteiro em busca de animais vivos. Como a ficção em torno do King-Kong...

Fato que só não aconteceu graças a ignorância dos lenhadores norte-americanos com o xenungulado, um pouco maior que a anta, se bem que inúmeras vezes mais forte...

Assim a "Floresta Encantada" voltava a ser habitada por seus bichos habituais, como naquela calmaria que parecia ser a ala reservada aos escritores, onde se reuniam vizinhos de mais diferentes épocas mas sempre com muita coisa para contar.

Shaw, Dickens, Twain, Maupassant, Doyle, Camões, Shakespeare, Kipling, um rosário de figuras proeminentes das letras, agora com aspectos de paus-santo, guariúbas, marupás, que ali repousavam mas que teriam seus sossegos alterados. Mais do que isso, desmanchariam suas residências, seus corpos de madeira que podiam ser produtoras de uma fruta graviola, como ata e sapotilha, um palmito ou uma flor, tanto quantos foram seus livros no passado. E seus espíritos teriam que partir novamente...

A sucuuba, George Bernard Shaw, romancista, dramaturgo, crítico e socialista irlandês, tinha nascido a 26 de julho de 1856 em Dublim. Completando os estudos elementares, mudou-se para Londres, a fim de conviver um meio à altura de suas aspirações literárias.

Os escassos recursos pecuniários não lhe permitiam cursar os estabelecimentos de ensino superior. Pretendendo ingressar nas letras, dedicou-se à colaboração em jornais. Entretanto, deve a sua reputação internacional ao romance, ao teatro. Assim, em 1872, se entregara às suas elaborações teatrais.

Em 1882, tornando-se socialista, funda com seus correligionários a "Fabian Society". Até 1883 escreveu cinco novelas rejeitadas pelos editores. Entretanto, o temperamento de Shaw absorvido pelas convicções idealistas de seu espírito criador se desdobra nas produções e escreve grande quantidade de livros. Inclusive o famoso "Pygmalion". Na generalidade, as suas peças teatrais são mais interessantes como leitura do que como representações.

Manteve memoráveis polêmicas e debates públicos com Chesterton. Irônico e satírico, fez do seu senso de humor uma arma terrível. O seu principal objeto foi a sociedade inglesa, o imperialismo, o puritanismo e tudo que lhe pareceu hipócrita ou convencional. Shaw, um dos autores ingleses cujo talento foi menos contestado e as obras mais discutidas...

Charles John Huffam Dickens, agora transformado em maçaranduba, romancista inglês tinha nascido a 7 de fevereiro de 1812, em Landport, distrito de Portsea e falecido a 9 de junho de 1870, em Gad's Hill, perto de Rochester. Era outra figura que agora gozava do descanso de morar na "Floresta Encantada", tão ameaçada de desmatamento completo.

Charles Dickens tinha passado sua primeira infância em Chatham e aprendido com sua mãe as primeiras letras, foi somente aos nove anos de idade mandado para a escola. Cedo absorveu-se dos clássicos, revelando-se desde logo no teatro com uma tragédia infantil.

Posteriormente, aos doze anos de idade achando-se seu pai preso por dívidas em Marshalsea, passou a ganhar a própria subsistência. Inicialmente como assalariado numa fábrica em Londres e, mais tarde, como taquígrafo na Câmara dos Comuns e nos jornais. Em 1833, sob o pseudônimo de Boz, escreveu o seu primeiro ensaio para o "The Monthly Magazine" e, a seguir, outros para o "Evening Chronicle", reunidos em volume em 1836 ano que se casou com Catherine Hogarth.

Com a publicação, em 1837, de "Pickwick Papers", viu abrirem-se as portas da glória e da fortuna, apresentando desde então ininterruptamente "Oliver Twist" e muitas obras de sucesso.

Trabalhava em "The Mistery of Edwin Drood" quando morreu...

Mark Twain (pseudônimo de Samuel Langhorne Clemens) também fazia parte dos privilegiados moradores daquela ala intelectual da selva de mistérios e lendas que ninguém ousara entrar, até a chegada dos invasores norte-americanos. Cuja missão era destruir a mata primeiro, para depois os Estados Unidos tomarem posse de toda a área. A Amazônia teria que ser norte-americana um dia, segundo as instruções de Washington...

O escritor da América do Norte, agora na forma de acaoba, tinha nascido a 30 de novembro de 1835 na Flórida, Missouri e falecido a 2 de abril de 1910 em Reading, Pensilvania. Em 1839, sua família se transfere para Hannibal, no mesmo Estado. Com a morte de seu pai, ocorrida em 1843, Samuel Langhorne Clemens é forçado a se iniciar em qualquer ofício, preferindo o de tipógrafo. Esse aprendizado veio lhe proporcionar mais tarde os recursos necessários para a sua manutenção em São Luiz, Nova York e Filadelfia.

Interessado em adquirir conhecimentos sobre a vida às margens do Mississipi, emprega-se em 1851 como piloto de um dos barcos que fazem os transportes comerciais no grande rio. A Guerra Civil já o encontrou em Nevada e em seguida nas ilhas Sandwick. Passa então a integrar o corpo redacional do "Virginia City Enterprises", usando nessa época o pseudônimo de Mark Twain com o qual se celebrizou.

Indo residir em São Francisco publicou "The Jumping Frog of Calaveras Country". Essa história reeditada inúmeras vezes pela imprensa nacional, granjeou-lhe reputação definitiva. Desde 1866 aparece colaborando no "Harper's Magazine", "New York Time" e nos jornais da California. Nas suas longas e contínuas viagens através do seu país e do mundo, Mark Twain conseguiu reunir substancioso material para complemento de muitas das suas obras.

"The Adventures of Tom Sawyer", 1875 foi um de seus livros mais famosos. "The Prince and The Pauper", 1882, sobre a velha Inglaterra. "Life on the Mississipi", 1883, impressões de viagens; "The Adventures of Huckleberry Finn", 1886, sequência de "Tom Sawyer". E assim continuou produzindo livros um atrás do outro. Mark Twain foi um dos mais eminentes representantes da literatura humorista...

Enrique Renê Albert Guy de Maupassant foi o próximo espírito a se apresentar e a ficar de sobreaviso, já que a destruição da selva estava atingindo sua área. Escritor francês nascido a 5 de agosto de 1850 no castelo de Miromesnil, Sena Inferior e falecido a 6 de julho de 1893, em Auteil, Guy de Maupassant iniciou seus estudos no colégio de Yvetoy, terminando-os no liceu de Ruan. Agora conformado em ser singelo paricá na mata amazônica.

Empregou-se numa repartição do governo, ocupando este cargo durante 10 anos, tendo-o abandonado para se dedicar exclusivamente à literatura. Era afilhado de Flaubert, que muito o orientou na carreira literária. Psicólogo e dono de grande facilidade de expressão, tornou-se sem dúvida, um dos maiores escritores naturalistas das letras francesas.

Um observador imparcial e foi no gênero conto, que conseguiu os seus mais brilhantes sucessos. Levou desde cedo uma vida desregrada, entregando-se a toda espécie de exagero, o que fez com que mais tarde, tentasse contra a própria vida, usando uma navalha. Isso ocorreu em 1892, em Cannes. Transportado para o manicômio do dr. Blanche, em Auteil, onde veio a falecer, completamente desequilibrado.

Seu estilo se assemelhava ao de seu padrinho Flaubert. Sua preocupação primordial, sempre foi observar a verdade e reproduzi-la fielmente, quer se tratasse de mundanos, de pequenos burgueses ou de camponeses, daí a força e o traço marcante de suas obras.

Deixou aproximadamente 30 volumes, e escreveu também para o teatro. Dele disse Henrique Perdigão: —"Nos contos sobretudo, não teve quem o igualasse. A sua leitura deixa geralmente certa impressão de pessimismo e tristeza, qualidades estas inatas da alma do escritor". Guy de Maupassant, na opinião de Péricles de Morais, foi "um melancólico delirante"...

O romancista e historiador inglês Arthur Conan Doyle, o próximo a ser avisado do perigo que corria com os homens de serra em punho que avançavam de metro em metro, não respeitando as ilustres figuras que habitavam a selva de cascavéis, patos e jacus.

Conan Doyle — andiroba na mata sagrada — na penúltima visita ao planeta, tinha nascido em 22 de maio de 1859 em Edimburgh, Escócia, e falecido a 7 de julho em Cowborough, Sussex. Um dos mais novos moradores da "Floresta Encantada"...

Fez os primeiros estudos em sua cidade natal, passando-se depois para o Stonyhurst College, na Alemanha. De regresso à pátria, matriculou-se na universidade de Edimburgh, formando-se em medicina. Iniciou sua clínica em Southsea. Nas campanhas dos domínios britânicos no Afganistão e no Transval, acompanhou como médico militar as tropas expedicionárias.

Em 1902, El-rei concedeu-lhe o título de **sir** . Todavia consagrasse devotado carinho à sua profissão desde os vinte e poucos anos de idade, dedicara-se à literatura, sobretudo no gênero de novelas. Dentre suas obras, que atingiram cerca de 400 volumes, destacam-se "Um Estudo em Escarlate", seu primeiro trabalho, 1887. E as obras sobre "Sherlock Holms", gênero de literatura policial de extraordinário sucesso. "Minhas Mémórias e Aventuras", 1924, "História do Espiritismo", 2 volumes, 1926, foram trabalhos muito lidos na época.

Materialista de convicção, nos últimos anos de sua vida, com a morte de um filho nos campos de batalha, converteu-se radicalmente ao espiritismo. O gênero de literatura policial fez de Conan Doyle o escritor mais universalmente conhecido...

Luiz Vaz de Camões, poeta épico, satírico e bucólico, além de comediógrafo português, estava plantado na guaxiúba que dava sombra entre samambáias e caraguatás. Ao contrário de Conan Doyle, era um dos residentes mais antigos da "Floresta Encantada". Tinha sido destacado a fim de tranquilamente esperar na mata sagrada, até novo chamamento das esferas superiores espirituais, para outras missões.

O poeta nascera a 4 de fevereiro de 1524, presumivelmente em Lisboa e faleceu a 10 de junho de 1580, na mesma cidade. Filho de Simão Vaz de Camões e de Ana de Sá e Macedo, descendia por varonia do poeta galego Vasco Oures de Camões. Até os 18 anos, presume-se que haja estudado em Coimbra. Surgiu depois, na côrte, criando desde cedo, fama de grande conquistador.

Apaixonou-se por Catharina de Atayde, cujo amor, celebrou no soneto anagramático "Natércia". Partiu em seguida com as tropas portuguesas para a África, onde, na batalha de Mazagão, ficou cego do olho direito. De retorno à pátria, envolveu-se numa rixa durante a procissão de Corpus Cristi, sendo preso. É de então que inicia o poema épico — "Lusíadas", que o haveria de imortalizar, inspirado nos feitos lusitanos e influenciado pela leitura das "Décadas" de João de Barros.

Saindo do cárcere, embarcou para às Índias, onde ocupou o cargo de Provedor dos Ausentes e Defuntos, escrevendo aí, mais de 6 cantos de sua obra. Sofreu a imputação de peculatário, e para se defender empreende viagem de volta à pátria, durante a qual o navio em que viajava, naufragou.

Salvou-se à nado, juntamente com seu manuscrito. Ao chegar na cidade do Porto concluiu sua obra, dedicando-a a D. Sebastião, que lhe concedeu uma pensão de quinze mil réis anuais.

Sua vida sempre fôra aventurosa e na velhice, se não fosse a dedicação de seu escravo Jau, talvez morresse de fome dada a extrema penúria em que vivia o imortal poeta. Soube a posteridade dedicar-lhe lugar de honra entre os mestres da língua, tendo Schlegel dito a seu respeito, que "Camões vale por si só, uma literatura inteira".

Além de sua obra-prima, escreveu 3 comédias, "Anfitriões", "El Rey Seleuco" e "Filodemo", 122 elegias, 17 canções, 15 éclogas, 286 sonetos, dos quais 100 são perfeitos, e ainda algumas sátiras e poesias bucólicas.

Um de seus livros de versos, "Parnaso", lhe foi roubado, o que muito veio prejudicar a literatura luso-brasileiro...

William Shakespeare e Rudyard Kipling encerravam a lista dos intelectuais da ala reservada na "Floresta Encantada", para que aqueles poetas, romancistas, historiadores, dramaturgos, críticos, trocassem idéias sobre seus trabalhos deixados na Terra.

Um, na forma de angelim-da-mata, outro vestido com a sucuúba, no meio de capebas, ipecacuanhas e jaborandis por todo lado.

O poeta e dramaturgo inglês, havia nascido em Stratford-on-Avon, Warwickshire, tendo sido batizado a 26 de abril de 1564, a data de seu nascimento não é conhecida. Faleceu na mesma cidade, a 26 de abril de 1616. Fez seus primeiros estudos em sua cidade natal. Com a idade de treze anos passou a trabalhar, ajudando o pai em seus negócios. As dificuldades financeiras que atravessava, induziram-no a seguir para Londres. Desde logo relacionou-se nos meios teatrais. Segundo a tradição, teria começado como guardador de cavalos na porta dos teatros, para depois chegar a ator e enfim a autor.

Suas primeiras produções foram bem acolhidas por pessoas influentes, de algumas das quais logrou William Shakespeare obter amizade e proteção, entre elas o duque de Southampton, a quem dedicou vários sonetos. O extraordinário sucesso de suas grandes comédias e tragédias proporcionou-lhe uma boa situação financeira. Liquidou então as dívidas da família e adquiriu em Stratford diversas propriedades.

A partir de 1609 não mais escrevia senão planos e trechos que eram desenvolvidos por outros escritores. Mais tarde abandonou definitivamente o teatro, tendo passado seus últimos anos em Stratford. A maioria das datas de apresentação de suas produções como dramaturgo são incertas. Situando-se nas estações compreendidas entre o outono de um ano e o do ano consecutivo.

Suas obras mais conhecidas são: "Romeo and Juliet", 1594-1595; "Julius Caesar", 1599-1600"; "Hamlet", 1600-1601; "Othello", 1604-1605; "Macbeth" e "King Lear", 1605-1606; "Antony and Cleopatra", 1606-1607 etc...

Rudyard Kipling, escritor e poeta inglês, encerrava a galeria de autores ilustres daquela ala da mata sagrada.

Havia nascido a 30 de fevereiro de 1865 em Bombaim, Índia Inglesa e falecido a 18 de janeiro de 1936 em Londres. Portanto outro como Conan Doyle, dos mais recentes moradores da "Floresta Encantada" que agora estava sendo posto abaixo pelos madeireiros.

Rudyard Kipling era filho de João Lockwood Kipling, diretor da Escola de Artes, de Lahore, e autor do "Animal e o Homem na Índia". Fez seus estudos preliminares na Inglaterra. De volta à India, continuou sua educação em Allahabad, completando-a nas suas longas viagens pela China, Japão, América do Norte, Europa e África.

Em Lahore, como sub-editor do "Civil and Military Gazette", iniciou a sua carreira literária publicando contos e versos em diversos jornais e revistas. Entre seus poemas se encontra o conhecido e admirável **IF** (Se), traduzido em quase todas as línguas do mundo. As suas novelas ganharam invulgar popularidade, primeiramente na Inglaterra, para depois transpor as fronteiras da pátria de seu país e lhe dar renome universal.

Em 1907 Rudyard Kipling conquistou o "Prêmio Nobel" de literatura. De Kipling diz-se ter o mesmo herdado a imensa tradição da poesia inglesa. Maurice Muret escreveu a seu respeito: "Não creio que exista outro escritor capaz de compreender e fazer compreender ao leitor — a eterna crueldade da vida, da natureza e do destino"...

O espírito do escritor inglês só não compreendia, como não se conformava, com a tragédia camuflada que se aproximava à passos largos. O homem moderno acelerava a destruição da massa vegetal que levou milênios para se desenvolver. Desmatando sem nenhum critério, atingindo indiscriminadamente milhares de espécies que sobreviviam nos poucos santuários ecológicos restantes.

O desmatamento rápido feito em grande escala na Amazônia — maior extensão contínua de mata tropical do planeta — com previsão catastrófica: milhões de quilômetros que acabariam se transformando em pó ou carvão. Representava sintoma e causa da miséria que se aproximava em pouco tempo para as populações.

A erosão do solo viria, em seguida a redução dos suprimentos de água, a arenização, o desaparecimento de espécies vegetais e animais, declínio de quantidades de peixes e pássaros, e até dramáticas reviravoltas climáticas estavam relacionadas com a destruição ocasionada pelas tropas de lenhadores norte-americanos. Provocando violentas enchentes, mudando o clima da Terra, degradando a própria vida humana...

OPERAÇÃO "JUNTA MÉDICA".

O tralhoto permanecia imóvel na superfície da água, com a metade dos olhos, salientes e laterais, de fora. Sua córnea dividida em duas partes: superior e inferior, sendo o cristalino ligeiramente ovóide; enxergava tanto dentro como fora da água.

Parava no igarapé, juntamente com outros da espécie, preferia rios de água salobra de fraca correnteza. Atingia 25 centímetros mas ninguém o aproveitava como alimento. De cor acinzentada mais clara no ventre, parava ali para cuidar da sua alimentação que consistia de pequenos insetos e larvas de mosquito.

Nos embriões os olhos são normais, no decorrer do desenvolvimento é que aparece um traço horizontal, dividindo a córnea do tralhoto.

Como os lenhadores norte-americanos não apreciavam carnes de caça, somente de algumas aves, viviam remexendo as águas em busca dos peixes, estes sim, de sua preferência como alimento fresco, juntamente com palmitos, mel e frutos de todos os tipos.

O tralhoto não sendo peixe nobre como o pacu, o matrinchão, o tucunaré, poderia ficar na sua imobilidade que ninguém iria perturbá-lo. Salvo se a fome fosse muita e grande a dificuldade de apanhar outra coisa...

Enquanto isso a operação "Junta Médica" tinha sido acionada na mata sagrada. Os espíritos-vegetais convocaram médicos, cientistas, bacteriologistas, biólogos, higienistas, eminentes figuras do passado para dar um ponto final na invasão. Já que os métodos paliativos até ali empregados para conter o avanço das hordas de hunos modernos, não tinham causado o efeito desejado. Os lenhadores prosseguiam com a destruição irracional e consequentemente atingindo os maiores vultos da História universal.

Pelo fato dos lenhadores interessarem muito pelos peixes da região e banharem-se com frequência nos rios após estafante tarefa de por abaixo toda árvore que encontrassem, os espíritos pensaram até em aumentar muito o número de candirus e piranhas assim como arraias, nas águas. A simples menção do minúsculo peixe causava apreensão às pessoas que sabiam da particularidade do candiru: de penetrar na abertura urogenital dos nadadores em busca de sangue!

Com o tamanho reduzido, e apenas quatro milímetros de diâmetro tornava-o de fácil penetração na uretra e ânus. A região opercular é guarnecida de muitos espinhos, de modo que, ao se tentar retirá-lo da cavidade, esses espinhos se encravam na carne provocando hemorragia, o que viria a atrair também as piranhas.

As mulheres (se existissem fêmeas humanas na região) estavam mais sujeitas ao ataque dos pequenos tigres das águas. Hematófagos, uma vez conseguida a entrada com série de dentes aguçados e curvos para provocar a saída do sangue, com estômago e intestino adaptados ao tipo de alimento. Os candirus atacam as brânquias de peixes grandes como surubim ou região anal de outras espécies como o dourado e a piracanjuba.

Apesar de ser grande o número de ouvidos, nariz, olhos, bocas e demais orifícios humanos por onde os candirus poderiam tentar penetrar e provocar hemorragias, os espíritos descartavam mais essa hipótese como arma natural. Na verdade necessitavam de algo mais forte e eficaz, além de urgente.

Os ilustres habitantes da "Floresta Encantada" iriam ter que usar um sistema até ali evitado, com receio que a medida atingisse além da mata sagrada. O mal poderia extrapolar, alcançar todo o continente sul-americano, chegar aos Estados Unidos, Canadá e quiçá alcançar a Europa, Ásia, África e assim por diante até atingir o mundo todo.

Mas não viam outra solução, portanto a salvação do que restava da selva tão cheia de mistérios consistiria no que proporiam os espíritos convocados. Para a reunião definitiva estavam escalados Wagner-Jauregg, médico austríaco, criador da "Malarioterapia". Niels Finsen, físico e médico dinamarquês. Emílio Ribas, higienista brasileiro. Shaudinn, biólogo alemão. Paul Ehrlich, cientista alemão. Carlos Chagas, cientista e catedrático brasileiro. William Harvey, médico inglês. Koch, médico e bacteriologista alemão que descobriu o micróbio da tuberculose.

Esses oito espíritos convocados iriam inverter seus papéis. De salvadores da humanidade, teriam de agora em diante, que criar uma peste definitiva, liquidando com os invasores. Uma doença que não atacasse aves, peixes e animais e principalmente os vegetais, obviamente. Algo assim como uma dor de cabeça profunda, que levasse qualquer ser humano à loucura rapidamente.

Mas teria que ser de maneira fulminante, impedindo que os lenhadores saissem da região portando o vírus e consequentemente transmitissem para outros locais. Uma febre maligna, talvez transmitida pela picada de um inseto da mata sagrada. Em grande quantidade como a formiga ou rápido como o mosquito. O efeito da epidemia tão ligeiro que de maneira nenhuma o homem pudesse escapar da área...

Julius Wagner-Jauregg, tinha uma excelente folha corrida passada na Terra como ser humano. A escolha da comissão de salvamento da importante selva não poderia ser melhor. Consultaram o tarumazeiro em que dentro vivia o espírito do cientista. A árvore simples, hospedava um dos maiores benfeitores da humanidade.

Ele havia nascido em Viena. Foi um dos mais famosos psiquiatras que o mundo conheceu. Da sua tenacidade nas investigações científicas, do seu profundo espírito de observação e sobretudo da sua inteligência privilegiada, deve-lhe a humanidade um precioso cabedal de benefícios.

Não fôra sua obstinação em descobrir as causas que davam origem a certa espécie de loucura por certo que muitas vidas estariam hoje irremediavelmente condenadas a segregação social, sem esperanças de retorno. Jauregg levou trinta anos entre fracassos e psêudos-triunfos, procurando encontrar através das penosas experiências um modo pelo qual se combatesse a insânia provocada pelo espiroqueta de Shaudinn.

Presumia que o único meio de atacar estes microorganismos portadores da loucura localizados no cérebro humano, seria a elevação da temperatura até o ponto de aniquilar o micróbio no seu próprio reduto.

E assim o fez: após acuradas observações em dementes que apanharam a febre tifóide e outras experiências, veio afinal o grande dia (14 de junho de 1917) em que, utilizando-se de um soldado contaminado pela malária, foi o seu sangue injetado em doentes mentais, cujos resultados foram o ponto de partida para o triunfo da ciência e a imortalidade de Wagner-Jauregg.

Ficou provado que a violenta febre ocasionada pela malária dissipava as névoas do raciocínio, quando perturbados pela sífilis (espiroquetas de Schaudinn). O professor contava então com mais de sessenta anos. Muitas vezes, quando já exausto pelo intensivo trabalho desenvolvido em suas pesquisas científicas, era observado por seus colegas mais jovens, constumava dizer: "Não sabeis que de algum tempo para cá o esforço e a força de vontade tomam o lugar do que era outrora energia".

Aos setenta anos aposenta-se da cátedra e dava por encerrada uma vida de trabalho, toda ela consagrada ao bem da espécie humana. Jauregg entre outras honrarias foi detentor do Prêmio Nobel...

Outro que auxiliava na procura de uma solução definitiva para conter o avanço dos lenhadores era o espírito de Niels Ryberg Finsen. Fundador da medicina mecânica e criador do "Sol Artificial". Nasceu em Tharshaven, ilha de Frercer, a 15 de dezembro de 1860 e faleceu em Copenhague, a 24 de setembro de 1904. Agora habitando uma sapucaia.

Quando rapaz foi expulso de um colégio de preparatórios de seu país "por ter pouca habilidade e ausência total de energia". Entretanto conseguiu colar grau em medicina em 1890. Já por essa época Finsen destacava-se entre seus colegas pela inteligência e tenacidade com que enfrentava os problemas de sua profissão. Até o ano de 1893, ocupou a cadeira de anatomia na Faculdade de Copenhague.

Finsen teve como ponto de partida para seus estudos sobre os efeitos dos raios solares, quando observando um gato no telhado, notou que este procurava cotidianamente o sol, ficando algumas horas exposto ao mesmo, fugindo da sombra todas as vezes que esta o atingia.

Desde ai realizou notáveis experiências da excitação química da luz, dos raios vermelhos na bexiga e numerosas outras investigações nesse sentido. Em 1895 Finsen procurou o engenheiro dinamarquês Mogesen o qual era portador de uma moléstia tida como incurável até então — tratava-se do **lupus vulgaris** (tuberculose cutânea). Submetendo-o a um tratamento de luz concentrada durante um ano seguido, teve como prêmio a certeza de que todas as suas teorias acerca dos benéficos efeitos da luz, eram positivas.

O engenheiro ficou radicalmente curado e a sensação causada pela descoberta do jovem dinamarquês revolucionou os meios científicos da época. Finsen que até aquele momento era tido como um visionário, passou desde então a figurar na galeria dos grandes benfeitores da humanidade.

Tornou-se membro da Real Inglesa de Medicina, da Academia Francesa de Medicina, da Academia de Ciências de Berlim, professor honorário das Universidades de Estocolmo etc. Em 1903 recebia o Prêmio Nobel. Escreveu inúmeras obras sobre suas descobertas em benefício do ser humano...

Os mesmos que agora teriam que ser destruidos porque insistiam na penetração e derrubada da mata sagrada, compondo imensa gama de produtos florestais — madeira, celulose, fibras, canas, gomas, tanino, ceras, resinas, óleos essenciais e inúmeros produtos químicos.

Outro indicado pela comissão de defesa, a fazer parte da "Junta Médica" era o pau-marfim, antigo Emílio Marcondes Ribas. Agora cercado de plantas medicinais como urucu e pinhão-branco. Tinha nascido em Pindamonhangaba a 11 de abril de 1862 e falecido em São Paulo a 19 de dezembro de 1925.

Formou-se em 1887, pela Faculdade de Medicina do Rio de Janeiro. Seguindo para o interior do Estado de São Paulo, aí clinicou até 1895. A partir desse ano, passou a prestar serviços no Desinfetório Central, em São Paulo. Destacou-se então, como integrante das comissões de combate à febre amarela, nas cidades de Pilar, Pirassununga, São Caetano, Jau e Campinas.

Em 1898, foi nomeado diretor do serviço sanitário cargo que ocupou durante 19 anos. Desenvolveu notável atividade no combate às epidemias que assolavam o Estado. Enviou comissões sanitárias aos pontos atacados, distribuindo grandes quantidades de vacinas produzidas no Instituto Vacinogênico. Propôs a fundação do Instituto Serum-Terápico do Butantã.

Realizou valiosas experiências no sentido de confirmar a teoria da transmissão da febre amarela pelo **stegomia calopus**, prestando-se ele mesmo a receber as picadas dos mosquitos infectados.

Por este ato de heroísmo, expressou o governo do Estado sua gratidão, por meio de uma homenagem que lhe foi prestada a 12 de outubro de 1903. Incumbido pelo governo paulista de realizar estudos sobre a lepra, apresentou conclusões aprovadas por unanimidade no 1º Congresso Médico Paulista e no 1º Congresso Sul-Americano de Dermatologia e Sifilografia, realizado no Rio de Janeiro, em 1918.

Emílio Ribas criou o serviço gratuito de profilaxia do tracoma, a inspeção médica escolar, fez construir o hospital de isolamento de Santos e realizou inúmeras outras obras. Entre seus principais trabalhos, destacam-se várias obras literárias a respeito de suas descobertas no campo da medicina...

E o que apresentar sobre Fritz Schaudinn? Havia nascido em Roseningken, na Prússia Oriental, a 19 de setembro de 1871 e falecido em Hamburgo a 22 de junho de 1906. Estudou em Berlim, sendo nomeado assistente de E. Schulze no Instituto de Zoologia da capital alemã. Em 1896 é elevado à **Privatdozent** , na mesma universidade.

Desde 1892, dedicou-se a profundos estudos sobre os protozoários e a filogenia, assim como, sob o ponto de vista zoológico, teve a sua atenção voltada para a malária. Com R. Romer, realizou uma viagem experimental às Ilhas Svalbard, onde recolheu riquíssimo material da especialidade, fundamentando uma vasta e importante obra, que, colaborada por outros cientistas, intitulou-se "Fauna Ártica". Escreveu obras de vários volumes, em seguida.

Fundou em 1902 o "Archive fur protistenkunde". Em Berlin dedicava-se a pesquisas no Departamento Imperial da Saúde Pública e já então seu nome merecia o maior respeito no âmbito científico europeu.

Em 3 de maio de 1905, Schaudinn auxiliado por Hoffmann, revolucionava a medicina quando descobre no cancro o micróbio da sífilis o qual é batizado por "espiroqueta pálido", hoje geralmente conhecido por **"treponema pallidum"**. Esta descoberta trouxe importante subsídio para a ciência e, no que concerne aos benefícios prestados a humanidade, nivela o nome do jovem biólogo alemão ao de grandes sumidades como Pasteur, Koch, Leeuwenhoek, Spallanzani etc.

Entre outras investigações científicas merecem especial referencia as relativas às causas da desinteria, assim como valiosos trabalhos sobre os cóccidas, amebas parasitárias e os treponemas.

Fomentou de modo extraordinário as pesquisas sobre as sífilis, chegando esses estudos a resultados transcendentais, originando mesmo a descoberta do micróbio da febre amarela e da doença de Weil (icterícia febril aguda). A Associação Alemã de Zoologia apresentou inúmeros trabalhos do jovem cientista, que muito colaborou em benefício da humanidade...

O cedro-vermelho, antigo Paul Ehriche, nasceu em Strehlen, Silésia, a 14 de março de 1854 e faleceu em Bad Homburg, a 20 de agosto de 1915. Fez seus primeiros estudos em Breslau, Freiburg, Straussburg e Luipzig. Graduou-se em medicina em 1878, sendo nomeado, nesse mesmo ano, assistente da clínica médica de Frerichs, em Berlim.

Em 1885 transferiu-se para a de Gerhardt e em 1890 para o Instituto de doenças infecciosas. Em 1896 foi-lhe confiada a direção do Instituto Serológico Steglitz (Berlim). Por essa ocasião publicou importantes trabalhos sobre os glóbulos sanguineos. em 1897 divulgou a sua mais notável descoberta: a teoria das "cadeias laterais", sobre a imunidade por herança e inoculação. Devido a estudos que efetuou sobre a toxina diftérica, determinando a existência dos seus derivados **toxoides** e **toxona,** e considerado um dos fundadores da seroterapia.

Consagrou os últimos anos de sua vida ao estudo da quimioterapia e dos tumores malígnos. Após uma série de experiências, chegou à descoberta de uma substância capaz de destruir o espiroqueta pálido, causador da sífilis — o " salvarsan" ou "606". Graças a esses valiosos serviços prestados à medicina, recebeu Ehrich inúmeras honrarias.

Em 1908, foi o prêmio Nobel de Medicina dividido entre ele e Metchnikoff. Paul Ehrich foi professor honorário de diversas universidades e membro de numerosas instituições científicas de várias cidades européias e norte-americanas. Publicou várias obras sobre temas diversos...

Carlos Ribeiro Justiniano das Chagas, tinha sido o sexto escolhido pela comissão de defesa da "Floresta Encantada". O catedrático brasileiro no corpo da peroba, tinha nascido a 9 de julho de 1879 em Oliveiras, Estado de Minas Gerais e falecido a 8 de novembro de 1934, no Rio de Janeiro.

Depois de concluir o curso preparatório, ingressou na Faculdade de Medicina do Rio de Janeiro. Ocupou inúmeros cargos de grande responsabilidade e relevo em missões e estabelecimentos científicos nacionais.

Chefe da Comissão de Profilaxia contra a Malária nos serviços da Estrada de Ferro Central do Brasil, no Estado de Minas Gerais, era, em 1907, nomeado Assistente do Instituto Bacteriológica Osvaldo Cruz, do Rio de Janeiro. Enviado posteriormente às regiões centrais brasileiras em missão de pesquisas científicas sobre a **tripanosomiase americana** descobriu em 1909, no percevejo "barbeiro" **(triatoma megista)** , o tripanosomo **Schizotrypanum Cruzi,** transmissor etiológico dessa moléstia, hoje conhecida universalmente como "moléstia de Chagas".

Era-lhe concedida em 1911, por um juri internacional o prêmio Schaudinn, conferido ao melhor trabalho de protozoologia e microbiologia. Comissionado novamente em 1912, chefia os Estudos da Malária no Vale do Amazonas. Em 1917 ascendia ao posto de Diretor do Instituto Osvaldo Cruz. Por ocasião da gripe espanhola, em 1918, Carlos Cahgas denodadamente dirigiu a campanha de saneamento.

Diretor geral do Departamento Nacional de Saúde Pública, foi ainda professor da cátedra de medicina tropical na Universidade do Rio de Janeiro. Autor de inúmeras obras especializadas, Carlos Chagas, prestando com as suas pesquisas, valiosa contribuição à ciência e à humanidade, conseguiu também para seu país um lugar de destaque no conceito científico universal...

Faltavam apenas os currículos de mais dois cientistas, William Harvey e Robert Koch, para completar o grupo que ia resolver de vez com a invasão da misteriosa floresta que abrigava o cágado, a juriti, o boto e o macaco e que deveria permanecer selvagem, para o bem de todos os moradores...

Na forma da frondosa jacareúba, ali estava William Harvey. Médico inglês nascido a 1 de abril de 1578 em Folkestone, Kent, e falecido a 3 de junho de 1657 em Hempstead, Essex. Inciou seus estudos no colégio de Canterbury, matriculando-se em 1594 em Cambridge, onde se gradouou dois anos mais tarde.

Seguiu depois para a Itália a fim de cursar a Universidade de Pádua, recebendo o grau de doutor em medicina. De regresso à Inglaterra em 1602, exerce a profissão em Londres. O sucesso da sua clínica levou-o em 1607 ao Royal College of Physicians. Desde 1609 era médico do Hospital de São Bartolomeu, tendo sido nomeado em 1515 professor de anatomia e cirurgia na Academia Real.

Nesse mesmo ano criou um curso no Colégio dos Médicos, estudando pela primeira vez, o movimento do coração e do sangue. Realmente anteciparam-lhe nessas pesquisas Miguel Servet e Cesalpino, mas Harvey tornou-se o autor da comprovação científica da grande e da pequena circulação. A exposição dessa teoria provocou agitação na classe, sendo Riolan e Gui Patin seus principais adversários.

Entretanto, autorizadas mentalidades da época — Hoffmann, Sílvio e Descartes, apoiaram integralmente essa teoria. Ele teve, então a suprema compensação de ver a sua descoberta adotada por todos os médicos da Europa.

Publicou vários livros, inclusive marcando o começo de uma nova era na fisiologia. Foi médico de James I e de Carlos II. Entre 1632 e 1639 atravessou o continente com James Stwart (depois duque de Richmond) e acompanhou Carlos I numa das viagens à Escócia. Em 1881 foi-lhe levantado um monumento em Folkestone...

Finalmente com Robert Koch encerravam os currículos dos espíritos que deveriam estudar uma praga para conter a invasão dos homens que causavam os desmatamentos. Espíritos estudiosos no caminho do bem, mas que deveriam dali para frente mudar a conduta em benefício da coletividade. Era preciso brecar de uma vez por todas a destruição da "Floresta Encantada"...

Robert Koch, dentro da achua de médio porte, famoso médico e bacteriologista alemão. Havia nascido a 11 de dezembro de 1843 em Klausthal e falecido a 28 de maio de 1910 em Baden-Baden. Após concluir os seus estudos preparatórios, matricula-se na Faculdade de Medicina da Universidade de Goettingen, doutorando-se em 1866.

Nesse mesmo ano ingressa como médico em um asilo de loucos em Hamburgo para logo depois ir clinicar em várias aldeias prussianas, até se fixar em Wollstein. Ai, atendendo simultaneamente os trabalhos da clínica e das pesquisas bacteriológicas, Koch pôde conseguir isolar e cultivar os micróbios do carbúnculo, surpreendendo em 1876, nas suas demonstrações públicas, os professores da Universidade de Breslau.

Em 1880, por interferência de seus amigos junto ao governo, assume o cargo de Assistente Extraordinário do Imperial Departamento de Saúde, de Berlim. Nessa ocasião, oferecem-lhe um laboratório devidamente aparelhado. A 20 de maio de 1882, na Sociedade de Fisiologia perante a maior e mais seleta assembléia científica contemporânea, Koch anuncia ao mundo a descoberta do micróbio da tuberculose!

Um ano mais tarde, chefiando missão oficial ao Egito, estudou a etiologia do "cólera", identificando o seu micróbio na Índia em

1896. De regresso, recebeu das próprias mãos do Imperador a Ordem da Coroa com Estrela.Em 1903 é eleito membro da Academia de Ciências de Berlim, sendo-lhe concedido em 1905 o Prêmio Nobel de Medicina.

Na África, em 1906, Robert Koch descobre no inseto "tsê-tsê" o transmissor da moléstia do sono...

Mais ou menos isso o que pretendiam agora os espíritos-vegetais, que estavam a fim de proteger animais inferiores como tamanduás, jabotis e saracuras. Algo que transmitisse sono mortal para os invasores...

E FINALMENTE, A SOLUÇÃO...

Quando as borboletas desaparecem é sinal de que a natureza e o homem estão ameaçados. Os acampamentos estavam cercados somente de moscas e mosquitos...

— Não estamos só brincando de Deus; queremos dominar Deus!...

Foram as palavras dos pesquisadores norte-americanos que haviam chegado na semi-destruida mata amazônica conhecida como "Floresta Encantada".

—Os Estados Unidos serão o primeiro país a usar novas armas bacteriológicas e a conceder patentes à novas formas de vida animal. Nós engenheiros genéticos vamos patentear novas armas destruidoras e novos animais criados pelo entrelaçamento de genes e outras tecnologias de reprodução. Ou, como na definição técnica, "organismos que adquirem forma, característica, propriedade ou comunicação de fatores que estão presentes no artigo original existente na natureza"... —Concluiram os cientistas que tinham desembarcados e estavam desmanchando as malas.

O grupo de cientistas recem-chegado, aproveitaria as clareiras abertas na selva pelos homens de "Mitzgaynor". O chefe dos lenhadores brindou com o assistente Zefirelli a chegada de novos conterrâneos, mandando abrir as garrafas de uisque - 13 anos, enquanto os cientistas expunham seus planos que gostariam de desenvolver naquela mata recém-destruida, isolada do resto do mundo. Dentro da Amazônia, a mais promissora fonte de matérias-primas alimentares, medicinais, industriais e energéticas.

Os homens de ciência, modernos, muito mais interessados no que suas descobertas poderiam trazer em dólares, do que em benefícios para a humanidade, prosseguiam na discussão sobre valores éticos, religiosos e comerciais:

— Essas patentes poderão valer bilhões de dólares aos inventores e às companhias que comercializarem a tecnologia!... —Dizia um deles.

Pretendiam ultrapassar a criação de gado bovino — onde a engenharia genética criou animais maiores, mais resistente a enfermidades e com maior produção de carne e leite para o consumo. O receio de outros cientistas do mundo inteiro era de que a mesma política de patentes se estendesse ao ser humano. Achavam inevitável que isso ocorresse.

— Formas de vida sofisticadas serão consideradas. Pode em futuro próximo ser extrapolada para abranger seres humanos. A partir de agora não haverá nenhuma diferença entre um ser vivo e um produto químico; um automóvel ou uma bolinha de tênis. —Confirmava outro, a decisão assustadora. Sem calafrios, falando sobre as técnicas da manipulação genética.

Os norte-americanos acampados na isolada mata sagrada acabariam também conseguindo proteção comercial para novos traços humanos:

— Unir genes de espécie animais diferentes reduz o tempo que um processo seletivo de procriação levaria para resultar em animais com novos traços e maior valor comercial. Além disso, a junção de genes abre a possibilidade de se criar tipos totalmente novos de vida!...

Outro gole de uisque e um dos cientistas prosseguia:

— A engenharia genética produz vaca que dá mais leite ou porco com menos gordura. Futuramente, poderá talvez fazer uma mistura de animal, planta, micróbio e genes humano num embrião destinado a produzir tipos de animais previamente encomendados!...

Tinham conseguido inserir um gene hormonial de crescimento humano num embrião de porco, para que este animal crescesse mais depressa. Em consequência, a nova linha de porcos passou traços humanos para suas crias. Os novos porcos passaram a ser mais magros do que os procriados naturalmente, mas sofreram de várias fraquezas incluindo estrabismo, artrite nas juntas e maior sucetibilidade para doenças.

Depois fundiram, os pesquisadores, um embrião de bode com embrião de ovelha para produzir uma nova criatura que chamaram de **geep** (fusão de **goat** (cabra) com **sheep** (carneiro), mas o animal não ficou forte e não pôde reproduzir.

Começariam por patentear os novos tipos de animais criados por eles nos laboratórios da mata sagrada e ser extrapolada para abranger seres humanos.

— Até alcançarmos o grau em que a reprodução humana será manipulada para gerar seres perfeitamente adaptado às exigências da sociedade!... Com aspectos de fêmeas, matendo os dois sexos, para servir sexualmente também as fêmeas. Outros, machos e fêmeas ao mesmo tempo, para servir todos a contento, inclusive dotado de aparelho reprodutor. Um macho que dará à luz!...

"Mitzgaynor" sorriu com a idéia enquanto seus homens prosseguiam na destruição das matas, e os cientistas continuavam suas pesquisas longe de todos.

Homens de ciência que naquele fim de mundo davam prosseguimento a um plano diabólico, interferindo na criação suprema: o ser humano. Juntavam duas forças poderosas, estranhas, que levariam o mundo a caminho nunca imaginado. De um lado a destruição de parte de área privilegiada para a conservação do planeta; sem a mata da Amazônia o mundo não teria oxigênio suficiente. De outro lado na promiscuidade das barracas dos acampamentos dos homens de moto-serras nas mãos, os cientistas desenvolvendo armas bacteriológicas e métodos para criar réplicas exatamente iguais às de boi, ovelha, porco, cabra e outros animais, através da divisão de seus embriões quando eles tinham apenas poucos dias de vida...

Passaram a experimentar também seus métodos com a pacata anta, com o tatu, a paca, o jacaré, a tartaruga e principalmente com o macaco. Cujo trabalho final seria a glória! O momento supremo! A principal finalidade da vinda da equipe de cientistas norte-americanos para a mata sagrada: concretizar a junção do genes do macaco com o genes do ser humano!...

Um pouco afastado do laboratório da selva, a árvore derrubada na "Floresta Encantada" de araras, acauãs a caraxoés, teve seus membros espalhados como já havia uma vez acontecido com Tiradentes.

Uma simples andiroba — seu nome todo: José Joaquim da Silva Xavier. Mártir político brasileiro. Nasceu a 12 de novembro de 1748 em Pombal, Estado de Minas Gerais, e faleceu a 21 de abril de 1792, no Rio de Janeiro.

Órfão de mãe e pai, respectivamente aos 7 e 9 anos de idade, Tiradentes muito cedo entregou-se a ocupação de vendedor ambulantes e mais tarde dentista, de onde lhe sobreveio o cognome com que o glorificou a história pátria.

Mal remunerado nessas profissões, ingressou no regimento de dragões do Estado de Minas Gerais atingindo o posto de alferes. Como militar desempenhou fiel e denodadamente arriscadas incumbências. A extorsiva política de cobranças de impostos instituida pela Metrópole, provocou inúmeras rebeliões no Brasil, salientando-se a Inconfidência Mineira pela serenidade e altivez com que se portou o alferes José Joaquim da Silva Xavier, atraindo exclusivamente para si toda a culpa do movimento revolucionário.

Confabularam Tiradentes e Alvares Maciel no Rio de Janeiro, quando este último formado em Coimbra, regressou à sua pátria. Tiradentes assume então a chefia da insurreição. Nas suas contínuas viagens pelo interior dos Estados de Minas Gerais, São Paulo e Rio de Janeiro propagando os altos desígnios de liberdade dos seus ideais republicanos, aliciou um número ilimitado de adeptos. Trabalho eficaz e maravilhoso em virtude da sua facilidade de expressão.

A casa do poeta Alvarenga Peixoto tornou-se o principal ponto de reunião dos inconfidentes. Aí foram traçados os planos de ofensiva e o desempenho da bandeira que haviam de assinalar a independência do Brasil. O momento da "derrama" (pagamento dos impostos) estava asiosamente esperado para o início da revolta.

Entretanto, surge no cenário da delação a figura nefanda de Joaquim Silvério dos Reis. Tiradentes é condenado à morte por enforcamento e esquartejado. Todavia, o idealismo libertador perpetuou-se na propaganda doutrinária do grande e imortal Inconfidente...

Foi a última árvore a cair na mata sagrada...

Os espíritos-vegetais estavam alegres. Vibravam do caraná

à pataqueira. A copa da mamorana parecia aplaudir...

Não precisou a interferência da "Junta Médica" composta de grandes sábios que passaram pela Terra. Nem lançaram a epidemia que estavam preparando nos laboratórios espirituais. O próprio homem mais uma vez resolveu a questão liquidando uns aos outros, e não através de guerras como comumente fazia de época em época...

De maneira diferente. Os humanos criaram uma doença; verdadeira desgraça que acabaria com os lenhadores na selva sagrada.

Em seus experimentos de mistura de genes e também de guerra bacteriológica, os cientistas norte-americanos recém-chegados na "Floresta Encantada", ao tentar juntar homens com macacos, desenvolveram um virus pronto para ser lançado e haviam perdido o controle.

A promiscuidade sexual em que viviam aqueles homens pelas matas foi a condutora!...

A epidemia passou a ser chamada entre eles de "Peste-Gay". O mal alastrou-se entre os invasores e ia eliminando um por um dos lenhadores. O vírus destruia todo o sistema de defesa do organismo. A doença criada em laborátorio, fabricada pelo ser humano extrapolou devido a um acidente na sua manipulação.

Ali na selva a doença encontrou o ambiente propício para o desenvolvimento. Alastrando-se completaria a catástrofe ecológica iniciada pelos norte-americanos.

Com a ajuda da engenharia genética estava pronta a forma mais devastadora, que os cientistas norte-americanos haviam iniciado em laboratórios do exército em Fort Detrick, na Maryland, Estados Unidos. Onde o US Army Medical Research Command (Comando de Pesquisa Médica do Exército dos Estados Unidos) tem seu quartel.

Ali teriam criado o vírus e aperfeiçoado na Amazônia, como sempre. Cruzando-se tipos diferentes. Experiências foram feitas usando presos voluntários em Fort Detrick, nos Estados Unidos. Em troca da disposição aos testes, os presos ganhariam a liberdade. Mas os cientistas ignoravam o alcance da sua terrível criação, porque o período de incubação do vírus poderia em alguns casos ser longa. Levaria vários anos até que a incubação se manifestasse, se agravasse e causasse a morte. Ou ... desenvolveria de maneira rápida como demonstrado na prática na mata sagrada.

Paralelamente ao alastramento da doença na selva amazônica

pelos lenhadores dos Estados Unidos, o vírus criado, também estava sendo disseminado por todo o mundo através de recrutas norte-americanos usados como cobaias das experiências.

Obtido, na combinação de parte de dois vírus, **Maed** com células contaminadas pelo vírus da leucemia. A teoria que os cientistas norte-americanos pretendiam espalhar pelo mundo de que a doença terrível teria sido transmitida naturalmente ao homem por uma espécie de macaco era ridícula e cientificamente inacreditável. Pura fantasia porque o macaco, como qualquer outro animal está com o homem há milênios...

— Vamos divulgar que foi assim e está acabado... — Pronunciou um dos cientistas da selva sagrada, disposto a fechar a questão. Teoria que seria lançada pelo governo dos Estados Unidos como parte do encobrimento do plano de trabalho que ia ser usado como mais uma arma do arsenal de guerra bacteriológica norte-americana e mais uma conquista da genética. Não em benefício do ser humano mas sim pensando nos dólares que novos tipos criados e patenteados poderiam se transformar.

Tentavam encobrir o fracasso da arma estudada e da desgraça criada, que havia se transformado no terrível HTLV-3, a sigla que identificava cientificamente o vírus da mortal e devastadora doença. Proveniente do cruzamento artificial de dois vírus. Na verdade o monstro invisível da peste, foi criado em laboratório combinando-se parte do vírus **Maed-visna** — encontrado entre ovelhas e do vírus de leucemia bovina, que é similar ao tipo 1 da célula T humana (HTLV-1).

Os homens encarregados da experiência em busca de nova arma biológica e novo tipo humano, ao mesmo tempo, e que realizavam investigações com os vírus diferentes combinaram os dois elementos e acabaram criando o causador da peste do século. O contato inicial aconteceu com um simples corte na pele ou mesmo por inalação. A divulgação foi rápida. Por outro lado, aqueles presos, nos Estados Unidos que também se submeteram a testes, aparentemente sem sintomas da doença, foram libertados...

Infelizmente há no mundo mais pesquisadores do mal que do bem. Causadores de guerras sujas cujos patrões pretendem vender suas armas maquiavélicas, mortíferas e ao mesmo tempo faturar em dólares com seus monstros criados em laboratórios, não importando a desgraça que tanto um como outro causem.

Homens que se juntam a outros destruidores da natureza, formadores de indústrias poluentes, fabricantes de agrotóxicos, montadores de multinacionais da química, fantasmas das usinas nucleares a rondar o mundo e falando erradamente em nome do progresso, como se progredir fosse isso. Na verdade parecem não saber que Ecologia é a política do futuro. É administração de recursos da Terra para que eles não desapareçam nas gerações que vierem...

Mas o homem prossegue abrindo caminhos dos venenos, causadores das tragédias ecológicas. Depois de Seveso, na Itália; Bhopal, na Índia; Chernobil, na União Soviética; Basiléia, na Suiça. E agora na Amazônia...

Alguns poucos laboratórios pesquisam como eliminar o cancer, procurando libertar a humanidade desse flagelo, enquanto muitos buscam cada vez mais, novos meios de destruição e alterar a máquina mais perfeita até hoje construída: o corpo humano.

Como fizeram aqueles "cientistas" na mata sagrada e que estavam pagando preço muito caro pelas "invenções" e "armas" que criaram...

O cenário, ideal para a epidemia correr solta naquela Sodoma e Gomorra selvagem em que haviam transformado o paraíso tropical, com a falta de fêmea. A doença infecciosa devastava a mata outrora tão cheia de surpresas, lendas e mistérios. Tendo um só grupo de riscos — os homossexuais.

— Verdadeira catástrofe! — Gritavam alguns dos cientistas norte-americanos responsáveis pela tragédia na "Floresta Encantada". Enquanto outros afirmavam ser o caos sanitário. As condições da mata sagrada, ideais para que explodisse a mais terrível e devastadora epidemia da história contemporânea como um barril de pólvora entre homens desorientados espalhando a praga. E que só sabiam derrubar matas, comer, beber, dormir, drogar e praticar o sexo entre machos...

Os caboclos não participavam da destruição das matas nem das orgias. Quando perceberam a manobra norte-americana, o fato de não ter mulheres nos acampamentos e excesso de comida enlatada, sairam fora no início da empreitada.

— Somos mais de mexido com ovos de lagarto e farinha dágua, feitos na hora, do que esse tal de **hamburguer** já preparado. — Afirmavam em coro os brasileiros, que nem chegaram a derrubar um só pau. Além do que respeitavam demais a mata sagrada cuja fama passava de avô para neto.

Os sertanejos chamavam aquele encontro de homens com homens, de "fazer aruá", ao contrário. O que significava na região, sugestões lésbicas entre as moças...

A epidemia alastrava-se como vento o que poderia assumir a forma de uma apocalípse na mata passado para outras regiões em pouco tempo. Questão de horas, bastava um portador da doença sair da "Floresta Encantada" de muirapiranga-roxa, o que faziam comumente através de aviões e helicópteros nos campos de pouso improvisados na selva bruta amazônica, mais complexo ecossistema do globo.

Não existia maneira de escamotear o problema. E havia urgência na divulgação porque a peste já estava matando grande parte dos invasores. Que vírus transmitia o mal que se arrastava rapidamente como a mais trágica das epidemias? — Perguntavam atônitos os lenhadores entre si, enquanto os cientistas norte-americanos permaneciam em silêncio tentando fugir da responsabilidade e esconder um crime, que poderia se tornar dos maiores praticados contra a humanidade...

Os espíritos-vegetais por sua vez, convocaram a "Junta Médica" para que examinasse os efeitos devastadores e confirmasse se era a mesma peste negra da Idade Média.

— Não! — Confirmaram unanimimente os cientistas do passado que faziam parte da junta. — O porta-voz deles tomou a palavra. — Trata-se de uma nova forma de destruição e violenta. Arrasadora, brutal!... Provocada por um forte vírus desconhecido por todos nós cientistas antigos!...

— Outrora — prosseguia o sábio desencarnado há muitos anos, lembrando diferentes desgraças do passado — não se podia praticamente evitar a peste porque desconhecia-se como ela era transmitida; ignorava-se tudo sobre o papel do rato e da pulga. Alguém que fugia na época, que partia para longe, levava consigo roupas sobre as quais havia pulgas portadoras da peste, transportava a doença com ele. Assim o contágio tornava-se assustador. Sabe-se que a peste negra de 1348 foi arrasadora. A de Milão, em 1630; a peste de Nápoles, em 1656; a peste de Marselha, em 1720, dizimaram em alguns meses, metade da população dessas cidades. O cólera em 1848, a epidemia de varíola em 1871, a gripe espanhola em 1918, e os estragos que causaram as doenças venéreas, a sífilis, além de outras desgraças num passado remoto. Mas esta peste nova é totalmente desconhecida para nós. Sabemos apenas que tem ligação sexual de homem com homem e envolve esperma e sangue...

A doença aparecida nas matas também não possuia ligação

com a úlcera brava, a **leyshmaniose,** que atacava as camadas mais baixas da população da Amazônia. E nada tinha com o fogo-selvagem e a lepra. Em pouco tempo a ex-selva impenetrável de onde derrubavam a paxiúba para as construções e a jarina que fornecia o marfim vegetal, foi transformada em imenso cemitério.

Arrumadas em filas desordenadas, viam-se já pilhas e pilhas de ossadas humanas e crânios enchendo valas semi abertas. Algumas caveiras ficavam espetadas na ponta de varas funcionando como sinais de alerta. O mau cheiro parecia alastrar-se pelo carreiro da paca, à toca do boto-vermelho.

Os lenhadores deslocavam-se como movimento de tropas em guerra. Uma batalha para se impedir a difusão do vírus da doença sexual que a promiscuidade havia alastrado através de homens dormindo com homens, espalhando infecções numa região que passava da espinhela-caída do caboclo, para a "Pestè-Gay".

Alguns dos invasores norte-americanos nem ligavam mais para as picadas das tenebrosas formigas-de-fogo diante do surgimento de mal infinitamente maior. Atravessavam paisagem do **day-after.** Alojamentos saqueados com tudo revolvido, como se adiantasse roubar alguma coisa naquela situação aflitiva que a todos envolvia. Restos de jipões, ferramentas, moto-serras, toras, abandonados. Os primeiros que puderam sair (pilotos e alguns privilegiados) levaram de vez aviões e helicópteros. Só não usaram para debandar a velha e enferrujada "gaiola" — pequeno navio que na Amazônia é usado para transportar cargas, pessoas e animais — que nem mais flutuava, jazia encostada na margem do rio. Escura carcassa de ferro,antiga,perdida de ferrugem, mais parecendo uma poronga jogada fora — a lamparina de querosene que o seringueiro carrega na cabeça presa por um arco de lata, quando caminha à noite pela floresta...

O resto dos homens ficou sitiado na selva de maparajuba, gemendo e se arrastando através de caminhos improvisados e campos de pouso semi-destruidos pela anarquia que reinava naquele purgatório de pecados.

O jacu voou para longe e o uirapuru parou seu canto. Em frente ao escritório geral onde ficavam o chefe "Mitzgaynor" e seu assistente preferido, o ítalo-americano Zefirelli, a taboleta na parede em frente estava dependurada por apenas um prego. Em inglês trazia: "Companhia Colonizadora Novo Mundo para os Homens". E ao lado numa plaqueta menor um dos lenhadores havia escrito a frase referindo-se a um famoso personagem de história em quadrinho nos Estados Unidos: "Clube do Bolinha — fêmea não entra"...

O horror e a morte estavam estampados onde quer que alguém parasse para qualquer informação naquele clima de guerra total, calamidade sanitária explodindo como a mais terrível doença do século que os atingira. Numa inútil batalha onde o vírus significava o único vencedor...

Os macacos guariba gritavam e pulavam alucinados. Todos naquela selva suja acabariam no inferno em vida. O hospital da base estava transformado num açougue de carnes estragadas. As matas, numa cloaca máxima para onde foram jogados os pacientes terminais, os condenados a morte. A galinha do mato, a jacamim, achou que não era mais ambiente para ela, levantou vôo enquanto os urubus se aproximavam e de todos os tipos. O tinga ainda estava no ar, rodopiando em vôos curtos, quando no chão já estavam o gereba, o negro e principalmente o imponente urubu-rei...

A floresta estava reduzida a imenso hospital sem remédios, assistência médica e nem mesmo água pura para os pacientes, pois ninguém parava para auxiliar o próximo tendo os rios tão perto. Viam-se por todo lado doentes largados sobre restos de colchões podres, no meio de um mar de diarréia, vômitos e sangue coagulado.

Dominava um mau cheiro insuportável. O aspecto geral de abandono, imundície, degradação. Nessa paisagem tétrica, os invasores haviam transformado o belo jardim tropical...

Os sábios do passado, agora transformados em vegetais estavam abismados com a rapidez do vírus. A "doença da magreza" — enfatizavam assim o seu sintoma mais evidente — iniciava com diarréia fortíssima, que desidratava e consumia os doentes. Os pacientes emagreciam tanto quanto as piores epidemias que os cientistas do passado já tinham presenciado.

A correria dos homens aloucados, alterava o ambiente selvagem onde normalmente seriemas, jaburus e acauãs disputavam com ouriço-caixeiros e porcos-do-mato a procura de cobras, como a cururubóia, cobra-sapo que por sua vez rastejava calmamente a procura de ratos, pássaros e insetos. O pânico acabou tomando conta de todos os animais proporcionando descontrole geral.

Alguns doentes caiam encostados às árvores de forma que os antigos médicos que haviam passado pela Terra, quase que podiam examiná-los, sentindo-lhes a respiração ofegante. A doença se manifestava rapidamente. Surgiam, a perda de peso, a dermatite tóxica descamante, e as candidoses orais, a chamada "flor branca", que descorava os lábios e o interior da cavidade bucal.

As condições de higiene tão calamitosas e o estado geral da população de lenhadores (quase só consumiam alcool e cocaína, pouco ingerindo de alimentos frescos), tão precário que, no momento da contaminação as defesas imunológicas caiam rapidamente. E os homens então eram atacados por todos os tipos de doenças. As chamadas "oportunistas", que acabavam sendo mortais.

Nem precisavam ser atingidos por moléstias comuns da selva. Nos acampamentos, no início, tentaram tratar a doença desconhecida, com a terapia anti-tuberculose clássica, a base de antibióticos. Alguns pacientes melhoraram um pouco, mas logo vinha a recaida fulminante. Tratava-se na verdade a ponta de enorme **iceberg** — tão imenso e monstruoso que a epidemia não demorou para crescer assustadoramente mostrando a causa principal da difusão do vírus: o altíssimo número de relações sexuais ultimamente entre os homens, com a falta de mulheres nas áreas de desmatamentos.

Perceberam tarde que o coito anal entre os machos, hábito antinatural usado na selva depois que os lenhadores norte-americanos chegaram, foi o maior propagador da peste criada pelos cientistas visitantes na mata sagrada que trabalhavam com um retrovírus dos **cercopitecos** (macacos) e posteriormente transferidos para o homem. A epidemia não encontrou barreira alastrando-se mais do que fogo em mato seco, enquanto alguns apelavam até para chás ou infusões de ervas, amuletos, rezas e benzeduras (dos caboclos) que sempre ouviram falar. Nem olhos secos de botos e uirapurus embalsamados iriam salvar...

Tanto o chefe dos lenhadores, o ruivo e antes forte homossexual "Mitzgaynor" como seu lugar tenente, Zefir, no extertor da morte exibiam o sarcoma de Kaposi: as manchas, os tumores da pele. Magros e febris outros mostravam a dermatite, alguns a candidose. Todos atingidos pela diarréia e portando febre ao extremo.

— Essa doença é uma vingança da natureza... Todas as vezes em que se agride a natureza ela não perdoa... A natureza foi feita para o homem e a mulher, se completarem em todos os aspectos. E o homossexualismo é um desvio da natureza... — Lamentava-se quase desfalecido, um dos lenhadores com o corpo apoiado na árvore por onde se erguia o cipó-escada.

O calor úmido da selva, devastador e normalmente circulava quantidade de microorganismos responsáveis por infecções intestinais das mais diversas. Parecia o melhor meio para conduzir o vírus para todos os lados em que os homens iam, com os primeiros sintomas de fraquezas vindo em seguida a decadência física plena...

Alguns achavam que os mosquitos poderiam ajudar também a alastrar a peste. Afinal não era apenas da picada dos mosquitos que outras doenças se espalhavam nas matas? Estava ali na frente de todos um problema para entomólogos (especialistas em insetos) tentarem desvendar: não poderiam os mosquitos agirem como verdadeiras seringas voadoras? Embora portassem apenas um vírus, e preciso que esse vírus estivesse na ponta do ferrão. Mas, e no caso de centenas de picadas?

Não precisava ser especialista em doenças tropicais para saber ser o dengue transmitido pelo mosquito **Aedes Aegypt** . E essa doença havia chegado um pouco antes na mata sagrada. Um vírus não poderia facilitar ao outro? E os vírus da leocemia (cancer do sangue) bovina e leocemia do rato, ambas transmitidas por mosquitos, eram muito parecidos com o da "Peste Gay".

Os vírus tinham muito mais condições de se desenvolverem em locais com más condições de higiene...

Com a derrubada da última árvore que abrigava o espírito de Tiradentes, foi-se a derradeira pretensão dos norte-americanos em tomar posse da Amazônia. Pelo menos por mais algum tempo. A intenção foi cancelada, o empreendimento abandonado na selva, como nas outras vezes acontecidas com a Fordlandia, e outros projetos, por não conseguirem os invasores dominar a selva bruta...

Pararam exatamente em frente a majestosa sapopema com vigorosas raízes centenárias formando num todo uma árvore na forma de grande cruz com mais de setenta metros de altura. Parecia atravessar o aru — nevoeiro que caia sobre a mata.

A ficha da árvore antiga não era tão volumosa de informações como as demais da "Floresta Encantada". A mais modesta possível, onde constavam poucos dados e datas. Apenas informava sobre os espírito morador da antiga sapopema, que pelo ano 747 da fundação de Roma, havendo paz em toda parte, sendo governador da Judéia, Heródes, o Grande, sob o imperador de Roma, César Augusto, de acordo com as profecias, sua mãe Maria e seu pai José, em obediência a um decreto do imperador romano, foram à Belém, a fim de registrarem os seus nomes.

As hospedarias estavam todas cheias de forasteiros, o casal teve que sair da cidade e abrigar-se em uma choupana, estrebaria que dois pacíficos animais aqueciam. Nessa pobre habitação Ele havia nascido. O acontecimento memorável deu-se no dia 25 de dezembro, à meia noite, cujo nascimento é celebrado todos os anos com a festa do santo Natal.

Na ocasião, logo algo resplandescente de luz intensíssima, se manifestou à alguns pastores que vigiavam no campo os seu rebanhos e anunciou-lhes o nascimento do Divino Salvador, indicando-lhes lugar onde o encontrariam. Nesse momento, uma multidão de espíritos celestes fez ouvir os ares as palavras de júbilo: — "Glória a Deus nas alturas e paz na terra aos homens de boa vontade"...

A tal notícia, os pastores foram alegres ao lugar indicado e aí acharam o Deus-Menino. Tendo-o reconhecido e adorado como seu Salvador. Cheios de alegria voltaram para junto de seus rebanhos.

Havia nascido o Filho de Deus, o Verbo Eterno, O Senhor do Céu e da Terra...

A árvore de pé, abrigando o espírito do Redentor, ficou como marco na forma de grande cruz, na clareira aberta pelos lenhadores que até ali haviam feito estrago sem precedente, onde a natureza levaria anos para refazer.

Mas no dia seguinte, o milagre aconteceu. O nevoeiro, cinzento e pesado desapareceu e as cores voltaram mais vivas. A selva em grande parte destruida amanheceu repleta de mudas já crescidas como se alguém a tivesse replantada com pressa de refazer o estrago.

Em pouco tempo a "Floresta Encantada" de ramaria silvestre vermelho-alaranjado e flores arroxeando a paisagem, lutava para parecer intacta.

O que os lenhadores destruidores não imaginavam, é que a Amazônia fornecendo já imensidade de remédios que os naturalistas revelaram ao mundo como dádivas preciosas para a humanidade sofredora, poderia resolver o problema.

Alguns caboclos pisavam pela primeira vez naquele trecho de selva. Solidários, tentavam socorrer os norte-americanos que morriam. Um deles encostou na boca do lenhador estrangeiro sua vasilha contendo chibé — mistura refrigerante de farinha com água e rapadura. Único alimento que portava para seu sustento. Ao mesmo tempo em que dizia para si naquele infinito verde:

— A mata sagrada quase destruída, no meio do que resta de raízes, troncos, cipós e folhas, guarda ainda o vegetal capaz de combater tanto o câncer como os efeitos dessa violenta peste surgida. Por que não testar como remédio o avelós, também conhecido como labirinto pelo fato de ser muito usado como cerca viva, muro vegetal dos quintais? A planta não curou tanta gente portadora de doenças ruins? E outros vegetais?...

O sol penetrava pela folhagem da selva. Asas brancas riscando o azul do céu estavam de volta. Regressavam também os peixes de escamas douradas e novamente ouviam-se os tropéis dos animais que voltavam brincando uns com os outros. A chuva caia leve por entre os raios solares, diferentes das tempestades tropicais. O suficiente para regar os vegetais que num coral uníssono cantavam de alegria...

XARANA

Viagem ao desconhecido

"XARANA. Viagem ao desconhecido.", é sem exagero, obra das mais perfeitas entre as jóias da ficção científica brasileira. Encerra dez excelentes contos do consagrado escritor. Primorosas viagens sob uma visão singular do autor de tantos sucessos.

Renato Ignácio da Silva, com vistas ao futuro, numa atmosfera de mistério constrói neste livro um mundo interessante e diferente. Seu estilo preciso e marcante funde magia e realidade, conteúdo humano e social.

RENATO IGNÁCIO DA SILVA

Uma série de episódios sobrenaturais, um toque fantástico que se lê com muito agrado. Criatividade, beleza e suspense se unem em páginas surpreendentes. É a ficção que mais uma vez se torna realidade.

A brilhante narrativa, no estilo forte de Renato Ignácio da Silva, assegura ao leitor momentos de contínua emoção, num universo imaginário e real onde as revelações vão sempre além do que se poderia esperar.

O trabalho apesar de fantasioso é capaz de espantar e inquietar: contém revelações científicas que podem mudar a visão que o leitor faz do mundo. As histórias são tão empolgantes quanto espantosos são os fatos que revelam. O tema é original. A obra de muito valor.

Renato Ignácio da Silva não necessita de apresentação pomposa.

É escritor que à cada trabalho, automaticamente nos transporta com armas e bagagens.

Possui o dom de transmitir em estilo simples, tamanho realismo e perfeição nas cenas, que nos coloca num passo de mágica, no sertão. Onde reforçado de grande criatividade não só sentimos o cheiro da terra, o perfume das matas, como passamos a viver no meio de índios, sertanejos e seus costumes.

Desta vez é a Amazônia com assombro.

Sem dúvida o Autor é dos melhores conhecedores da selva. Atestam isso seus amigos sertanistas, entre eles os irmãos Villas Boas. Cláudio prontificou-se a escrever a "orelha", enquanto Orlando prefaciou, este "Selva Assombrada", livro de ficção, da melhor qualidade.

selva assombrada

renato ignácio da silva

CAPITÃO PIRANHA

NADA QUE O HOMEM
FAZIA CONTRA A NATUREZA
FICAVA SEM RESPOSTA.
CADA CRIME TINHA SUA PUNIÇÃO.

RENATO IGNÁCIO DA SILVA